南京大学郑钢基金
ZHENG GANG FUND OF NANJING UNIVERSITY

由南京大学郑钢基金资助出版

折射集
prisma

照亮存在之遮蔽

Pour une critique
de l'économie politique du signe

Jean Baudrillard

当代激进思想家译丛

● 丛书主编 张一兵

符号政治经济学批判

[法]让·鲍德里亚 著　夏莹 译

南京大学出版社

激进思想天空中不屈的天堂鸟

——写在"当代激进思想家译丛"出版之际

张一兵

传说中的天堂鸟有很多版本。辞书上能查到的天堂鸟是鸟也是一种花。据统计，全世界共有 40 余种天堂鸟花，在巴布亚新几内亚就有 30 多种。天堂鸟花是一种生有尖尖的利剑的美丽的花。但我更喜欢的传说，还是作为极乐鸟的天堂鸟，天堂鸟在阿拉伯古代传说中是不死之鸟，相传每隔五六百年就会自焚成灰，由灰中获得重生。在内心里，我们在南京大学出版社新近推出的"当代激进思想家译丛"所引介的一批西方激进思想家，正是这种在布尔乔亚世界大获全胜的复杂情势下，仍然坚守在反抗话语生生灭灭不断重生中的学术天堂鸟。

2007 年，在我的邀请下，齐泽克第一次成功访问中国。应该说，这也是当代后马克思思潮中的重量级学者第一次在这块东方土地上登场。在南京大学访问的那些天里，除去他的四场学术报告，更多的时间就成了我们相互了解和沟通的过程。一天他突然很正经地对我说："张教授，在欧洲的最重要的左翼学者中,你还应该关注阿甘本、巴迪欧和朗西埃,他们都是我很好的朋友。"说实话,那也是我第一次听到这些陌生的名字。虽然在2000年,我已经提出"后马克思思潮"这一概念,但还是局限于对国内来说已经比较热的鲍德里亚、德勒兹和后期的德里达,当时,齐泽克也就是我最新指认的拉康式的后马克思批判理论的代表。正是由于齐泽克的推荐,促成了2007年南京大学出版社开始购买阿甘本、朗西埃和巴迪欧等人学术论著的版权,这也开辟了我们这一全新的"当代激进思想家译丛"。之所以没有使用"后马克思思潮"这一概念,而是转启"激进思想家"的学术指称,因之我后来开始关注的一些重要批判理论家并非与马克思的学说有过直接或间接的关联,甚至干脆就是否定马克思的,前者如法国的维利里奥、斯蒂格勒,后者如德国的斯洛特戴克等人。激进话语,可涵盖的内容和外延都更有弹性一些。这一新的研究领域已经开始成为国内西方左翼学术思潮研究新的构式前沿。为此,还真应该谢谢齐泽克。

那么,什么是今天的激进思潮呢?用阿甘本自己的指认,激进话语的本质是要做一个"同时代的人"。有趣的是,这个"同时代的人"与我们国内一些人刻意标举的"马克思是我们的同时代的人"的构境意向却正好相反。"同时代就是不合时宜"(巴特语)。不合时宜,即绝不与当下的现实存在同流合污,这种同时代也就是与时代决裂。这表达了一切**激**

进话语的本质。为此,阿甘本还专门援引了尼采①在 1874 年出版的《不合时宜的沉思》一书。在这部作品中,尼采自指"这沉思本身就是不合时宜的",他在此书"第二沉思"的开头解释说,"因为它试图将这个时代引以为傲的东西,即这个时代的历史文化,理解为一种疾病、一种无能和一种缺陷,因为我相信,我们都被历史的热病消耗殆尽,我们至少应该意识到这一点"②。将一个时代当下引以为傲的东西视为一种病和缺陷,这需要何等有力的非凡透视感啊!依我之见,这可能也是当代所有激进思想的构序基因。顺着尼采的构境意向,阿甘本主张,一个真正激进的思想家必然会将自己置入一种与当下时代的"断裂和脱节之中"。正是通过这种与常识意识形态的断裂和时代错位,他们才会比其他人更能够感知**乡愁**和把握他们自己时代的本质。③ 我基本上同意阿甘本的观点。

阿甘本是我所指认的欧洲后马克思思潮中重要的一员大将。在我看来,阿甘本应该算得上近年来欧洲左翼知识群体中哲学功底比较深厚、观念独特的原创性思想家之一。与

---

① 尼采(Friedrich Wilhelm Nietzsche, 1844—1900):德国著名哲学家。代表作为《悲剧的诞生》(1872)、《查拉图斯特拉如是说》(1883—1885)、《论道德的谱系》(1887)、《偶像的黄昏》(1889)等。

② Friedrich Nietzsche, "On the Uses and Abuses of History to Life", in *Untimely Meditations*, trans. R. J. Hollingdale , Cambridge: Cambridge University Press, 1997, p. 60.

③ [意]阿甘本:《裸体》,黄晓武译,河南大学出版社 2015 年版,第 7 页。

巴迪欧基于数学、齐泽克受到拉康哲学的影响不同，阿甘本曾直接受业于海德格尔，因此铸就了良好的哲学存在论构境功底，加之他后来对本雅明、尼采和福柯等思想大家的深入研读，所以他的激进思想往往是以极为深刻的原创性哲学方法论构序思考为基础的。并且，与朗西埃等人1968年之后简单粗暴的"去马克思化"（杰姆逊语）不同，阿甘本并没有简单地否定马克思，反倒力图将马克思的批判精神与当下的时代精神结合起来，以生成对当代资本主义社会存在更为深刻的批判性透视。他关于"9·11"事件之后的美国"紧急状态"（国土安全法）和收容所现象的一些有分量的政治断言，是令西方资本主义国家政要为之恐慌的天机泄露。这也是我最喜欢他的地方。

朗西埃曾经是阿尔都塞的得意门生。1965年，当身为法国巴黎高师哲学教授的阿尔都塞领着整个西方马克思主义科学思潮向着法国科学认识论和语言结构主义迈进的时候，那个著名的《资本论》研究小组中，朗西埃就是重要成员之一。这一点，也与巴迪欧入世时的学徒身份相近。他们和巴里巴尔、马舍雷等人一样，都是阿尔都塞的名著《读〈资本论〉》（*Lire le Capital*，1965）一书的共同撰写者。应该说，朗西埃和巴迪欧二人是阿尔都塞后来最有"出息"的学生。然而，他们的显赫成功倒并非因为他们承袭了老师的道统衣钵，反倒是由于他们在1968年"五月风暴"中的反戈一击式的叛逆。其中,朗西埃是在现实革命运动中通过接触劳动者,以完全相反的感性现实回归远离了阿尔都塞。

法国的斯蒂格勒、维利里奥和德国的斯洛特戴克三人都算不上是后马克思思潮的人物,他们天生与马克思主义不亲,甚至在一定的意义上还抱有敌意(比如斯洛特戴克作为当今德国思想界的右翼知识分子,就是反对马克思主义的)。可是,在他们留下的学术论著中,我们不难看到阿甘本所说的那种绝不与自己的时代同流合污的姿态,对于布尔乔亚世界来说,都是"不合时宜的"激进话语。斯蒂格勒继承了自己老师德里达的血统,在技术哲学的实证维度上增加了极强的批判性透视;维利里奥对光速远程在场性的思考几乎就是对现代科学意识形态的宣战;而斯洛特戴克最近的球体学和对资本内爆的论述,也直接成为当代资产阶级全球化的批判者。

应当说,在当下这个物欲横流、尊严倒地,良知与责任在冷酷的功利谋算中碾落成泥的历史时际,我们向国内学界推介的这些激进思想家是一群真正值得我们尊敬的、严肃而有公共良知的知识分子。在当前这个物质已经极度富足丰裕的资本主义现实里,身处资本主义体制之中的他们依然坚执地秉持知识分子的高尚使命,努力透视眼前繁华世界中理直气壮的形式平等背后所深藏的无处控诉的不公和血泪,依然理想化地高举着抗拒全球化资本统治逻辑的大旗,发自肺腑地激情呐喊,振奋人心。无法否认,相较于对手的庞大势力而言,他们显得实在弱小,然而正如传说中美丽的天堂鸟一般,时时处处,他们总是那么不屈不挠。人类社会发展的历史已经明证,内心的理想是这个世界上最无法征服也是力量最大的东西,这种不屈不挠的思考和抗争,常常就是燎原之前照亮人心的点点星火。因此,有他们和我们共在,就有人类更美好的解放希望在!

目　录

代译序　符号之谜：物质存在的化蝶幻象

——鲍德里亚《符号政治经济学批判》的批判性文本解读

张一兵

　　鲍德里亚于 1972 年完成出版的《符号政治经济学批判》一书，是他从后马克思语境中叛逆出来走向反马克思主义的逻辑通道。实话说，这本书是早期鲍德里亚学术理论分量最重的论著之一，也是他"死亡三部曲"的第一部。其中，他直接依从德波的理论逻辑，从已经出现唯心主义片面超越的"景观社会存在"更极端地跳跃到空无的符号王国，并以符号生产和抽象的差异性社会关系，彻底取代了马克思所强调的前提性的社会物质生产结构，从而完全告别了马克思，成为历史唯物主义的直接反对者。我以为，鲍德里亚的这一"观念革命"只是一种看走眼的学术戏法，作为社会历史存在真正基础的物质生产的符号性化蝶不过是一种资产阶级意识形态的障眼法。固然，符号标识的差异性逻辑的确已经成为当代资本主义社会生活的主导性制约因素之一，可是，它的结构性统治却并非真能离开客观物质生产的现实大地。

1. 物的差异性操持方式中的表意符号编码

鲍德里亚的新思考起于他写于 1969 年的一篇论文,即《符号的功能与阶级的逻辑》,这也是《符号政治经济学批判》一书逻辑编码中的第一章。在这一论文中,鲍德里亚宣告了他要"对'消费'(consommation)的意识形态"予以批判,这种证伪的核心逻辑则是"超越物的需求所具有的自然的幻象以及使用价值优先性的假设"①。为此,鲍德里亚开始提出一个重要的新观点,即物的效用功能并非真基于其自身的有用性,而是某种**特定社会符号编码**的结果:

> 物远不仅是一种实用的东西,它具有一种符号的社会价值,正是这种符号的交换价值(valeur d'échange signe)才是更为根本的——使用价值常常只不过是一种对物的操持的保证(或者甚至是纯粹的和简单的合理化)。②

我们知道,鲍德里亚所说的物,并非一般自然存在物,而是进入到海德格尔意义上的**世界之中**的物,即以人的存在为旋转中轴的被"座架"的物。而且,鲍德里亚面对物品,特别

① 见本书正文第 2 页。
② 同上。

痛恨其具体的效用性，他总是从物在人的生存圈层中的意向功能去发现某种新的情境。当然，与他一年前出版的《物体系》相比，鲍德里亚走出了极为关键的一步，因为在那时，他还将物的使用价值作为象征关系的载体，而在此处，使用价值则倒过来成了符号的"交换价值"的结果。于是，**象征性交换**被独立出来成为他哲学逻辑的基始或者人的历史存在的本真性。所以，鲍德里亚接下去花了很大的力气来说明莫斯《论礼物》中的那些"库拉"和夸富宴。他把那个原始部族中存在的**非经济**的"社会回馈"（la prestation sociale）系统，看作区别于现代经济消费的"散播声望和彰显等级的社会功能"。当这种象征交换系统消失的时候，除去经济的"交换价值"体系，现代社会中却存留或生成了一种新的**类似象征交换**的**价值**关系，即"象征性的""交换价值"、社会回馈的价值、竞争的价值以及阶级区分的价值。并且，这些东西也不是与人的效用性需求相关，而恰恰是一种"耗费"。鲍德里亚这里例举的是凡勃伦《有闲阶级论》中提及的"炫耀性消费"，在这种为了证明名誉和地位的奢侈性消费中，物品摆脱了它的实用性，进入到一种新的**拟像**的功能之中。拟像在这里还只是作为一般的模拟概念出现的，还不是后来那种重要的本体性的范畴。

我发现，正是在这里出现新东西了。鲍德里亚此处的逻辑运演中已经出现了三个社会关系系统：一是莫斯-巴塔耶推崇的原始部族中的那个象征交换关系，这是他的初始逻辑本体,在那里,物是**无用的**礼物;二是今天大家都已经熟知的使用价值与"交换价值"的经济关系系统,这是马克思的主要分析对象,也是当今资本主义的生产方式,在这种关系系统中,人们同样不关注物的使用价值,而是着迷于其神秘的抽象财富象征——"交换价值";三是超越了物的有用性,但又不是单纯象征交换的象征性"交换价值"关系,这种价值关系通常是与非经济的社会意义、声望和地位相关,这是鲍德里亚想确认的新东西。无论如何,这都是在从物的**实在性**走向一种非实在的抽象**意指存在**。不过,此时鲍德里亚还没有把问题想清楚,他只是说这里是物本身的矛盾和不确定性。

> 在这种矛盾中,物并不存在于对需要的满足之中,而是存在于象征性的劳动之中,存在于一种"生产"之中,这种生产包含了**证明**与**生产**(pro-ducers)的双重含义——物不仅被生产出来,同时还作为**证明**被生产出来。它们存在于被神圣化了的努力之中,存在于一种完整的执行之中,存在于一种对**最终成果的强调**之中,它们意在提供某种社会价值持续而有形的证明。①

这里有两个原创性的概念,一是象征性劳动,二是与生产并存的"证明"。象征性劳动并不生产有用性的物,而"证明"则是对某种社会价值的"持续而有形"的指认。显然,这两者都不是与需求相关的使用价值和"交换价值"体系内的

---

① 见本书正文第 9 页。

东西,这是走向以后那个符号/价值的准备。鲍德里亚的这种指认是有合理之处的,可是,他夸大了这一问题,因为这种非功能的物性需求并非社会生活的全部。我是觉得,鲍德里亚在《符号政治经济学批判》一书之首收录 1969 年的这篇论文,目的是树立一种路标,它说明了他自己新思想形成的那个理论缘起。

不过,鲍德里亚的深刻之处就在于他并不是在那个效用性的物的**彼岸**去界划符号,不是简单地直接从物走向观念性符号,而是从物的体系本身来深究物的**非物性**象征意义,这是鲍德里亚异质于一般语言符号学的地方。还应该提及的是,与他的老师德波不同,他不是从物走向以视觉图景为中心的表象性景观,而是从物本身的操持方式内在地走向象征意义,再从这种建构性意义走向物的非物性象征意义。

可是,物如何来表征自己的非物性象征意义呢?我发现,他刻意标识出所谓物的不同**操持**(pratique)①,并由此指认"物是一个显现社会意指的承载者",在鲍德里亚那里,正是物的操持"构建了符码"②。当然,这里还有一个中介,即**物的功能性拟像**(Le simulacre fonctionnel)环节③。这是鲍德里亚拟像概念较早的出场,可是此时还是没有成为关键性总体学术范畴。拟像构成符码,这些符码构成了不同的表意

---

① 英译本中将 pratique 译为 practice,中译者将此词更准确地译为物在实用功能体系中的操持。
② 见本书正文第 16 页。
③ 同上,第 7 页。

话语,而话语的背后则是一定阶级的语法结构。"话语总是在这种特定的句法结构,即活跃的同时富有惰性的或者社会压抑的句法结构中获得说明",并且"符码中隐藏了严谨的社会逻辑,虽然它从来不说出来,却可以依据每种社会地位的特殊逻辑来重建和操控"①。请一定注意,鲍德里亚所关注的符号并非只是观念性的抽象语言记号,而主要是由物以及物性的操持方式表征出来的**差异性**意指关系。

于是,物的差异性操持方式就成了他着力分析的对象。我认为,这是一年前《物体系》中他的理论思考的推进。那么,什么是鲍德里亚所说的物的差异性操持方式呢?依我的理解,这是指社会生活中人们**获得物、使用物和摆弄物品的某种特殊的在场方式**,正是这种物的异质性的操持生成了新的表意符号关系,社会由此被符码化。鲍德里亚创造了一种新的表意系统,当然这种创造是基于巴特对流行服饰的符号意识形态批判。物的操持方式必然表征了一种深刻的**物的社会话语**。如果说,在传统社会中,人们常常是以**拥有和占有物的总和**来象征地位和身份,而现在,人们通过手中物的操持方式来建构着整个社会环境,甚至直接构造了人们的行为的活动结构。在这种建构过程中,物成为某种社会意指,并逐渐地转化为一种社会存在中意会的符码。"物是一个显现社会意指的承载者,它是一种社会以及文化等级的承载

① 见本书正文第 17 页。

者——这些都体现在物的诸多细节之中：形式、质料、色彩、耐用性、空间的安置——简言之，物构建了符码（code）。"[①]与我们过去关于社会历史生活的常识不同，在鲍德里亚视域中的社会生活中，不是物**客观存在**，而是人通过物的操持表意和通过编码来建构社会。

在鲍德里亚这里，物的意指分析，或者叫符号话语分析的目的，还有一个重要的社会学功能，这就是**社会分层**或者**区隔**问题。"对物的世界进行符号学分析的切入点，同时也是社会区分物，其特质在于它不仅是一种形式上的差异，更是一种社会性上的差异。"[②]他是要在今天这种金字塔式的社会中，找出"一种更具差异性的等级分化"。在这个意义上，鲍德里亚坚持认为社会学的分析不仅仅是一种逻辑分析，同时还应该是一种意识形态的政治分析。

2. 伪消费背后的需求幻象

鲍德里亚对当代资本主义经济结构中消费关系的批判，无疑是马克思之后至今为止最深刻、影响最大的重要理论演说，它加深了欧洲社会学的反思批判维度，并且使社会批判理论获得了全新的思想资源。但是，如同黑格尔在《精神现

① 见本书正文第 16 页。
② 同上，第 32 页。

象学》中的批判逻辑,他试图将客观对象物唯心主义地观念化为人们认知误学中的伪物相,鲍德里亚批判布尔乔亚消费观的另一个目的是要消灭人们常识中存在的消费物,在他那里,市场经济消费关系中存在的物只是人的本真需要之死的替代,商品交换中的需求其实为意识形态制造的幻象,在这种幻象之中,消费主体是不存在的,消费需求是不存在的,消费对象物也是不存在的,一切,只是一种符号象征差异系统中生成的幻象。我以为,鲍德里亚的理论批判方向是正确的,可路,让他自己走歪了。

如果说,在前一章中,鲍德里亚的目的是说明人们在日常生活中对物品的一般性操持,已经显露出物的效用功能与象征符号功能的相互消长,那么,在此书的第二章,即他在同一年(1969年)完成的名为《需求的意识形态起源》一文①中,从物走向象征符号的逻辑进程,他的理论演绎的确是更加深入的。这一次,他所关注的是作为现代资产阶级生活支配性方面的消费幻象。这是他在自己的理论逻辑上跨出的更大的一步。只不过,这一步离唯心主义更近了一些。

鲍德里亚的理论目标从来都是一目了然的,他批评生活在商品社会中的人类主体每天沉浸在"消费带来的令人兴奋的满足"之中,这种满足附着于物。当然,这个物是被处于消费中的人们发疯一般追逐的各种消费品。然而鲍德里亚说:

① 这篇文章最早发表于《社会学国际论坛》(*Cahiers Internationaux de Sociologie*),1969年。

我们相信"消费"：我们相信一种真实的主体，被需求所驱动，将真实的物作为其需求获得满足的源泉。这完全是一种拙劣的形而上学，包括了诸如心理学、社会学、经济学等多个学科。物、消费、需求以及期望——这些都是要被解构的观念。①

　　在鲍德里亚这里，"形而上学"是海德格尔语境中的贬义词，所以，人们每天欲望着的消费对象及其占有过程都被指认为伪像，其中，物、消费、需求和期望都是要被解构的对象。与他的老师德波不同，德波只是宣布了商品王国向景观王国的过渡，而鲍德里亚则要将今天由商品环环**差异性**链接、环顾而就的商品消费式的**上手世界**消解为无。

　　与在上一篇文章里讨论的问题相关联，物除去效用功能还会生成一种象征符号性的价值，按照鲍德里亚的观点，这种价值的取得倒与此物与人的关系（效用）无关，甚至"也不存在于它与世界的关系中"，即不在于此物的在世之中，"它的意义就在它与其他物的关系当中，存在于依照意义的符码的等级而具有的差异之中。仅凭借于此，消费的物就可以被界定"②。真相大白，消费物终于在场了，鲍德里亚绕了形而上学半天，就是要说，消费物**不是物**。

　　鲍德里亚认为，消费的逻辑即是"**符号和差异的逻**

----

　　①　见本书正文第 57 页。
　　②　同上，第 59 页。

辑"。^① 在他看来,这个重要的新的逻辑关系被混淆于其他社会关系了。由此,鲍德里亚做了一个重要的界划,即所谓四重逻辑关系的区分:

1. 使用价值的功能逻辑

2. 交换价值的经济逻辑

3. 象征性交换逻辑

4. 符号/价值的逻辑

第一个是一个操持运作的逻辑;第二个是一种等价逻辑;第三个是不定性的逻辑;第四个是差异性逻辑。

同样,这四个逻辑还是实用的逻辑、市场的逻辑、礼物的逻辑和地位的逻辑,分别依照以上不同分类构建起来的,物在其中所对应的分别为器具、商品、象征与符号。

只有最后一个界定了消费的领域。^②

由于这是一个太重要的观点,所以我在此转引了鲍德里亚对此的全部表述。这个表述可以被看作鲍德里亚思想转折中最重要的**原创性**理论质点。其实,在这四重逻辑中,礼物的象征性交换逻辑是鲍德里亚的逻辑本体或**本真性价值悬设**,我们已经知道这是莫斯-巴塔耶的草根浪漫主义。而其他三重逻辑都是被证伪的东西:第一,由"交换价值"引出

---

① 见本书正文第 62 页。
② 同上,第 63 页。

的市场的逻辑是马克思已经证伪的资本主义范式。第二,来自使用价值决定的实用的逻辑,在马克思那里,这一逻辑没有受到否定,可是鲍德里亚则要或者将要彻底否定。关于这一证伪,是他在后面的《生产之镜》中完成的。第三,来自**符号价值**的地位的逻辑,这是鲍德里亚这本书重点讨论和批判的东西。也是他关于消费关系本质的逻辑定位。当鲍德里亚偏颇性地将所谓四重关系中的物定义为消费符号时,他就会从种种角度强化这一伟大的发现。这也是他后来批判马克思历史唯物主义的真正基础。鲍德里亚说,在这个意义上,问题的关键不再是物本身,而是对消费物出场起决定作用的"逻辑运作的符码的发现(符号体系及其特有的物质介质)"。可以说,没有这种特定的符码逻辑运作,就没有消费物存在。

在消解了物之后,鲍德里亚接下来要做的事情就是对消费本身的解构了。在他看来,消费从来都是一个由幻象编织起来的骗局。我们都知道,在任何一种消费活动中,都存在着一个由消费主体、需求关系和消费对象构成的关系。前面,鲍德里亚先宣判了作为消费物的死亡(符号化),这里,他重点想说明的是消费主体和需求之伪。鲍德里亚说,主体与客体被视两个相互分立的实体,以及将二者联系起来的需求,实际上只是一种形而上学的神话。"主体、物、需要:这三个概念的神话学(mythologique)结构是完全相同的。"

3. 从商品拜物教到能指拜物教

不知为什么，鲍德里亚特别痛恨物，当他自以为成功地消解了客观存在的物以后，他直接批评了作为马克思历史现象学批判理论中的重要内容——经济拜物教，在这里，鲍德里亚主要攻击了商品拜物教。他错误地将马克思的拜物教批判视为一种实体性的对象性物性崇拜，而根本无法透视资本主义经济关系的物化和颠倒性误识的意义。这种误指，也使得鲍德里亚的所谓聚集于能指的符码拜物教批判大打了折扣。

与他的几位西方马克思主义和左派老师的观点迥然不同，鲍德里亚好像总是看不得马克思的观点在当代西方社会批判理论中的主导性作用，他一定要说大家都没有说的东西：马克思真那么灵吗？这种标新立异的思路，导致了后来鲍德里亚在《生产之镜》中公开站出来反对马克思主义。当然，这也是他成名的重要因素之一。在此书的第三章，即鲍德里亚1970年发表的题为《拜物教与意识形态：符号学还原》一文中，他直接批评了马克思的经济拜物教观点，这是他要为自己那不三不四的符号拜物教的出场扫清道路。我认为，这是鲍德里亚自以为很深刻的一笔理论糊涂账。

鲍德里亚说：

> 马克思用商品拜物教以及货币拜物教的概念描述

了资本主义社会的意识形态,这是一种被神秘化了的、让人着迷的、心理学意义上的屈从模式,这种模式的形成是通过个体将一般的交换价值体系内化之后得到的。这些概念勾勒出了劳动和交换的具体的社会价值是如何被资本主义体系所抽象、所"异化"的,又是如何被提升为超验的意识形态的价值,如何成为道德手段,用以调节所有异化行为的。[①]

鲍德里亚大错特错了。且不说鲍德里亚这里的指认丢掉了马克思三大经济拜物教批判中最重要的**资本**拜物教,关键在于,第一,他将马克思的现象学批判看作一种**心理学**意义上的主观屈从,这显然是有问题的。我们知道,马克思的拜物教批判不是一种简单的意识形态**观念**批判,而首先是对**客观发生**在资本主义生产方式市场交换结构中的人与人关系的物化现实的指认。观念拜物教只是这种客观物化关系的颠倒性映现。第二,固然马克思借用了拜**物**教这一传统术语,可是,马克思的理论语境已经完全异质于传统拜物教观念,这里的"物"如同历史唯物主义中的"物",都不是**实体性的**对象物,而恰恰是客观存在的现实经济**关系**!日本学者广松涉在这一点上是深刻的,他认识到马克思拜物教批判正是在证伪资产阶级意识形态**将关系错识为物**,所以他将马克思的物化概念现象学地意译为"物象化"。与广松涉相比,自以

---

① 见本书正文第 99 页。

为是的鲍德里亚的学术辨识力是十分低下的。第三,在1845年以后,马克思已经不再将异化观念(**人本学意义上的异化史观**)作为自己理论逻辑中的重要分析工具,除去在特定经济关系的悖反性意义上,他还有保留地使用异化**概念**,马克思不再用异化逻辑来分析总体性的社会结构和关系。鲍德里亚在起点上就错了,我不知道他神气什么!

首先,鲍德里亚说,马克思商品拜物教只是揭示了在资本主义社会中人们对"交换价值"的崇拜,这是典型的表层理论曲解。马克思的三大拜物教批判中没有一个是直接指认所谓"交换价值"的膜拜,鲍德里亚根本不能理解,古典经济学中所谓的"交换价值"后来被马克思科学地确认为劳动**价值**在交换过程中的某种外在表象,即使是涉及一般价值形态的客观抽象物性结晶的膜拜问题,也是在**货币**拜物教的理论证伪之中,而非**商品**拜物教批判。这一点,我将在对鲍德里亚的《生产之镜》一书的批判中更为详尽地讨论。

其次,自作聪明的鲍德里亚还有一个提问,似乎在马克思的拜物教批判中仍然存在着一种**预设性价值悬设**,即拜物教批判的逻辑张力来自一种"在任何地方都没有被异化的物的'本真'的、客观的存在状态",他的进一步追问是,这种本真存在是"使用价值"吗?我发现,鲍德里亚这里的误认与他前面对马克思在异化问题上的错误理解是有内在关联的。鲍德里亚此处看起来深刻的证伪是自作聪明的误认:第一,1845年以前的青年马克思,特别是在《1844年经济学哲学手稿》中,的确存在着一种来自人本主义异化逻辑的价值悬设,即未被异化的作为人的类本质出现的本真的劳动本质,可是,在1845年开始的对传统西方形而上学根本性颠覆的哲学革命中,这种异化史的理论逻辑已经被马克思根本摈弃了,马克思后来在中、晚期经济学研究中形成的三大拜物教理论已经建立在科学的(狭义的)历史唯物主义基础之上,在这时,根本不可能出现什么本真的"价值预设"。鲍德里亚在这里完全是不懂装懂!第二,作为马克思历史现象学批判理论核心之一的三大拜物教理论中,的确存在着某种逻辑批判的张力和非物化的原初社会关系,但这并不是鲍德里亚所说的他十分反感的"使用价值",而是在人的社会生活没有进入市场交换过程的人与人的直接劳动、生产和其他社会关系。这一点,鲍德里亚还是没有说对。我们可以设想,建立在这些对马克思的误认之上的东西,会是正确的理论分析吗?

摈弃了马克思的错误拜物教逻辑,那么拜物教批判新的生命力何以可能呢?或者说,如何拯救被马克思败坏了的拜物教理论呢?用鲍德里亚的话来说,即是三个"如果":"如果物并不是一些具体的载体,没有被赋予能够反映主体自身的某种力量和神性(mana),并且没有被异化,如果拜物教并不仅仅是对异化本质的一种隐喻,那么,拜物教的真实过程究竟是怎样的呢?"有趣的是,鲍德里亚还真的很认真地对我们这些迷途道路的马克思主义者指出了新的行进"方向"。

鲍德里亚的"通关秘诀"为,抛弃拜物教理论逻辑中的物性和对象性投射，抛弃异化逻辑，因为这是对"物恋"一语的词源学上的"语意歪曲"造成的历史误认。鲍德里亚说，今天拜物教"意指一种力量，一种物的超自然的特质，因此类似于主体中某种潜在的魔力，投射于外，而后被重新获得，经历了异化与复归"。前面我们已经指出过，这是对人本主义类本质异化逻辑在拜物教理论上的错误挪用。而在原初语境上，物恋（fetish）一词的意思正好是相反的："它是一种**伪造物**、一种人工制品，一种为了展现某种外观和凸显某种符号的劳作。"①大家要睁大眼睛了，鲍德里亚的逻辑把戏是从这里开始的，**"符号的劳作"**是他最重要的关键词，他要塞自己的私货了。为此，他例举了大量的词汇，目的只有一个，拜物教一词的真正含义是"一种文化意义上的带有符号性的劳动"。我觉得，这就是鲍德里亚在学术上的不诚实了。在一个根本上还不存在现代意义上的**前符号文化**中生成的物恋话语中，哪里可能出现符号性的劳作呢？巫师的占卜吗？真是可笑。鲍德里亚在批判今天的西方社会学和马克思主义的时代，一个很致命的撒手锏就是用现代的语境强暴原始社会存在，他自己却时常在无意识地进行逻辑自刎。

鲍德里亚说，即使真的存在一种拜物教，也不是质性意义上的所指的拜物教，或者是一种实体和价值的拜物教，而是基于**能指的拜物教**。物是无，物不过是能指，一种虚假的、

---

① 见本书正文第104页。

自身差异性符号系统中的编码载体而已，拜物教看起来像是崇拜物，可是，拜物教的真正本质是对能指的崇拜，真正支配和奴役人和物的是符号，在符号系统的编码之中，物与人都被虚无化，这就是他所说的"存在抽象化"的意思。于是，意识形态统治和支配人的地方不是异化了的上层建筑观念，而是无处不在的结构性符号编码。鲍德里亚从马克思的经济拜物教终于跨出了决定性的一步，这是现代唯心主义极为重要的一步。

4. 符号政治经济学的"革命"

鲍德里亚在经过对物、消费和意识形态问题等的一系列理论单点突破之后，觉得终于可以宣布自己的思想革命了，即超越政治经济学的符号政治经济学批判理论。他别出心裁地从艺术品签名和拍卖过程的分析中，再一次确证了自己独创的不同于物质生产的差异性生产关系，从而推出符号政治经济学的全新逻辑构架。以此，完成了对自己的左派老师以及马克思主义的彻底超越。这是他此书第四、五章的基本内容。与前面三章收录的三篇已经发表的论文不同，从这一章开始，是鲍德里亚专门为此书撰写的新内容。也可能，他是在此时才发现，应该专门写一本书来系统地说明自己的思想变化。我以为，鲍德里亚这种自以为是的思想革命只是建立在一种非凡的逻辑自恋之上的头脑风暴，他对马克思政治经济学批判的证伪是建立在一种完全非法的误读基础之上的，所以也是经不起深一层理论推敲的。

鲍德里亚新的批判魔剑就是超越经济价值的**符号政治经济学**。我们看到，在此书的前几章中，他为这个所谓的"符号政治经济学"的出场已经做了大量的产前准备，先是将物的实存魔幻式地转喻为符号，然后以幻象的欲望消灭了物性的需求，在证伪了马克思的经济拜物教之后，最后终于撩开了他隐匿在背后的哥白尼式的逻辑宣判：马克思建立在"交换价值"批判基础上的政治经济学已经过时了，现在真正能够直面资本主义新现实的批判武器，只能是他所创立的符号政治经济学批判。与20世纪60年代的萨特和90年代的德里达的断言不同，鲍德里亚不再说，马克思是我们无法超越的批判旗帜和幽灵，现在，他就是手持新千年魔剑的批判幽灵的掌门人。

我们特别想了解的是，这个取代了马克思的符号政治经济学到底是什么。我们看到，鲍德里亚这一次又选了一个令人吃惊的路径：艺术品的拍卖。据说，在刚才提及的绘画市场和艺术品拍卖中，我们才有可能真正发现现代"意识形态的秘密和运作过程"。前面我们已经看到，鲍德里亚在现代绘画的差异性系列生产和签名中，将这一特殊艺术创伤过程指认为差异性的符号化生产。在这里，他以艺术品的拍卖强化了这一观点，并且将这一论点上升为一种重要的理论逻辑宣告。正是在现代绘画和艺术品拍卖中,鲍德里亚将向我们照亮一个新大陆,因为在这里,新的游戏规则所产生的"融经济价值、符号/价值与象征性价值等多种价值为一体的交换方式,可以被视为意识形态的母体(matrix)——大写的**'符号政治经济学'**(L'ECONOMIE POLITIQUE DU SIGNE)的诞生之地"①。不过,作为从后马克思思潮超拔出来的鲍德里亚,此时还带着脱胎而来的学术脐带,所以,他仍然承认符号政治经济学的出场与马克思的政治经济学是相近的方式。

在本书的最后,鲍德里亚曾经这样小结过这两种政治经济学之间的同构性:

> 1. 政治经济学:在有用性(需求、使用价值等,所有经济合理性的人类学指涉)的遮蔽之下,它构建了一个逻辑一贯的体系,一个可计算的生产力,其中所有的生产都被归结为一些简单的要素,所有的产品都在它们的抽象性中成为等价的。这就是商品的逻辑以及交换价值体系。

> 2. 符号政治经济学:在功能性(客观的目的性、与有用性同构)的遮蔽之下,它构建了某种意指关系的模式,其中所有围绕它的符号都在逻辑的可计算性之中充当一些简单的要素,在符号/交换价值体系的框架中互相指认。②

---

① 见本书正文第 137 页。
② 同上,第 262 页。

在这两个体系之中,有用性和功能性充当了原初的逻辑支点或终极"指涉物","交换价值"与符号都围绕它们形成的具象性"化身"。这是这两个政治经济学体系的相近的逻辑。

可是,异质性是绝对的。在马克思所揭露的一般的消费中,经济的"交换价值"(货币)转化为符号的"交换价值"(例如"声望"),但这还是以使用价值为其交换合法性基础的,而在艺术品拍卖中,交换则是在货币与作为**纯粹符号**的绘画作品间进行的。请注意,这里作为纯粹符号被提及的绘画作品,正是上面鲍德里亚重新定义的差异性系列结构中的被签名物。我已经说明过这种东西的特设性。鲍德里亚说,马克思在经济学研究中忽略了作为购买("交换价值"向使用价值的转化)的消费行为同时也是一种别样的大写的"**花费**"(DÉPENSE),这种花费的实质是财富的**显现**价值,在鲍德里亚看来,这种新的价值恰恰是超越经济性的"交换价值"的。

他认为,马克思仅仅关注了经济的"交换价值"的生产与体系化,在这里,"所有的价值(劳动、知识、社会关系、文化、自然)都转变为经济'交换价值'。每一事物都被抽象化了,并再度进入到世界市场当中,其中货币充当着最出色的一般等价物"。可是,马克思没有看到的方面是,经济交换过程同时也是一个"广泛地将经济交换价值转换为符号/交换价值的过程。这是一个作为**符号/交换价值体系**的大写的'**消费**'(CONSOMMATION)过程"。鲍德里亚认为,这一"消费"不是马克思意义上的商品向使用价值的转换,而是向符号交换价值的转化。鲍德里亚此处并没有说明，这里的不向商品的具体使用转化而向符号交换价值的转化的东西，到底是指艺术拍卖品还是所有一般商品，如果是指后者，这是很蠢的说法，因为绝大多数低端日用商品都是直接进入使用"耗费"之中，根本不存在什么差异性的符号交换价值的转化；如果是指前者，那么，他也没有道理兴冲冲地宣布一场涉及整个政治经济学学科的"哥白尼式的革命"的到来：

> 基于这一点，必须打破仅仅通过交换价值和使用价值来说明政治经济学的观念，必须作为一种大写的**"一般政治经济学"**（ÉCONOMIE POLITIQUE GÉNÉRALISÉE）来整个地重新分析，其中符号/交换价值的生产与物质商品以及经济交换价值的生产都是通过同一种方式，并在同一过程当中。由此，对于符号生产以及文化生产的分析不能作为与物质生产相对的、外在的、隐蔽的"上层建筑"；这将成为**一场政治经济学的革命**，符号政治经济学全面入侵了理论与实践的领域。①

其实，鲍德里亚的意思在这里恐怕还是想对马克思的政治经济学批判做一种新的补充，即有一些经济交换之外的交易行为并不能为马克思的理论逻辑所覆盖，他指认说明这些交易的规则可以由符号交换价值更好地来说明，可是，他心太大了，新的想法被标榜为一场新政治经济学革命。我觉

---

① 见本书正文第 140 页。

得，鲍德里亚的话说过头了，有些新的想法就是革命，那这种思想革命就忒廉价了。

鲍德里亚认为，传统的政治经济学的逻辑边界"必须要放弃"了，他发现的差异性符号生产不能被"文化主义"地归属于所谓上层建筑分析，因为这会直接导致"意识形态的神秘化"。他故弄玄虚地发问道："什么是意指（signification）？它在什么样的社会关系中产生出来？意指的生产方式又是什么？是'资本主义'生产方式吗？显然很荒唐。"一百多年以后索绪尔在语言学中使用的话语，"意指"一类东西，是马克思根本想不到的事情，也无法简单装到那个物性的生产方式中。这纯属废话。

鲍德里亚认为，这就是**现代意识形态**的母体，这一回，意识形态不是建立在马克思意义上的经济性的生产、交换和社会关系体系之中，而是生成于符号政治经济学之中。这种意识形态的背后，新的等级恰恰是建立在对传统经济价值的破坏之上，差异性符号的生产正是这种意识形态真正的秘密。鲍德里亚认为，今天的资本主义中存在的无所不在的消费"就是建立在符号/价值的交换模式之上，即在差异性交换的基础之上，同时也就是建立在有区别的物质载体，以及由此产生的潜在的共同体的基础之上"①。鲍德里亚又在引出他的一般观念来，今天的消费主要不是在于物品的物性功能，

———————

① 见本书正文第 149 页。

而是差异性的符号。"今天消费的差异性是被工业化生产出来的,它们被机械地灌注到一些共同的模型当中。它们不再源于个人化的相互挑战和交换。只有通过大众媒介的**拟像**(simulacre),这种竞争才能再现。"①在此处,显然"拟像"一词还在特指今天的传媒图景,而非后来对整个资本主义创造世界特有方式(三个层级)的指认。正是大众媒介通过影像的拟像,物性的商品正在转化为种种差异性的"富有魔力的符号",符号编码建构着消费游戏,在一个无意识的共同体中,离开了经济价值的消费游戏成为隐匿社会对抗的节日。鲍德里亚说,这种节日,"不管是怎样的经济地位和阶级条件——它都只是有利于统治阶级。它是统治阶级的基石。它并不能自动地被生产力的革命逻辑,或者资本的'辩证法',或者传统的政治经济学批判所破解"②。也是在这个意义上,他要宣布马克思的死亡,传统政治经济学批判的死亡,真正能够破解今天资产阶级意识形态的人,只有鲍德里亚自己。

5. 新经济学复杂的逻辑结构

在《符号政治经济学批判》一书中,鲍德里亚的理论论证

---

① 见本书正文第 149 页。
② 同上,第 150 页。

还是很有章法的。在进行了大量前期理论准备和批判性证伪之后，在此书的第六章中，他对自己新的思想革命做了系统的正面阐述。在"关于一般理论的讨论"的标题下，鲍德里亚花了很大的篇幅总结和讨论了他已经提出的一系列观点，当然，这一次是更加深入和完整的。也是在此处，鲍德里亚公开表示他要彻底否定马克思的学说，主要是批判建立在使用价值之上的物质生产理论为核心的历史唯物主义，由此，完成了他从后马克思思潮向反马克思主义的最终转变。

鲍德里亚关于理论一般的说明起于第二章"需求的意识形态起源"中的讨论，在那里，他已经明确标识出四种不同的价值逻辑，即使用价值的功能性逻辑、"交换价值"的经济性逻辑、符号/价值的差异性逻辑和象征性交换的逻辑。需要提醒一下，这四重逻辑中的前三个，都是鲍德里亚的批判对象，只有第四个象征交换，是他从莫斯—巴塔耶那里得来的本真性逻辑。在他看来，"与之对应的四个不同原则分别是：有用性（l'utilité），等同性（l'équivalence），差异性（l'différence），不定性（l'ambivalence）"①。这也就是说，使用价值基于效用性，"交换价值"起于等值性，符号价值缘起差异性，而并不属于价值逻辑的象征交换的本质是一种无定在的无限喻指。

鲍德里亚按照他对艺术品拍卖的讨论，拟定了一个十分

————————

① 见本书正文第157页。

复杂的"价值转化的列表"。

使用价值(Valeur d' usage)：

1. 使用价值-经济交换价值

2. 使用价值-符号/交换价值

3. 使用价值-象征交换

经济交换价值(Valeur d' échange économique)：

1. 经济交换价值-使用价值

2. 经济交换价值-符号/交换价值

3. 经济交换价值-象征交换

符号/交换价值(Valeur d' échange/signe)：

1. 符号/交换价值-使用价值

2. 符号/交换价值-经济交换价值

3. 符号/交换价值-象征交换

象征交换(Echange symbolique)：

1. 象征交换-使用价值

2. 象征交换-经济交换价值

3. 象征交换-符号/交换价值①

　　一共四组十二条。在鲍德里亚对这一转化列表的说明中，他做了如下的解说。

　　第一条是传统政治经济学(包括马克思)讨论的对象，即早期资本主义商品物质生产过程中发生的使用价值与"交换

---

① 见本书正文第158页。

价值"的关系,这里的消费为生产性消费。这一条与第四条相关,消费将"交换价值"转化为使用价值,这两条都没有关注符号价值问题。

第二条是鲍德里亚在此书前面的讨论中已经提出的当代资本主义符号生产过程,它的在场基于对物品有用性的破坏,消费的本质不再是生产性的物性功能,而是转向一种呈现奢侈价值的炫耀性消费:

> "非生产性"消费(时间的消费,即一种炫耀性的无所事事与休闲),实际上是差异的生产:它的功能性差异成了一种地位上的差异(例如半自动洗衣机 vs 全自动洗衣机)。在此,广告将有用的物的价值转变为符号/价值。在此,技术和知识从它们客观的实践中分离出来,被凸显差异的"文化"体系再发掘。[①]

鲍德里亚很善于举例子,他的意思是说像洗衣机的自动和半自动的功能性区别通过广告已经转换为一种差异性的符号价值,呈现为某种地位性的差异。这一条与第五条一致,第五条突出了从"交换价值"向符号价值的转化,在此,物品的商品形式被提升为符号形式,经济权力转换为符号权力。

第三条,象征性交换是鲍德里亚自己肯定的**本真性**的应**该存在**的逻辑,在莫斯—巴塔耶的语境中,不存在传统意义

---

① 见本书正文第 159 页。

上的消费,而只有让物品使用价值得到破坏的"耗尽",这是原始部族生活里礼物馈赠和节日中的象征性交换。第六条也是在说明象征性交换对现存的经济交换和符号交换关系的超越。对此,鲍德里亚专门解说道,并不存在象征性价值,只存在象征性交换,这种本真性的东西是"与全部价值领域完全断裂"的**没有物、商品和符号**的彼岸世界。这是鲍德里亚的上帝之城。

从第七条到第九条,说明了符号交换关系中,从物品的有用性到文化—符号垄断的转变,最终,鲍德里亚认为人类的解放可能在于符号交换的消解,重新复归于象征交换的天国。从第十条到第十二条的意义,则在于说明人的本真性的象征交换关系是如何被物性功能、交换幻象和符号意识形态三重遮蔽起来的,因为:

> 它们将象征交换放置入由各种不同的价值符码(使用价值、交换价值、符号/价值)所构筑的抽象的、合理化了的分配(ventilation)之中。例如被卷入到相互交换中的物,在这种持续的交换中迷失了自己,失去了其自身的任何价值(即与其本身相称的价值),而物的循环本身则建构了社会关系,即社会的意义。一旦象征交换被打破,那么同样的物都被抽象为有用性的价值、商业的价值、地位的价值。象征也成了一种工具,或者是商品,或者是符号。各种各样的编码方式都可以进入其中,但它们所构建的形式只能是一种政治经济学的形式,它完全

与象征交换相左。①

概言之,不具有价值的象征交换却被附加了物性价值、"交换价值"和符号价值,这种现象,在过去的经典哲学中被叫作异化,这里,鲍德里亚只是说明了一种人类本真关系的丧失。

其实,这十二条完全是鲍德里亚故意制作的逻辑编织物,他的意思无非是说有四种社会关系,其中象征交换的关系是人所最应该持有的东西。废话一大堆,说到第四条以后就自己都不知道应该如何往下编了,甚是可笑。

6. 使用价值的形而上学的批判

鲍德里亚想先完成第一个理论任务,即对使用价值的批判。我以为,鲍德里亚的眼光是极具透视性的,他深知在马克思理论逻辑中那些最关键的理论构件,使用价值是他选中的第一个重要概念,当然,他对马克思政治经济学和历史唯物主义的全面批判,是在《生产之镜》中完成的。我们在本书的下篇中会专门直面鲍德里亚的重要攻击。在这里,鲍德里亚先复述了马克思关系商品二重性的观点,其大意是说商品具有使用价值和交换价值二重属性。正如我们已经指出的

---

① 见本书正文第161—162页。

那样,鲍德里亚不知道,马克思在《资本论》中已经放弃了先前沿用古典经济学对"交换价值"的非科学使用,而启用了**价值**与使用价值的新表述,因为他发现,"交换价值"只是价值在市场流通过程中的价格表现。这一点,我们后面还会专门讨论。使用价值是具体的、特殊的,并以自身的功能属性为前提,而"交换价值"则是抽象和一般的。鲍德里亚说,**没有交换价值就没有使用价值**。这是他的一个重要判断。在《生产之镜》中,这一观点得到了充分的展开。他说,在马克思看来,使用价值并没有卷入市场经济之中,由物质生产力发展为前提的具体劳动与使用价值的生成,在资本主义市场经济中只是受到了空间上的限制,但是,在对资本主义交换结构的政治否定之中,"在人与其工作和产品所具有的自主权中,使用价值包含了超越市场经济、货币以及交换价值而获得重生的期许"[①]。所以,在马克思那里,商品拜物教只是"交换价值"的一种功能,即由市场生成的"社会关系被掩盖在商品自身的属性之下"。准确地说,是人与人的社会关系颠倒地表现为市场交换中的物与物的关系。

鲍德里亚要批判物品的有用性本身,他的意思是说,一切物品的有用性都是前面他已经专门证伪的需求体系的结果。用老海德格尔的话来说,上手性存在已经开启了没有让自然存在物"物着"的座架性。所以,与马克思的观点不同,鲍德里

---

① 见本书正文第 170 页。

亚认为使用价值也是一种抽象，它是需求体系的抽象。并且，"需求（即需求体系）是**抽象的社会劳动的等价物**：在需求的基础之上，建构了**使用价值体系**，就如同抽象劳动是交换价值体系的基础一样"。这样，使用价值与"交换价值"就都是体系，"由相同的抽象的等价逻辑、相同的符码所规划"。鲍德里亚认为，"正是体系的抽象才导致了拜物教化的过程"，所以，马克思没有发现的秘密在于，正是"两种拜物教，使用价值拜物教和交换价值拜物教共同组成了商品拜物教"①。

马克思为什么会犯这样的错误呢？按照鲍德里亚的高明之见，这是因为马克思假设了使用价值的不可比性（incomparabilité）。鲍德里亚的观点显然是不同的，他硬要说使用价值是具有可比性的。他的论证如下：一，有用性是一切"交换价值"的基础，没有用的东西即无所谓可交换性。二，如果有用性与交换原则是密不可分的，等价的逻辑就已经进入到有用性之中，固然使用价值在量上不可计量，但物与物在交换中已经是可比的了。他说，只有在象征交换中那种"独特的、个性化的行为"，如作为馈赠的礼物才是不可比的。这是一种有用的普遍性和共有分母。三，这种普遍的有用性也就是一般等价物的基础，所以，使用价值与"交换价值"具有完全相同的逻辑形式，"每一个物都被纳入一般的抽象的等价符码之中，这一符码是物的理性、客观性及其意

---

① 见本书正文第 171 页。

义——这一符码的获得需要与使用它的人、与它所要达到的目的分割开来才是可能的。物的功能性使其成为符码"。①这种符码正是资本主义经济学的生成前提——可计算性的基础。四,马克思没有发现,"使用价值本身就是一种社会关系",如同他已经揭示的经济交换关系中,生产者不是作为创造者在场,而只能作为抽象的劳动力存在一样,

> 同样,在使用价值的体系中,消费者从来不是作为欲望和享乐的主体存在,而总是作为抽象的社会需求力而存在。(一个人可以说需求[BedÜrfniskraft],需求力[BedÜrfnisvermögen],类似于劳动[Arbeitskraft]和劳动力[Arbeitsvermögen])。②

面对有用物的社会个人实际上是由使用价值体系建构出来的人。这种人,说到底还是表现出主体与经济体系之间的内在关联,并不是真正意义上的人。那么,什么是真正意义上的人呢?还是鲍德里亚那个象征交换中**不附着于物的无定在**的人。所以他说,"有用性、需要、使用价值:没有一个能够指认出主体的目的,从而呈现出主客之间不定性的关系,或者呈现出主体之间的象征交换"③。还是他那个忘不掉的无定在的象征交换。

对使用价值拜物教的批判,是鲍德里亚此书中的重头

---

① 见本书正文第 172 页。
② 同上,第 173 页
③ 同上,第 173 页。

戏。因为由此，他才可能站到马克思之上。所以对此，他是非常用心的。

鲍德里亚认为，正如马克思所言，"交换价值"不是物的固有属性，而是表达了资本主义生产方式中的一种社会关系，使用价值同样不是物的固有功能，它也是"一种（主体的、客体的和它们相互关系的）社会规定"。这句话并没有错，也不是鲍德里亚的发明，在马克思那里，价值与使用价值是商品的内在统一属性，这是历史生成的东西。鲍德里亚认为，"正如商品的逻辑已经延伸到了人与物等完全不同的领域，从而使人都服从于一种法则，只能显现为一种交换价值一样，有用性这一受到限制的目的性也将自己强加于人以及整个世界的物之上"①。这就有问题了，鲍德里亚试图否定物品对人的有用性，这显然是不现实的浪漫主义情怀。鲍德里亚反对现代人本学家们的观点，即"通过赋予外部世界以功能性以及内在的目的性，人才能**使人之为人**"。在晚期海德格尔那里，座架是人的命运。他说，人本学家没有看到的东西是，在商品交换体系之中，人异化为商品和"交换价值"，可是，难道在效用体系之中，人就是他自己吗？鲍德里亚指证说，在功能性的效用体系之中，"人也不再是自己，而成为这些功能性的和服务性的物中最美丽的一个"。人仍然在被异化！在鲍德里亚看来，处于使用价值体系中的个体结构仍然

---

① 见本书正文第 178 页。

是一个虚假的历史幻象,因为"这一个体结构在与象征交换的分裂中,通过需求、有用性、满足和使用价值等术语,赋予自身以自为性,同时将他的欲望、他与他者的关系以及他与物的关系合理化"①。

在鲍德里亚看来,马克思深刻地批判了资产阶级政治经济学,可是他并没有达到鲍德里亚这样的"深度"。使用价值是政治经济学真正的秘密,它是人类中心论和一切人本主义意识形态的本质,它深深地根植于一个"自然化"的过程当中,"被视为一个无法超越的原初指涉物"。在《生产之镜》一书中,鲍德里亚将其定位为历史唯物主义的核心范畴。所以,在我们这个世界上,使用价值(有用性)是唯一或者最终的价值目的论和神学,它布展着"一种'理想化的'平等、'和谐'、经济以及平衡的关系"。

> 它在所有层面都发挥作用:在人与自然的关系中,在人与物的关系中,在人与其肉体的关系中,以及自我与他者的关系中。价值成为一个绝对的证明,"事物变得更为简单":(历史的以及理性的)神秘性与狡计以最为深刻和强烈的方式显现出来了。②

这是资产阶级意识形态最后的基石,即使是在马克思的批判之剑下,使用价值仍然被种种幻象所遮蔽,似乎在资本

---

① 见本书正文第 179 页。
② 同上,第 183 页。

主义生产方式之中，"使用价值被交换价值所埋葬，如同天堂中自然的和谐被原罪和灾难所打破一样，在未来救赎的承诺之中，始终被铭刻为在大写的历史（History）的最后阶段被挖掘出来的没有损坏的本质"①。这也就是说，在所有指向未来的解放幻想中，使用价值总是作为万恶的交换价值对立面出场的神性原初物。而现在，鲍德里亚就是要揭去蒙在使用价值之上的意识形态迷障。

7. 符号政治经济学批判与意识形态

鲍德里亚《符号政治经济学批判》一书中最重要的几章，分别是第六、七、八章。因为，这是他全面阐述自己新观点的部分。特别是在题为"直面符号政治经济学批判"的第八章中，他对自己提出的符号政治经济学进行了具体的阐述。其中，鲍德里亚主要说明了商品形式与符号形式的同质性，以及当代资本主义社会生活的符码化进程。

鲍德里亚说，他的符号政治经济学同马克思的商品政治经济学有相类似的逻辑结构。如同"交换价值"体系和使用价值体系分别对应于商品与物的形式一样，符号的能指与所指分别说明了符号的价值和符号的形式。他真的很能进行理论

---

① 见本书正文第187页。

挪用。鲍德里亚说,在这两个系统中,有一个隐性的逻辑假定,即"在一个主导(dominant)形式和主导形式的化身(或者附属)形式之间的关系被建构了起来,其中处于主导地位的形式成了逻辑的王冠和意识形态的完成"①。这里**统治形式**分别是指商品属性中的使用价值和符号中的所指。现在,鲍德里亚要开始抛售他关于意识形态问题的高见了。用一句话来概括,即关于神秘形式的意识形态畸变。

　　鲍德里亚总是能使自己的观点因为独特而高人一等。他的意思是说,在过去人们的研究中,意识形态总是以一种有具体内容的宏大幻象来整合人们的思想,以维持对现实经济社会关系的肯定。而在他看来,意识形态的真正神秘作用恰恰不在它的内容,而是一种神秘的形式。所以他说,意识形态"是贯穿于符号生产和'物质'生产中的**一种形式**"。为此,他还表扬马克思说,"马克思阐明了物质生产的客观性并不存在于它的物质性中,而是存在于它的**形式**之中。实际上,这是与所有批判理论决裂的关节点"②。我们假设,鲍德里亚正确地理解到马克思关于生产方式和生产关系在以物质生产为前提的社会存在中的决定性作用,可是,这不是说什么"客观性"问题。所以他说,透视意识形态问题的关键也是如此,意识形态的客观性"并不存在于它的'观念性'中,即不存在于现实主义**思想内容**的形而上学之中,而是存在于它

----

① 见本书正文第 189 页。
② 同上,第 191 页。

的形式之中"。传统意识形态研究最大的问题，就是人们总是将意识形态指认为一种**内容**，即一些"给定的、超验的价值——与一些宏大的显现密切相连的一种**神性**（mana），神奇地孕育了诸多漂浮的、神秘的主体性，这些主体性被称为'意识'"①。

而在鲍德里亚看来，理解意识形态本质的正确通道恰恰不在于它的显现出来的观念内容，而是它的看不见的形式。"意识形态的过程是一个将象征性物质载体还原为、抽象为一种形式的过程。但这种还原性抽象立即成了一种价值（具有自主性的），一种内容（超验的），一种意识的显现（所指）。"②这是鲍德里亚关于意识形态本质的一句很重要的表述。这是什么意思呢？他举例说，比如马克思在《资本论》中对商品的分析，商品的神秘性并不在于它本身的物性，而在于它抽象的神秘形式，人们不知道，"这一过程同样导致了将商品作为一种具有自主性的价值和超验性的现实，而不知道它本身不过是一种形式，是一种社会劳动的抽象"。必须承认，鲍德里亚这里对马克思的理解是基本正确和深刻的。准确地说，商品的神秘性不是它的具体功效性，而在于它作为社会劳动抽象的价值形式。鲍德里亚这里依循马克思分析逻辑的思考入口显然是深刻的。他说：

> 形式将自身不断地掩盖在内容之下，这是形式的狡

---

① 见本书正文第 191 页。
② 同上，第 192 页。

计。符码的狡计在于将自身掩盖在价值之下，或者通过价值而生产自身。正是在内容的"物质性"之中，形式消解了自身的抽象，并将自身再生产为一种形式。这就是它所特有的魔力。①

问题出来了，鲍德里亚这里简单地将马克思关于商品的使用价值和价值二重属性的分析类比于内容和形式已经是一种误读，而他这种逻辑游戏的目的还是为了最终引出他想标举的符号关系。后面我们会看到，鲍德里亚是要再深入一层提出，**形式的秘密就是符号**。鲍德里亚立即说，马克思固然是深刻的，但仍然是不够的。"如果说资产阶级将形式奉为一种超验的存在，为的是将其视为一种**文化**，那么马克思也将其视为一种超验的存在，但为的是将其作为一种**意识形态**来加以批判。不过二者具有同样的神秘性思维。"②依我的理解，这里的超验性就是非直观性，形式是布尔乔亚的文化，形式是马克思否定的意识形态。这两者都是将形式主观化了。鲍德里亚认为，这种将非直观的形式主观化的问题，都是出在近代思维方法中的二元分裂模式中，如主体—客体的分立、经济基础与上层建筑的分立以及剥削与异化的区分等。

在鲍德里亚看来，真正能够消除整个符号与价值体系意

---

① 见本书正文第 192 页。
② 由此，对于人为的需要以及对需要的操纵的"批判性"揭露，集中在了对消费无条件的提升所包含的神秘性之中。——鲍德里亚原注。见本书正文第 193 页。

识形态的东西,只有他的无定性的象征性交换关系。在今天的符号统治王国中,解放和批判的口号如果是某种在场的真实、指涉物或终极价值,都摆脱不了符号的阴影,这是因为所有的有定在的意指都是被符号结构化的。他说:"**意指关系的过程,最终不过就是一个巨大的意义的拟像的模型。**"人们发现不了的事实是,一切具象的意指(如真实、共产主义与世界大同)都不过是对象征性的某种**拟像**(simulacre),关键是,当这种解放的期待仍然停滞于符号性的所指之中时,它总是幻想性的。鲍德里亚声称:"只有在理论的和实践的整体革命中,才能消解符号和价值,恢复象征性。符号应该被焚烧!"①焚烧符号,复归象征性,这还真有些"68"红色五月风暴的精神呢。

为了说明这个问题,鲍德里亚在此还搬出了拉康。他认为拉康的符号学公式,即将索绪尔的所指/能指的关系式颠倒为能指/所指的结构关系式,恰恰是透露了一种前符号的象征性功能即"一种还原和消解意义的过程(或者无意义,无定在)"。

> 拉康的语言学公式揭示了这一真理:S/s。这种符号的分裂由此成为一种自我压抑——不再是一种阐发,而是一种质询——因此变成了一种逾越。这一分裂凸现了符号所否定的东西,由此符号建构了自身的否定

---

① 见本书正文第 219 页。

性,这一点在其肯定性的建制中,仅仅是一种征兆。[①]

符号本身被否定了,而象征性则在这种对具象意指的否定性中出场了。在这里,拉康是为鲍德里亚所用的。他才不管拉康的本意是什么呢。鲍德里亚要从拉康的符号学分析中得出自己所需要的那个无定性的象征性:

> 它只能被想象为被符号所否定,同时却也否定了符号形式的东西,并且在其中并没有任何空间(place)。它是一个与符号相对的非空间、无价值的存在。通过符号的区分和划界,某种象征性的无定在性只有在符号的解体中,在符号和价值的消解中才能重新出现。象征性不存在于任何地方。它并不是那些被压抑的东西,如拉康的所指。因为它在将符号分裂的同时,又消解了符号分裂后的二元对立,最终它将能指与所指撕成碎片。[②]

固然拉康说,真理总是在对它的误解中抵达,他也没有指望人们对其思想的还原式理解,可是,我觉得对拉康的误认也不能到了违反最基本意思,甚至是颠倒黑白的地步。虽然鲍德里亚也时常在自己的理论表述中故作玄秘之状,但在拉康面前,还真显得是小儿科式的卖弄。鲍德里亚只是想着自己那种前符号学的无定在的象征关系,而根本不理解拉康思想的整体逻辑结构,不知道属于拉康思想逻辑中第二个重

---

① 见本书正文第 217 页下注 1。
② 同上,第 217 页注 1。

要研究域的象征—符号学的颠覆性语境，不知道拉康的符号学讨论和批判的目的恰好是要宣布一切象征性的非法性。

我们知道，同样是对莫斯象征概念的逻辑延伸，列维-斯特劳斯指认了在人类原始思维发展的前期，当理性规则还未占据支配地位的时候，思维是以没有观念的"形象"，即**象征性的能指**来指认人类与世界和类族的关系的，这也是一种"未被驯化的思维"①，这种非观念化思维的核心是以形象为主的"象征系统"。不像鲍德里亚傻乎乎地跟着巴塔耶，直接将前符号的象征性变成某种本真性的逻辑基始，拉康恰恰将象征性视为语言符号系统的本质，整个象征域是个人主体被象征性符号系统——大他者强暴和奴役的悲惨世界。所以，在鲍德里亚援引拉康的符号学时，这已经出现了一种可笑的逻辑错位。更何况，与鲍德里亚还抱有复归象征性交换的幻想不同，拉康哲学的意义恰恰在于消解一切被制造出来的可能性，更不要说用一种发生于原始部族生活中的某种礼物交换系统和象征关系来座架今天的世界。这种对拉康符号理论的挪用，真是会笑掉那位长眠地下的大他者老先生大牙的。

---

① 许多论者将列维-斯特劳斯的这本书名 *la pensée sauvage*，译成"野性的思维"，但从列维-斯特劳斯本人的真正语境中看，他所研究的图腾制度和早期亲属关系中表现出来的恰恰是一种还没有被彻底观念化（所指化）的形象（能指）思维，所以，译成"未驯化的思想"更接近原意。参见斯特罗克：《结构主义以来》，辽宁教育出版社 1998 年版，第 11～12 页。并参见列维-斯特劳斯：《野性的思维》，商务印书馆 1897 年版，第 249 页。

第一章　符号的功能与阶级的逻辑[①]

1. 符号-物的社会功能

经验的假设：需求（besoins）[②]与使用价值

　　存在着某种社会逻辑：不同的阶级或阶层拥有不同的对物的操持（pratique）[③]，对这种逻辑的分析同时又是一种对

---

　　① 发表于《交流》（*Communications*），1969年第13期。

　　② Besoins,demande与désir是在拉康欲望理论中占据重要地位的三个核心概念。可分别被译为需要、要求和欲望。它们共同构成了拉康需求理论的三元结构。需要一般指向的是人的生物性匮乏，它总是以具体的物的缺失为欲求对象的，而要求则是指人离开母体之后语言构造的一个"我要"，是以非具象的缺失为欲求的对象，因此需要是本真的，而要求则是异化的。欲望则是"我要"的进一步异化的结果，它成了一个对无的无限欲求，这种欲求由此变成了一个永远无法满足的过程。鲍德里亚在此也使用了这三个概念，并且在其意义上显然带有拉康思想的痕迹。因此需要引起我们的注意。——译者

　　③ 这里需要做一个说明：在英译本中将pratique译为practice，以与praxis区别开来，而后者是鲍德里亚在《物体系》（*Le système des objets*）（参见英译本29页）中常用的一个词，但后来放弃了。Practice与praxis一般认为是有区别的。按照南斯拉夫实践派的理论，必须把实践（Praxis）同关于实践（Practice）的认识论范畴区分开来，practice指主体变革客体的活动，这种活动可以被异化，而praxis则指人类所特有的理想性活动，是人实现其价值的过程。同时，也不应当把实践（praxis）同劳动和物质生产等同起来。只有当劳动成为自由的选择，并为个人的自我表现和自我完善提供机会时，它才成为praxis。显然pracitce的内涵更为单一，更具现实性和实用性，在此用pracitce翻译pratique就是凸现这种实践主要意指的是在使用物的时候的一种运作模式、一种视角，或者说一种使用态度。由此，为了能够表现出这种区分，我在此把这个词译为"操持"。——译者

"消费"(consommation)意识形态的批判性分析。今天,这种消费意识形态是一切与物相关的操持的基础。这一双重分析——对物的区分性社会功能的分析与对其所附有的意识形态的政治功能的分析——必须基于一种绝对的先决条件:超越物的需求所具有的自然幻象以及使用价值优先性的假设。

现实的证据支持了这种假设,这种假设赋予物以功能性的存在,一种与技术对这个世界的操控联系起来的工具性,并且以同样的方式,把个人"自然的"、人类学意义上的需求放在一种调解性的位置上。从这一视角来看,物最初只是一种满足需求的功能,并且只有在人与环境所形成的经济关系中才具有意义。

这种经验主义的假设是错误的。物远不仅是一种实用的东西,它具有一种符号的社会价值,正是这种符号的交换价值才是更为根本的——使用价值常常只不过是一种对物的操持的保证(或者甚至是纯粹的和简单的合理化)。以其充满悖论的形式,这才是唯一正确的社会学意义上的假设。在其具体的可见性之下,需求与功能主要只描述了一个抽象的层面,物的一种显明的话语(discours),与此相关,大部分属于无意识的社会话语,则显得更为根本。一种关于物及其消费的精确理论由此不能建立在一种需求及其满足的基础之上,而是要建立在一种社会回馈(la prestation① sociale)及其意指(signification②)的理论之上。

象征交换:"库拉"③与"夸富宴"④

回顾原始社会无疑是危险的——然而最初对物的消费(滋养补给或者限制花费)的回顾却似乎很有必要,这种消费不是为了满足个人的经济需要,而是发挥着散播声望和彰显等级的社会功能。这种消费起初并不来源于最基本的需要或者"自然法则",而是来自一种文化的限制。简单地说,它是一种制度。商品和物都必须是为了社会等级的显现而生

---

① Prestation 这个词,在法语中的含义有诸如"提供、给予、封建时代臣民向领主交纳的贡献"等意义。在莫斯的《礼物》之中,他将礼物的交换称为"全面性的回馈体系"(the system of total Prestations),其意义本质上就是任何被当作礼物送出,或是用来交换的一项或一系列的事物,无论它是出于自愿还是义务,它都包含了服务、娱乐等,以及物质上的东西。而在莫斯那里礼物是原始人所特有的一种交换模式,礼物本身包含着一种无形的强制力量,它要求一种回报。从这一意义上说,《符号政治经济学批判》英译本中将 Prestations 解释为"一种责任感"(a feeling of obligation)有一定道理(参见英译本第 30 页注解 4)。在此我将其统一译为"回馈"。——译者

② Signification 凸现了语言学中能指与所指之间相互指称的关系。——译者

③ 库拉是一个被详细记载的非西方的、前工业社会的、非货币化的、跨地方的交换体系。通常存在于玛斯姆(Massim)部落中人群聚集的地方,远离新几内亚东端的小岛上。类似于礼物交换。近年来在西方人类学研究中日益得到人们的关注。相关材料可以参见 Arjun Appadurai 的一些文章。——译者

④ 原始部落的一种交换方式。首先在莫斯的《礼物》中有详尽的研究。与人们想象的物物交换观点相反,莫斯在夸富宴(potlatch)这一词的名下确定了古典交换的形式,夸富宴是西北部的美洲印第安人提供的一个特例。与印第安人的夸富宴,或者它们的踪迹相似的机制,已被广泛发现。例如在西北部海岸的特林基特人、海达人、夸扣特尔人等中。"夸富宴"在本质上就是一种"总体呈献体系",在这种整个部落的盛大集会上,"氏族、婚礼、成年礼、萨满仪式、大神膜拜、图腾膜拜、对氏族的集体祖先的膜拜,所有这一切都纠结在一起,形成了一个由仪式、法律呈献与经济呈献等组成的错综复杂的网络",莫斯在其中发现了交换的给予、接受和回馈所内在的、无形的强制性和义务性。由此成了反抗当下经济交换的一种可供选择的路径,引起了巴塔耶、鲍德里亚等人的极大关注,对巴塔耶形成"一般经济学"、鲍德里亚形成"象征性交换"概念影响很大。——译者

产和交换(有的时候,甚至采取一种极富破坏性的形式)。对于生活在特罗布里安岛(Trobriand)上的人(马林诺夫斯基[Malinowski])①来说,经济功能与符号/功能②(fonction/signe)之间的区别是鲜明的。有两种物的类型,在其上构建了两种平行的体系:其一,库拉(La kula),基于流通中创建的一种象征交换体系,诸如手镯、项链、衣服等的顺次赠送,这些东西构建了一个价值与地位的社会体系;其二,物物交换(*Gimwali*),最初的商品贸易。

9

这种区别在我们的社会中已经消失了(有例外的情况,诸如陪嫁物、礼物等)。然而,在购买、市场以及私有财产的观念之中,总存在着一种社会回馈的机制。在我们选择、积累、操控消费物之中,我们必须认识到这种机制。区分与名誉的显现正是价值体系的基础,同时也是社会等级制度的整合的基础。库拉和夸富宴(*potlatch*)已经消失了,但它们的原则并没有消失,它作为物的社会学理论的基础而被保留了下来——毫无疑问,在某种意义上,物自身多样化了并分解自身:在"消费"的社会学分析中,基础性的概念假设并不是

① 马林诺夫斯基(1884-1942),英国人类学家。功能学派创始人之一。在英国人类学家 J.G.弗雷泽的《金枝》启发下,开始对人类学发生兴趣。1914 年,在英国博物馆和伦敦经济政治学院工作。同年,他跟随到新几内亚和美拉尼西亚去的蒙德人类学考察队进行实地调查。曾在特罗布里安岛上居住过一段时间进行实地的考察,最终写成了他的《科学的文化理论》(中译本名为《文化论》),该书是他的功能主义理论的比较全面和系统的总结。——译者

② 鲍德里亚喜欢用"/"来表示两个不同领域的连接。符号与功能就是两个不同领域的东西,严格说来符号作为语言学要素,本身不具有什么功能性,功能性只能在经济体制之下才是有意义的,符号只有通过意指关系(signification)才与功能连接起来。因此我们需要注意此处鲍德里亚在符号与功能之间所加的"/"。——译者

与需求有关的使用价值，而是象征性交换价值、社会回馈的价值、竞争的价值以及阶级区分的价值。

炫耀性消费

物的这种最初功能可以在凡勃伦（Thornstein Veblen）的分析中，在炫耀性浪费（浮夸的挥霍，为了名誉的消费或者消耗）这一概念中得到进一步说明。[①] 凡勃伦甚至指出仆人的首要功能是工作和生产，他们还同时发挥着展示主人**级别**（standing）的功能。（当他们没有工作可做的时候，这就是他们的唯一功能。）女人、"大众"、仆人由此成为地位的展示者。这些阶层也消费，但是以主人之名（替代消费）（*vicarious consumption*），他们的游手好闲以及他们的奢侈都证明了他的财富和地位。由此他们的功能如同在库拉体系以及夸富宴中的物所具有的功能一样并不是经济上的，而是一种制度，或者是一种价值等级秩序的保留。从这一视角出发，凡勃伦分析了父权制社会中女性的生存状况：就如同奴隶被喂养并不是为了让他吃饭，而是为了让他工作一样，人们将一个女人打扮得十分奢华并不是为了让她漂亮，而是为了用她的奢华来证明她的主人的世袭荣耀及其社会特权（这同样适用于"文化"，它对于女性来说成为一种社会属性：特别对于有闲阶级来说更是如此，女性的文化同样是集团世袭财产的

10

----

① 参见凡勃伦：《有闲阶级论》，蔡受百译，商务印书馆，1964 年版。——译者

一部分）。这种替代消费的观念非常重要：它把我们带回到了消费的基本原则，即后者与个人的享乐无关（尽管女性乐于变得美丽），而毋宁说消费是一种受限的社会制度，这种制度甚至在社会行为者有意识地考虑在内之前已经设定了行为本身。

更进一步说，它让我们不能从消费自身所显现的那样（即普遍化的个人满足）来考察消费，而是要将其视为一种社会命运（un destin social），它对于某些群体或阶层来说较之于其他群体或阶层有着更为深远的影响，或者作为一种某些群体或阶层与其他群体或阶层对立的方式。如果在今天，在当代民主社会中，不再存在直接显现为了名誉消费或者替代消费的阶层，但也许还应该追问的是，在这种显然的社会进步的背后，是否就不再存在一个实际上仍旧服从于这种挥霍机制的阶层，他们用这种方式重建了价值制度和社会区分制度的永久性功能。而这种功能本属于前工业社会中的消费。这种重建，是在个体行为完全有效的表象之下进行的。

对于凡勃伦来说，显现威望的主要方式除了财富以及奢侈性花费（la dilapidation）之外，就是浪费时间了，直接由本人来浪费或者通过替代者来浪费（替代休闲）。物的世界逃脱不了这一法则，这种由过剩产生的压迫感。这一点显现在物的无用之中，物的无价值之中，物的过剩之中，物的装饰性之中，物的非功能性之中，整个物的各种分类之中（无用的小东西、小器具、小饰品），或者在单个物所暗含的意义及其不断变化的形式之中，例如在时尚的游戏之中，等等。简单说来，物从来都不存在于它们所发挥的功能之中，而是存在于它们的过剩之中，其中凸显了威望。它们不再"指认"（désignent）这个世界，而是指认拥有者的存在以及他们的社会地位。

功能性的拟像

然而今天，这种有闲、这种非功利作为价值的源泉在每个地方都遭到了相反力量的抵抗，日常生活中的物现在所处的地位就来自这种冲突，或者说来自两种相反的道德妥协：贵族的"悠闲"（otium）的道德和清教徒的伦理。实际上，当人们试图将物的功能看作其内在的本质的时候，人们早就忘记了这个功能的价值自身是受到社会道德控制的，这种社会道德不想让物变成无用的东西，正如在何种程度上不想让人无所事事一样。它必须将自身投入到"劳作"之中去，进入到"功能"之中去，并要证明自己是正当的。这可以说是民主的，因为之前它总具有作为纯粹威望符号的贵族特权。这个建立在浮夸和花费基础上的过去的特权还总是存在着。然而在它对于时尚和装饰有着明显影响的同时，借由一种功能性的话语——这种话语可以作为令人厌恶的区分功能的借口——它经常或多或少地被替代演出（dowble）了。由此，物开始了一场永久性的游戏，这一游戏实际上来自一种道德的

12

冲突，来自社会的不平等：功能性的物伪装为装饰性的，它用无用性或者变幻不定的时尚来伪装自身——无用的怠惰的物还具有一些实用意义。[1] 这一情形的极端情况就是那些小杂物：功能性的外衣掩盖了完全的不必要，实践的伦理遮蔽了纯粹的浪费。在任何情况下，所有的物，甚至是无用的物，都是劳动的物：用来布置家庭、整理、修修补补——任何地方正在劳作的人（homo faber）同时也就是一些正在休闲的人（homo otiosus）。更为一般的情况是，我们时常要与一种功能性的拟像（Le simulacre fonctionnel）（伪装）（*make-believe*）打交道（这不仅发生在物的世界中），物在这种拟像背后继续扮演着它们进行社会区分的角色。然而，从另一角度来看，物又不得不向意指妥协[2]，也就是说，不得不通过"悠闲"（otium）和游戏的模式来意指社会意义和声望，而这种模式是贵族的原始的模式，是消费的快乐主义试图重建的纽带。同时还要不时地向强有力的民主道德妥协，这种道德总是要让人所付出的努力、劳作以及最终获得的成果一致起来。

13　　人们可以想象一种社会状态，其中并存着不能融合的两种类型的物：有用性/声望，或者交换价值/使用价值——一

---

① 由此，在中部炎热的乡村里，农民还保留着暖炕的盆，这种保留显然已经不合时宜，它仅仅只是一种"风俗"而已，然而为了掩盖这一点，它被认为"在冬天总还是实用的"！

② 这在所有的逻辑中都是矛盾的。因为两种价值体系是不能调和的。只有那些"功能主义的"工业美学家能够想象出功能与形式之间的协调，因为他们没有意识到实践这些想象的社会矛盾。（见下文，《瞬时的奢侈》）

种由强烈的等级融合(原始社会,或者一种仪式和种姓制度)所注定的分裂。同样,在我们的社会中,这常常导致每个物都包含了不定(ambivalence)的性质。

解读出这种社会的义务,即在任何地方都存在着"炫耀性"消费(直接的或者替代的)①是十分重要的,它超越了物的有用性,并显然通过一种自然的行动流露出来,并由此掌握社会等级的一个永久维度。这种社会等级既存在于消费语境之下,也存在于今天仍具强制力的等级(standing)这一道德观之中。

所以,在这种矛盾中,物并不存在于对需要的满足之中,而是存在于象征性的劳动之中,存在于一种"生产"之中,这种生产包含了证明与生产(*pro-ducers*)的双重含义——物不仅被生产出来,同时还作为证明被生产出来。它们存在于被神圣化了的努力之中,存在于一种完整的执行之中,存在于一种对最终成果的强调之中,它们意在提供某种社会价值持续而有形的证明。它们是某种世俗的考验(Bewährung),某种审视,或者某种回馈(prestation)。而在另外一种意义上说,这些都遗传自新教伦理的原则。按照韦伯的说法,正是这些原则产生了资本主义精神:消费的道德延续了这种生

① 这里所提出的不是一个个人虚荣心的问题——这种虚荣心想要占有比其他人更为漂亮的东西——而是一种活生生的心理驱动,一种有意识的竞争。炫耀的社会目的以及所有价值的社会机制都是无意识的,并被那些没有这方面知识的主体实践着。声望和竞争的有意识的游戏只不过是这些目的及其强制性在意识中的反映而已。

产,或者与这种生产同样都在救赎的社会逻辑之中与生产纠缠在一起。

2. 社会学的视野

查宾：起居室里的等级

许多人都试图将物作为一种社会逻辑的要素整合起来。然而,一般说来,这些人都只不过是社会学研究中跑龙套的而已。在对"消费"的研究中,相对于广告话语的分析来说,物在社会学亚研究中总是一个非主流的主题。一个值得注意的是查宾(Chapin)的著作①,其中对物进行过系统研究。它将地位界定为:"单个人或家庭依据文化商品、收入体系、物质商品以及对某种团体活动的参与为主要标准而占据的位置。"他由此提出了四个衡量标准。然而,我们注意到这四个要素都与对起居室里的家具所形成的标准有着密切的关联,仅就这些家具本身就已经足以完成对阶层的划定。这个"起居室的标准"包括二十三条,各种物品都被列入这个清单并加以说明(同时也包括与整体相关的某些方面,如清洁、秩序、保养)。这种以社会学研究为目的的最初的考察具有天

---

① F·斯图尔特·查宾(F. Stuart Chapin):《当代美国机构》(*Contemporary American Institutions*)(New York: 1935)第 XIX 章,"社会地位的衡量"。丹尼斯·查普曼(Dennis Chapman):《家庭以及社会地位》(*The Home and Social Status*)(Londres, 1955)

真的经验主义色彩:社会阶层仅仅根据一个物的清单就被界定了出来。现在,除了在贫困的社会中,即在仅凭购买力自身就能够清楚地将阶层界定出来的社会中之外,这一方法不太有效了(它的结论在任何一种情况下都不准确)。实际上,除非在较为极端的情况下,它基本上是无效的了。进一步说,这种僵死的相互关联既不能包括逻辑上的社会分层,也不能包括现实的社会分层。

环境分析的修辞与文法

如前所述,如果查宾的区分标准依据一种更为精细的分析,如将物的本性、物的质料、物的形式,以及物的风格上的细微差异等都加入清单之中,那么这个清单将会有些用处,因为即使客观事实与查宾的理论不符,但直到今天每个人都拥有同样的东西总是不现实的。对于这些模范和系列的考察①将展现出一个复杂的差异性和区分体系的发展过程,其中属于同类的物(扶手椅、柜子、汽车等)仍能够重建所有的社会区分。但同样明显的是随着生活水平的提高,今天的区分已经从简单而又单纯的拥有转变为了物的组织以及社会应用。由此一种社会的阶层划分必然最终存在于一个更为细致的对于环境和日常生活实践的符号学分析之中。对内在的或者家庭的空间分析并不是基于物的清单,而是基于物

---

① 参见鲍德里亚:《物体系》,林志明译,上海人民出版社,2001年版,"A 功能性系统或客观论述"一节。——译者

的分配（中心/非中心、对称/非对称、继承/偏移、混乱/有序），基于形式化或功能化的语段（syntagmes），也就是说，基于一种对物的文法分析，从而产生了一种依据某种生存环境和社会阶层而构建的组织规定，如同话语中的连贯与矛盾——这些都为对社会逻辑进行阐释做了准备，如果这种"横向的"拓扑学分析（topoanalyse）伴随着"纵向的"符号学分析，那么将有可能发现每个类型的物①的等级标准，从系列到模范，都涵盖了所有意义的差别。

于是问题在于一方面将处于不同位置的物整合为一个连贯的整体，或者将物在纵向等级系列中编排起来，另一方面则要找到物所处的某种组织的语境，以及与其密切相关的对物的操持的类型。这种连贯性的假设并非必然要被证明：存在着一些不符语法规则的现象，不仅在话语的形式中存在，而且在物的社会话语中也存在。于是问题就不仅在于在结构分析中指出它们，同时还要在逻辑的和社会的矛盾中阐释它们。

概言之，在这一领域内的社会学分析要达到的目的是什么呢？如果它试图在社会等级中，在既定的物与既定社会阶层的地位之间构造一个镜像的或者机械的关联，如同查宾所做的那样，那么它也就失去意义了。众所周知，物充分地展

① 对于某些类型的物（家用电器，例如电视等）来说，这种差异性的等级是相对贫乏的，而对于另外一些类型（椅子、家庭装饰等）来说，等级的模范或者系列的实例则相当丰富。

现了其主人的社会地位。但在此,我们发现了一个循环论证(cercle vicieux):在整个分析中,一个人通过一些物所界定的社会分类,本身就在这些物的基础之上(以另一种标准)被描述出来。归纳隐藏在一个循环的演绎之中。特殊的对物的社会操持以及与此相关的社会学中的真正的物,都不能在这个过程中被构造出来。

对物的操持的策略性分析

毫无疑问,在最初阶段,人们可以将物自身以及它们的**总和**视为某种社会成员身份的象征,然而更为重要的是,要在物的选择中,在物的组织和操持中来考察物,同时还要看到物构造了所处环境的整个结构,同时还构造了行为的活动结构。因而,这个结构将不再直接依赖于一种能够或多或少被预先指派的以及被预先列出的地位的清单,对这个结构的分析成为个体的以及群体的"社会策略"的某种要素,作为他们的抱负中的活生生的要素,在一个更大的结构中可能与这种社会操持的其他方面相互融合(职业轨迹、孩子的教育、居住地点、关系网络等),但也可能与它们部分地相互矛盾。①

一个显然的事实是,人们只能通过社会的逻辑和策略的

---

① 对于每个社会阶层来说,给孩子以教育都是一个必不可少的策略性要素:但在某些特定阶层中,这种满足的形式总是与通过对物的占有而获得的满足发生冲突。

话语来言说物，而不能通过物本身来谈论物。然而，分析必须同时被限定在一个特殊的领域之内，这种限定是经由确定关于其他符号系中物所占据的特殊地位以及在社会行为的总体结构中它们构架的具体的操持领域来实现的。

物的话语是特殊的吗？

消费态度似乎同时兼有区分与统一的内涵。[①] 作为一种普遍的规则，似乎存在一个群体，在观念上操控其他群体：某人拥有某些"与之一致"的物，与之相匹配的物。[②] 但问题仍然存在：就消费态度的一般准则而言，物的特殊地位——存在这种特殊地位吗？——究竟是什么？是否存在一种功能性的等同（iso-fonctionnalité）？是否存在与消费相连的各种符号体系和行为的过剩？是服饰、物品、居所、闲暇、文化活动？或者相对的自主性？今天，服饰、家用电器、汽车和公寓都在遵循加速更新的准则，但都依据于它们自身的节奏——它们依赖于社会的规划来相应地逐渐变化更新。但不得不承认的是，所有以上提到的领域都与"居所"（habiter）不同。居所，尽管在整个过程中都保持完好，却产生了一个

---

① 这也是时尚的矛盾所在：每个人都在表征差异的符号的作用下着装，但最终却以被归入所有人的着装风格而告终。李斯曼（Riesman）对蕴涵在连续发展的文明中的矛盾做了这样的评价：受控于他者（l'other-directed），塑造了制度的遵守者，所导致的是一种内在的自控（l'inner-directed），这种自控试图将自身的个性凸显出来。

② 参照乔治·肯塔那（George Katona）对这一点的说明：《强大的消费》（The Powerful Consumer）以及非炫耀性消费（inconspicuous consumption）的观念。

特殊的功能，无论从现实层面，还是从观念层面都不能将其纳入消费和时尚之中。①将所有领域中的差异性符号还原为共时的，并且是唯一一种与社会等级中的地位（或者是轨迹）相连的存在，毫无疑问将清算整个包括对立、含糊与相异的丰富领域。换言之，对物的社会操持是特殊的吗？难道不正是通过这些物，而不是通过某人的孩子、朋友、服饰，一个人才能够指认对一致性与安全感的需求吗？难道不正是通过某类物，人们才获得某种野心吗？那么，究竟是什么样的野心，通过什么样的物来表现呢？在社会的视野下，对于物自身的本性来说，从一类到另一类，人们可以假设它们的相对自主性以及对物的操持的自主性。在由多个单元构成的公寓之中，人们常常发现从显示身份的视角来看，整体的构造并非同质——所有的物就其内在的本质而言很少是完全相同的。难道不是一些物暗示了一种社会身份，一种实际地位，而另一些物则暗示了假定的、期望层面的地位吗？是否存在一些"非真实的"物，这些物不实地显现了真实身份的矛盾，极力去证明一种不可企及的地位（所有其他的物都保持平等，它们类似于"逃避者"的行为或者类似于一种乌托邦的行为，这些行为的特征总有一个文化适应的临界期）？相反，是否存在一种见证物（objets témoins），不管地位身份如何变化，都始终忠于原初的等级，以及对最初的文化的固守呢？

19

---

① 参见下文《瞬时的奢侈》。

形式的符码与社会的操持

由此并不存在一个清单,物与它所表征的社会意指相互对应:这种情形下的符码如同"痴人说梦"。可以确信的是,物是一个显现社会意指的承载者,它是一种社会以及文化等级的承载者——这些都体现在物的诸多细节之中:形式、质料、色彩、耐用性、空间的安置——简言之,物构建了符码(code)。然而,也是出于这一原因,存在着一些情形,个体和群体并没有毫无变通地追随着符码的指令,而是依照对他们最有利的方式来使用它,同时保有了物的强制性和差异性,同样的情形还可以在其他诸如制度或者道德的符码中找到。换言之,人们以自己的方式来运用符码:他们玩弄它,打破它的规则,用自己阶级的语言来言说它。

这种话语(discours)必须要在它的阶级的语法中来阅读,要在它的阶级的词形变化中来理解,要在个人或者群体通过物的话语来指认的物自身的社会情境的矛盾中来解读。一个正确的社会学分析必须在对物的具体的句法分析中来实现(等同于一个故事,并且依赖于在社会命运的意义上来阐释,就如同在无意识冲突的视野下对梦的阐释一样),必须在这一话语的错误中、非一致性以及矛盾的地方实现,而这一话语自身从未达到过和谐一致(这只可能存在于一个理想的稳固的社会之中——在我们的社会中近乎不可能)。相反,这一话语总是在这种特定的句法结构,即活跃的同时富有惰性的或者社会压抑的句法结构中获得说明。最终,物的社会学分析只能存在于这种物的话语与其他社会行为(专业化的、经济的、文化的)之间所具有的差异与矛盾的关系之中。也就是说,它必须避免一种"现象学的"(phénoménologique)解读(从物的"图像"[tableaux]回溯一些特质或者社会类型),同时避免仅仅是在形式上重构物的符码,不管怎样,符码中隐藏了严谨的社会逻辑,虽然它从来不说出来,却可以依据每种社会地位的特殊逻辑来重建和操控。

由此,这些物,它们的句法结构以及它们的修辞都指向了社会的客观事实以及社会的逻辑。物并没有向我们太多地说明使用者及其技术性的操持,而更多地关注在社会中的主导与屈从,社会的变动和惰性,文化的交流与同化,社会的分层与分类。借助物,每个人以及每个群体都在某种序列中找寻他/她的位置,同时根据个人的发展努力地挤入这一序列之中。通过物,一个分层的社会出现了[①],并且如同大众媒介一样,物似乎在对每个人说话(不再存在任何具有某种等级的物)。它试图将每个人放置到某个特定的位置上。简言之,在物的标识之下,在私有财产的保证之下,处于主导的总是价值实现的一个持续的社会过程。在每个角落,物,除了作为一种器具而存在之外,它还总是道出价值实现的社会过程,并将其展现出来。

21

---

① 毫无疑问,正如我们随后将会看到的那样,甚至还会出现一个阶级社会 (une société de classe)。

3. 物的差异性操持

正因为这些原因，因为存在着社会的分层、变动以及期望，才使得对于"物"的世界所进行的社会学考察变得十分关键。这些物在一种上升的、变动的或者"发展的"阶层中得到显现，这一阶层的地位是临界的和不确定的，即所谓的中产阶级，一种阶层社会中存在的漂浮的关节点，它是正在整合和同化的阶层，也就是说，它同时被工业无产阶级和小农阶级的社会宿命排除在外，然而，也因此没能享有任何既定的社会地位。我们感兴趣的正是在这一阶层中对物的操持以及认可这一操持的心理层面。

变动性与社会惰性

对于流动着的阶层来说，最为根本的问题在于意念中的可变动性（即期望）与现实的可流动性（客观的社会升迁的机会）之间的不一致。我们知道这些期望并不是自由的，它们都来自一种社会传统以及既定的社会地位①。超越某种特定的阶层，这些期望甚至都不存在了：只有绝对的顺应现实。作为一个一般的原则，期望相对来说总是非现实的：它们更

① 由此，工人中想让自己的孩子接受较为高等的教育的比例一定低于那些出自特权阶级的人们。

多的是被期望着，而不是真正地被达到——同时期望也具有相对的现实性：富有野心的想象并不能信马由缰（除了在精神病的案例中可以实现）。这种复杂的心理想象自身总是基于社会中的行动者对于客观社会现实的理解；工业社会给了中产阶级流动的机会，但这些机会是有限的；除了一些特例之外，流动的线路是短暂的，社会的惰性很强，顺应现实总是最可能的结果。在这种情形之下：

——向社会阶层的上层流动的动力导致了一个发展社会的规范和一般主题的内在化。

——由于现实中存在着可能性而导致的过多的期望，导致了一种非平衡的状态，亦即社会中存在的深层矛盾，这个社会正在用"民主"的意识形态来弥补和构造一种相对稳定的社会机制。换言之，个人怀抱希望因为他们"知道"他们能够希望——他们并不希望太多，因为他们"知道"实际上这个社会敌视无限制的自由——然而，他们又可以希望多一点，因为他们要在流动的和发展的意识形态中生存。由此，他们的期望来自一种妥协，即在由事实所滋养的现实主义与由意识形态支撑的非现实主义之间的妥协——这种妥协反过来折射出了整个社会的内部矛盾。

现在，社会的行动者在他们的未来计划中以及在他们对其子女的期望中已经意识到了的这种妥协，首先通过他们所拥有的物彰显出来。

家庭内部的秩序与公共的裁定

在此，我们必须提出一种可能的反对意见，即认为个人所有权将能够构造一种对物的特殊的裁决权，这种判断将那些与私人所有物相关的操控行为绝对地凸显出来，以与其他被社会规范所限定的行为区别开来。"私人的"与"公共的"除了在日常的想象中之外，二者并不相互排斥，因此如果物明显成为家庭内部秩序的一部分，我们将会发现它们所包含的意义只有在社会所限定的一致性和流动性的关系中才能得以说明。进一步说，社会价值的裁决体系也始终内含在家庭内部的秩序之中。私人的关系隐藏了一种对于公共裁决的深刻认同和接受。最终人们认识到自身只有通过他们的物才能获得确证，依据他们的物来确证自身，而且每个人最终都屈从于这种确证，尽管是通过否定的方式来屈从的。这里的问题不仅在于一个受限群体的一致性的强制，或者来自整个社会的一种要求升迁的流动性：这里的问题在于一种秩序，在这种秩序之下，每个群体或者每个个人都只能将自身放置其中才能实现自身的社会化。在"私人的""公共的"领域之内（同样在物的环境之中），个人的存在庇护所中，它作为一种需求的与满足的自主性领域存在于社会的限制之下或者超越了它，然而个人却总是通过符号来证明或者宣布它的合法性，并通过符号来保证这种合法性。至少在行为之中，至少通过物，他或者她将一种内在的权限彰显了出来，然而这种裁决并不能被直接接受。

现在，对于那些引起我们兴趣的阶层来说，他们在社会等级中的发展总是相对的，并且时常是可笑的，对他们的判定总非积极的。尤其是他们的合法性，也就是说，把他们已获得的地位作为一种固有价值建立起来的可能性微乎其微。正是这种被阻挠的合法性（在文化方面、政治方面以及职业生涯中的合法性）使得中产阶级更为积极地投资私人世界，购置私有财产，积累物品，以隐蔽的方式来庆祝一种胜利，即他们由此所获得的他们本无法企及的社会认可。

在这种"情境"（milieu）下，物被给予了一种根本上是暧昧的地位：在它们作为社会升迁符号被确立下来的胜利的背后，也隐蔽地宣布了（或者公开承认了）社会生活的失败。它们的繁殖、它们的"风格化"（stylisation）、它们的构建落脚于一种修辞（rhétorique），用布尔迪厄的术语来说非常恰当，即："绝望的修辞"（rhétorique du désespoir）。

物向视觉显现自身并希望阻止价值观念的反对的方式，物对于社会等级潜在权限的屈服的方式，反过来批判着物。物的话语生动地演出了一场关于私人财产的闹剧，同时还展现了一种社会热情（passion）并诱发了社会怜悯（le pathétique）。让我们不要忘记，虽然风俗有所改变，但特罗布里安岛上的居民在丰收的时候，仍然将粮食堆积在园子中，这是一种炫耀、一种攀比、一种挑战，然而这同样也是一种仪式，这种仪式显现了某种价值秩序，同时，它还是一种游戏规则,这种规则将被用来凝聚社会。在夸富宴中,粗野地破坏物品以及财富是为了证明自身。众所周知,私人的消费与财产,显然是基于个人在社会中所处的位置,但与之相对立的向社会的回馈却几乎被去除了,被消解了。当然也并非全然如此,"消费"社会的发展极大地激活了这种作为一种展现"对抗"的物的功能。无论如何,原始的对物的操持仍然萦绕在当下物的周围,使这些物充满激情、具有强大的表现力,并且从来都不是中立的。

风格化的形态

就物本身来说,这种"绝望的修辞"(rhétorique du désespoir)通过不同风格的形态表现出来。它们都来源于一种拟真的逻辑(以及美学)——一种资产阶级内部组织模式的拟真。另外,这种可供效仿的模式并不就是当代上层阶级,后者只不过是一个更为庞大的幻象的一部分而已。这种"流动的"阶级可供参照的模范是传统的资产阶级秩序,它自帝国时代和复辟时代以来就已经存在了,同时它自身还与早期的贵族形态具有一致性。

这种"小资产阶级"(petit-bourgeois)的修辞方式被两种基本的模式所掌控:一种是饱和(saturation)与冗余(redondance);另一种则是对称(symétrie)与等级(hiérarchie)。显然这其中包含重叠的部分(对称同时也可能是冗余,不过对称包含中心性的意味)。但显然这两种形态有着很大的区别:饱和/冗余,表达出了这一方式的无机结构,而对称/等级则表达了这一方式的有机结构。需要指出的是,这些组织模式并不必然局限于资产阶级或者小资产阶级的秩序之内:它还可以来源于更为一般的人类学或美学的分析。但我们在此所感兴趣的是其社会学的定义,即作为一种既定的社会区分的特殊修辞。

饱和的状态:资产阶级的房屋是自我封闭的,如同一个鸡蛋。继承和积累都是"地位"和富裕的符号。与之相对,小资产阶级的房屋却是拥挤的。确实,他们常常没有空间,然而空间的缺乏却带来了一种补偿的冲动:空间越少,积累越多。(有点像在没有"高雅的"文化活动的时候,在电台的节目中充斥着背诵数字的比赛。)另一方面,有些特定的房间、房间内特定的角落一定是"满满的"。在此,需要了解的是,各种不同的地方所应担当的角色是什么,是被塞满还是空着,是由某种逻辑规定的,正是这种逻辑规定了某个地方成为仓库、存储间、储藏室——类似于之前阁楼和地下室所扮演的角色。一栋房子或者一间屋子由此可以进行拓扑学意义上的分析,某个地方是否仅仅用来将物聚集起来,或者充当着富余以及不平等的象征,或者成为如同语言规则一样的社会整体中的一个句法概念。需要再一次强调的是,如果没有在社会逻辑的语境中来看待这一问题的话,那么以上分析就是没有意义的:从日常的积累,哪怕是在穷困之中的积累,到需要深思熟虑的建筑学,每一个阶级都有它自己的**组织**模式。

杯子和碟子的策略

冗余的状态:我们的家用物品都被夸张的巴洛克般复杂的东西覆盖着。桌子被桌布覆盖着,这个桌布又被另一种塑料的桌布覆盖着。窗户被窗帘遮掩。我们有地毯、椅套、垫子、壁板、灯罩。每一件小东西都放在一个垫子上,每一朵花都插在一个瓶子中,每一个杯子都放在一个碟子上。每一件东西都被保护起来,被包裹起来。甚至在花园中,每一束灌木都被铁丝网围起来,每一条小路都被铺上砖、彩瓦或石板。这可以视为一种对财产扣押的焦虑而产生的冲动,就如同一种强迫的象征主义:对于小农场主以及小资本家来说,不仅仅是要拥有某种东西,而是要显现他们两倍、三倍地拥有某种东西。正如在其他方面一样,通过符号的冗余,通过它们所暗含以及多余出来的意义,无意识显现了出来。

但另外还存在一些需要说明的东西,可以得出另外一些结论:

1. 对表示拥有的符号的过度使用,不仅仅从拥有的意图来分析,同时还可以从如何更好地①拥有来分析。现在,这

---

① 参见萨特(Sartre)对咖啡厅里的侍者的分析,这些侍者多余的行为并不是真的试图做什么,关键的问题在于这些行为是如何被很好地完成的。

种显现,这种"风格化的"过分的显现总是与某个群体相关联:这不仅是在心理上保障了主人对某种东西的拥有,而且还发挥了一种社会学功能,将拥有者纳入一个以相同的方式来拥有的个人所组成的阶级之中去。由此,个人行为的符号成为社会凝聚的符号。某种阶级的文化的强制性正是通过这样或者那样的象征性行为来表现的(当然这与政治阶级意识无关)。

2. 基于此,在社会轨迹之中的中产阶级的特殊地位,决定了他们的拥有行为必将同时具有焦虑和得意两个方面的特质,指出这一点很有意思。该如何界定这个阶层呢?它发展得足以内化那些在社会上成功的模式,但不能避免同时内化失败。它与无产阶级的区别在于它所拥有的东西的意义,在于它对自身地位的过高估价,在于一种过剩。但它也通过一种匮乏而与上层社会区别开来,其中凸显了它所拥有的限度,同时凸显了一种潜意识,即它所能够拥有的也仅此而已。由此,征服与屈服同时出现在这个灰色地带,包围这个阶层的物将他们界定出来,并提高他们的身份,同时作为一个整体努力挑战那些不可企及的拥有的形式。在一个阶层化了的社会之中,中产阶级本身就是一种妥协:这种妥协就是这个阶级的社会宿命,而正是这种社会学意义上的妥协能够同时展现出被物所包围的中产阶级所有的失败与成功。

28

对古物的"品位"

由此,一个人可以对古物(l'ancien)做一种心理学的甚至精神分析学意义上的考察(对纯正性的迷恋、神化过去、起源、"象征性",以及其他或多或少有意识性的存在)。但我们所关注的是其显著的社会功能,这种功能在各个层面上都与古物中存在的心理学意义上的"实质"不可分割。

29 　　这种古物来自文化中的巴洛克风格。其"美学"价值总是一种引申价值:在其中,工业化生产的痕迹及其原初功能都消失了。正因如此,对于古物的品位成为一种试图超越经济成功这一维度的渴望,它将社会的成功或者特权阶级富有的地位神圣化了,并将其转变为一种文化,一种象征性的符号。古物由此标志了一种社会的成功,它找寻着一种合法性,一种可继承性,一种"高贵"的确认。

由此特权阶层试图将其经济地位转变为一种继承下来的恩典,这一点对他们来说非常重要,并且成为这一阶层的特质。但同样,对于工薪阶层来说,他们也希望通过购买做旧的家具(是工业化的产物也无所谓)将自身的社会地位神化为绝对的进步阶层(与下层阶级相对而言)。同样对于那些处于边缘的群体——知识分子和艺术家来说,对古物的品位体现了一种对经济地位及其社会意义维度的拒斥(或者说耻于与其为伍),体现了一种将自身置于所有阶层之外的愿望,为了达到这一目的,他们在故纸堆里挖掘一些符号,它们表征了一种优于工业生产的过去。①

由此，与某个特定阶层谈论中世纪以及 16 世纪（Haute Epoque②）的家具，跟另一个阶层谈论工业时代的乡土风格（rustique industriel），然后再跟其他阶层谈论真正的 18 世纪农民的家具——并不是出于个人的爱好，而是为了在品位的意义上构建一种社会分层。这只不过反映了一种文化的限制和市场的规则。重要的是要发现通过对古物不同层面的品位而表现出来的特殊的社会准则。一个人与什么样的社会阶层区分开来？什么样的社会身份可以被认同？人们向往什么样的阶层或者阶层的典范？不能拘泥于描述性的关系，这种关系只是展现一个社会层面，一种物或者一种行为，

① 然而，随着时尚变化还存在一整套"反常"的物——异样的、令人惊讶的、奇怪的、邪恶的——如此这般地在左岸（la rive gauche）的橱窗中大放异彩。（塞纳河从东南方向朝西北方向流经巴黎市区，在埃菲尔铁塔附近再折向西面方向，流出巴黎市区。法国人习惯上以塞纳河的流向为正面，把河左边的城区称为"左岸"[la rive gauche]，把河右边的城区称为"右岸"[la rive droite]。但"左岸"和"右岸"已不仅是简单的空间方位概念了，它还包含了约定俗成的文化内涵：左岸遍布着拉丁区、大学、书店、出版社、画廊，因此"左岸"成了文化艺术的巴黎的象征；而香榭丽舍大街、巴黎证券交易所、银行和大公司多分布在右岸，因此"右岸"就成了商业金融之巴黎的代称。——译者）"奇特的"物（或者限量出售的物）的悲剧性存在的根源就在于它们的有效性或者它们的边缘地位之中，整个奢侈品悲剧的根源就在于它成为远离圣奥诺雷大街（Saint Honore）生活的人心中的梦想。也就是说，被迫的标新立异只能被解释为处于边缘的知识分子阶层为了向被工业社会所占领的整个"合法的"领域进行挑战的结果。（18 世纪时，圣奥诺雷大街是贵族居住区，如今这里成为巴黎的名店街。——译者）

反常的事物通过挑衅，通过迥异于正统来取悦大家。然而在宣战的同时，他们仍然希望在自身的非合法性中找到某种绝对的价值。对于正统的挑战，同时也是对于雷同事物的挑战：他们希望在个体的独特性中找到绝对的存在——这正是"另类"知识分子的现实处境。

② 这是古董商人的专用语，特指中世纪以及 16 世纪这样一个时期。——译者

第一章 符号的功能与阶级的逻辑
027

我们必须获得对一种流动性的文化逻辑的理解。[1]

粉饰与涂漆

还有一个方面可以证明这一文化阶级的妥协，这就是环境(l'environnement)。对温度湿度的控制能力成为生活的一部分，强大的清教道德取得了胜利，卫生习惯建立起来。粉刷、打磨、给家具镶上外板、镀金、打蜡、上釉、涂漆、镶上玻璃、塑形等。这一套关于维护、料理清洁的伦理，集中体现了我们已经讨论过的用来约束人的一些规范。同心圆式的结构和财产有：百叶窗、窗帘、双层窗帘、壁板、幅木、壁纸、桌布、垫子、床单、吸墨纸。对称的布置遵循的也是同样的要求，物为了能够对应起来而成对地出现：这又是一种冗余的产生。除非物可以自我重复，否则物并不能真正存在，如果一个人可以在这种特殊的冗余中读出物的基本等式，那就是：A 是 A。经济原则也可以通过这种象征性的对称来说明（镜像与窥镜）；这就是"(小)资产阶级"对于环境问题的形式逻辑。[2] 当然这种形式逻辑具有意识形态上的价值，即作为欧几里得的逻辑和亚里士多德的逻辑。它倾向于将社会发

----

[1] 唯一还拒斥——也是暂时的——古物的是农民，他们希望通过对过去的符号的拒斥来接近当下功能性的系列的物，而工人们则没有所谓的文化流动性，同时他们没有任何值得捍卫或者合法化的固有地位。——原注。参见鲍德里亚：《物体系》，"边缘物—古物"一节，林志明译，上海人民出版社，2001年版。——译者

[2] 在"个别"与冗余的原则(物在其形式和功能上都是个别的、完全不同的)下一种趋势与当代的环境原则相对：变动的、多价值的、要素的合并以及流动的整合。

展纳入某种秩序之中,以一种同义反复的逻辑取消其中的矛盾。

对称(以及健康的生活方式和道德)是中产阶级对文化的"自发的"显现。非对称的游戏只是进一步凸显了这种显现。

家务的道德狂热

从这一视角来看,打磨和粉饰(如同做框架和使其对称一样)是一些内涵被提升了的"琐碎"的文化模式:它们不是为了美观和装饰,而是一种要求洁净与精确的道德。物在此就像孩子一样,孩子通过礼貌的强制教育,首先被灌输了好的作风,被"文明化"了,物也是如此。现在,这成为一种阶级的妥协:对于无瑕疵的迷恋,一种对家务的狂热,要超越表面上所显现的必要性——这是一种文化提升的强制。但由于需要繁重的劳动并且还要具有某种价值,因此,这种迷恋与狂热并没有不劳而获的或者纯粹奢侈的诱惑。它们需要持续的劳作,它们成为家庭内一种繁杂的仪式,它们需要日复一日地为了家庭去牺牲。被装饰起来的物能够迎合这种庞大的社会文化类型,因为它是一种炫耀性道德(*conspicuous morality*)的体现,它涵括了两种责任:其一,为声望的显现(符号/交换价值),其二,为美德的显现(生产性的价值以及使用价值),它们虽然在形式上相互矛盾,但都根源于一种严谨的社会逻辑。

这种物的文化形态与对物的操持之间产生了直接矛盾。家务劳动，即对家用物品的维护通过各种方式消解了这种矛盾："被修饰的物更漂亮；它将更耐用"，这种说法的极端是："打过蜡的物，被塑料包裹的物会被保养得更好，因此更少费力气"，当人们正焦虑于对物的维护需要多少力气的时候，最终却发现这些劳作只是让物更为脆弱，让物的运作过程更为复杂。实际上，家务仅仅成为第二层次上的对物的操持（让物随时可以使用）：它受到另一种秩序的支配——象征性秩序——这种秩序有时候将完全消除有用性的操持（从来没有摆上桌面的银餐具也不得不定期打磨）。如果说家庭主妇的工作量（照顾孩子，收拾家务）从来不能被纳入国民经济计算之中去，那么毫无疑问这是因为这些工作量不同于社会的生产税收的形式，它太抽象了，无法考量。但同时也是因为在其目的中，这种劳作不是从经济的计量中出现的，而是从一种由某个社会阶层所规定的象征性和规范性的计量中出现的。①

另一方面，超越了这样一种对于成就感的伦理——对此，我们刚刚分析过，在这种强烈的焦虑中还存在一种真正的痛苦：不同于物的具体使用——这种使用总是（通过它的功能）被界定出来，这种焦虑是无限的——它依据不快乐的意识（conscience malheureuse）的发展过程滋养并吞食自身。

33

①　为了家政而雇佣某些人（仆人、女清洁工、管家等）是一个重要的社会标准。有一个仆人就意味着脱离了中产阶级。

在其完满的形式主义（formalisme）那里，它崇尚为了艺术而创作艺术，因为这样的艺术既不是真实的劳动，也不是某种文化。它抛弃了它们文化的最终目的，却凸显了文明的符号/价值：成为一种修辞。它是一种自我救赎的修辞，而不是一种理性的家庭经济。耀武扬威，同时凄凄惨惨。它的教条和它的仪式从来没有变化，它总是被异化，它就是真实的日常生活的文化。

“自然性”的声望

　　文化区分的逻辑使特权阶层总是采取否定的态度，即否定那些被修饰的物的价值，转而关注那些“无修饰”的价值，那些“自然的”价值：未加修饰、未打磨、野蛮的以及被忽视的价值。这种对“无修饰”的物的青睐并不是“自然的”。相反，它源于下层阶级对于人工制品的热衷，对矫揉造作的礼仪的遵守，源于他们对装饰的关注，用各种手段，用纱或者布将物包裹起来，认为这是有伦理价值的。在此，“矫揉造作”是文化的污点。就物本身来说，它的恰到好处（被压抑的状态），它的风格在之前都曾是资产阶级的文化符号，而如今却成为小资产阶级表征自身的鲜明标记。所有“真诚”“真实”“无修饰”的价值——例如毛坯墙、未加工的原木、刚“剥下”的皮毛等——本质上都不过是发挥着区分的功能，它们的定义从一开始就是社会性的。

　　在此，人们又可以进行理性的说明，但不是在直接的实

34

用性上（"它更实用""那个洗得更干净"），而是在其第二层功能的意义上（"直接接触""更温暖的氛围"），特别是在功能美学的意义上（"去雕饰""物的本真""形式的凸显"等）。人们应该能够理解：随着持续的发展，物会遵循一种内在的美学逻辑，最终将在物的功能与形式的和谐中显现它们的"本真"。这就是设计的理论基础。现在，一种向理想的环境状态逐步发展演进的假设——这种假设隐蔽地建诸技术进步的基础之上——暗示了一整套意识形态，因为它遮蔽了形式革新的社会功能，而这种功能发挥着文化区分的作用。内化在物之中的形式革新并没有将构建一个理想的物的世界作为自己的目标，而是要构建一种社会理想，即构建一个特权阶层的世界的理想，用以永久地保证他们的文化特权。

形式革新与社会区分

相对于物的"美学"功能，其社会区分功能的优越性可以在时尚中看出来，其中在任何一个时刻，哪怕是最具审美性、最为新奇的形式变化都可能为了某种总是需要保持新鲜的物质载体提供一种恰当的符号而被重新激活。

因此，所有相互对立的实例，如有光泽的/无光泽的、遮掩/裸露、经过打磨的/粗糙的等，它们不仅是对物的世界进行符号学分析的切入点，同时也是社会区分物，其特质在于它不仅是一种形式上的差异，更是一种社会性上的差异。当然它们内在的价值是相对而言的，因为毛坯墙有的时候是因

35

为贫困而显现出无法装饰的悲凉，有的时候则显现为一种"具有原始色彩"的奢侈。

从另一个角度来对此进行分析，在一种理性的逻辑模式中，那些被认定为"普遍的"、非常完美的以及具有绝对真理性的形式和功能最终不过是一种强加于其上的社会逻辑中相对的、短暂的一个阶段。这种"普遍"不过就是一种特殊的符号，一种阶层的显现。所谓"完美"的、"自然"的、"功能化"的（就功能主义的理想而言）意义都只能体现在阶层关系之中，并且不能脱离这种关系。

在晚近阶段中，审美性的特权不再与修饰或者粗糙相关联，而是与可以随意将所有元素组合起来的自由相关：漆器旁边可能放着一块原木，光滑的大理石旁边裸露出混凝土的框架。① 在这种先锋艺术之中，排他性显然被悬置起来了，小资产阶级既可以倾向于被雕饰过的人工制品，也可以通过教化而倾向于一种"自然的"粗糙；因而在此所有的东西都可以被使用，所有的组合也都是可能的。然而，当形式再一次趋向于能够符合所有要求的时候，它在其相反的社会意义中具有了真正的价值：符合所有要求的组合（差异性的综合）再一次成为区分的一个有效要素，因为只有很少一部分人能够进入到这个**审美**组合的阶段，其他人则发现自身被驱逐到了

36

---

① 这种混合在今天的时尚界随处可见，在广告、装潢、服饰中，都证明了这种"自由"的存在：蒙德里安(Mondrian)的几何抽象派风格可以与新艺术(style nouille)和平共处。——原注(style nouille 是 1990 年前后流行的一种以曲线为主的装潢风格。——译者)

对物的**道德**操控的领域之内。就物以及对物的意义而言(如同在其他地方),这种对所有要求的符合再一次成为高贵性的体现,并被某个特殊的阶层所掌控。

审美性的加入总是隐蔽在社会逻辑之中。为了避免流于空论,设计者殚精竭虑地将自身融入一个"功能化的"、"理性的"、大胆的形式之中去,企图博得大众欢迎,但令他们奇怪的是这些形式并不能够自然而然地吸引大众。然而,在他们不懈努力的背后(这种努力提升了大众的品位),这些"流行"的制造者无意中开启了一个新的局面:美丽的、风格化了的、属于当代的物被精巧地创造了出来(尽管所有的真诚都被颠覆了),他们以此来阻碍大众对其的理解,至少不能滞落其后。这些物的社会功能首先是作为一种区分符号,以使那些将它们区分开来的人们与其他人区分开来——他们甚至不会看到它的存在。①

---

① 可以对家具做同样的分析(不是依据家具的材质,而是依据其功能)。家具的最新功能是变化多端,加上几个垫子,功能性家具可以成为床、椅子、整理箱、书架,或者随主人的意变成任何其他的东西(一个纯粹的物):它是唯一的家具(l'Archimeuble)。这是包含了多种价值维度的、大胆的创意,无可争辩的"理性"的创意。这种创意还原了那些生活在中世纪的贫苦农民的生活,那时候只有一件东西——一个大皮箱,它同时充当桌子、凳子、柜子等。然而意义却显然完全不同:当代的变化多端并不是因为穷困,而是试图将所有不同的功能、所有奢侈性的差异都综合起来。它是简约的极致,基于这种简约的(坏的)信念,它的设计者们使它在将来成为"流行的",并成为一种节俭方法!然而价格这个总是很现实的问题,却无情地揭露出了社会的逻辑:这些简约的形式是十分昂贵的。在此又一次,形式的革新以简朴、经济、"结构"等诸多名义,甚至有时候以穷困和紧迫为名:"如果有必要,你的床可以变成一个衣橱",等等。为什么要对此感兴趣呢?这不过是一个游戏,一个建诸必需之上的游戏:时尚的总是优越的。技术革新并不以节俭为其真实目的,只不过是一种社会区分的游戏而已。

　　理性的经济逻辑与文化阶层的逻辑之间的矛盾影响了物的另外一个重要方面：物在时间中的存在，它们的消退与再生的循环。

　　不同种类的物有不同长度的生命：居所、家具、电器、电视、亚麻制品、服装、小玩意儿都有其不同的淘汰周期。但两个最为显著的变化影响着物的生命长度及其耐用性：一个是它们被淘汰的真实周期，是基于它们在技术上的结构以及它们的材质而产生的；另一个则是在继承中所具有的价值或者相反地基于时尚的变化而加速消退。对于我们来说，最为重要的是第二种价值，以及这种价值在分层的、流动着的工业社会中与一些群体地位的对应关系：一个既定的群体是如何多多少少地通过对短暂性或者持久性的依赖而将自身凸显出来的呢？那些在社会领域中的不同群体对于加速物的更新的时尚究竟有哪些不同的回应呢？

　　事实上，时尚并不反映一个自然需求的变化：更新衣服、物品、车子的愉悦体现的是其所遭受的另一种心理规范的约束，一种社会区分与社会声望的约束。时尚的效应只能出现在具有社会性流动的社会之中（并将超越可供支配的金钱的限制）。社会地位的上升与下降都必然体现在区分符号持续的涌现与消退之间。一个既定的阶层不会持续地与某类既定的物对应（或者与某种既定的服饰风格相对应）：相反，所有的阶层都在变动中，所有的阶层都将时尚的必需性视为一种价值,就如同他们(或多或少)必须要进入到社会变动性的普遍强制之中去一样。换言之,既然物扮演着社会地位的体现者的角色,并且既然这种地位已经具有了潜在的可变性,那么物也将总是在彰显一种既有地位(这是他们已经完成的)的同时,还要彰显这一社会地位潜在的变动性,由此物必须要在时尚的圈子里打转。

人们或者会想到,鉴于物的物质性的存在,它首先应该具有持久性的功能,具有"持久地"表征社会地位的功能。在传统社会中就是如此,在那个时候,继承下来的修饰就是社会教养的证明,在其限度内,也是一种既得的、永久的社会地位。由此,对环境的描述及其意指关系的分析都是很简单的。在某种意义上,事实总是如此:处于某种社会地位上的人,也必将在物(以及在孩子)的世界中获得一个永久的、既定的地位。那些围绕着某个人的物首先组成了一张资产评估表,一种(永久签署的)社会命运的证明书。这张表还常常被象征性地装在相框中,贴在墙上,如同一种学校的毕业证书。一种地位和一种命运:这就是物最初的出场,这些都与社会的流动性相反。被选择、被购买并被安置,物是所有既有成就的一部分,而不是正在努力中的事业的一部分。物总是围绕在它所隶属的那个阶层周围。甚至即使人们超越了既有的社会成就(这并非罕见),甚至他们对未来有了选择自由,社会中的人们也从来不能通过他们所拥有的物来证明自身的成就或者证明这种变动。人们依赖物,而物充其量不过是他们无法实现的社会期望的转化而已。

　　富有惰性的物的功能造就了一种持久的、常常是可以继承的地位，今天，它遭到了表征社会变迁的功能的挑战。当一个人社会地位得以提升的同时，物也要增加、多样化和更新。物在时尚名义下的加速变更（循环）都是为了表征并且展现一种社会的变动性，而这种变动性实际上是不存在的。这也已经成为某种替代机制的内涵：不能换房子，就换车子。更为鲜明的事实是物的加速更新常常是为了慰藉对文化的以及社会地位升迁的期望的破灭。这就使得对物的"解读"变得复杂：有时候，物的变化反映了一个既定社会阶层上升了的地位，物是对这一上升地位的积极指认；而有的时候则相反，物成为对那些无法变动的个人或者群体的一种补偿，他们对于试图变化的希望破灭了，于是物通过一种装饰、人为的变动来指认这一点。

　　在此，整个时尚的意识形态成为需要讨论的问题。时尚形式的逻辑将一种持续的变动加诸所有的区分性社会符号之上。然而，符号的形式的变动是否能够反映一种社会结构的（职业化的、政治的、文化的）真正变动呢？当然不是。时尚——更为宽泛地说，与时尚不可分割的消费——所带来的是一种更为深刻的社会惰性。它需要一种真正的社会变动；它自身迷失在时尚之中，迷失在突然地、同时也是经常循环地变化着的物、服饰、观念之中。就此而言，时尚自身成为社会惰性的一个要素。变动的幻象增加了民主的幻象（二者十 40

分相似，只是在不同层面上发挥作用）。时尚的转瞬即逝被认为可以减少继承某些区分符号的可能性；时尚在每次循环之中都让整个世界具有平等的机会。在时尚的召唤之下，所有的物都可能进入其中：这足够在物的表面上构建一种平等。现在看来，时尚，如同大众文化一样面向所有的人，以便让每一个人都回到他自己的位置上去——这显然是一种错觉。时尚不过是那些试图最大限度地保持文化的不平等以及社会区分的有效机制之一，通过在表面上消除这种不平等的方式来建构不平等。它试图超越社会逻辑，即第二种类型的自然：实际上，它整个地被控制在社会阶层划分的机制之中。物（以及其他符号）的"现代"短暂性，实际上是奢侈的后嗣。①

瞬时的奢侈

在此，我们要离开物的领域一会儿，去看看建筑，去验证

41　　我们对于时尚和社会阶层区分的讨论。建筑在想象中是一个瞬时/持久的对立十分明显的领域。

————————

① 时尚体现了一种妥协——这就是当下社会的特征——在革新的必要性与不对基本的秩序做任何变革之间的妥协。由此，它导致了一种变动的游戏。在这一游戏中，新的和旧的在功能上是等同的。如果一个人遵从一种心理学的体验，那么将会发现两种相反的趋势：需要更新，同时对旧物还保有怀旧之心。实际上，新面孔与老时尚总是交替地发挥作用：在各个层面上，两者的矛盾只不过是体系中某种逻辑限制的结果——旧的与新的并非相互对立：它们都是时尚"循环"的范例。"摩登"(Moderne)是新的，也是旧的，不再是拥有时间性的价值。同样，"摩登"与现实的实践、真实的变化以及结构的革新都没有直接的关系。新的与旧的，革新与怀旧在同一个变化的游戏中共存。

对于某种先锋建筑来说,未来的居所应该是在一个瞬时的结构之中,在一个可分割的、多样的以及变化着的结构之中。一个变动的社会应该拥有一个变动的居所。毫无疑问,这成为经济的以及社会的现代性需求。显然,坚硬耐用的小块结构在今天所显露出的问题很多(在未来会更多):它与经济理性相矛盾,与社会变动相矛盾,成为社会流动性的反面,与基础设施的适应性相对立,等等。[①] 但如果基于以上这些原因,那么瞬时性的建筑必然有一天将成为一揽子的解决方案,因为当那时,将是分裂的碎片(fraction)统治的时代,碎片化的文化和经济立场将使它能够质疑持久性的神话。

正是因为一代代资产阶级享受了一种固定的持久的财产,他们的继承者才能在今天拒绝持久性,推崇瞬时性:时尚是属于他们的。相反,看一看那些下层阶级吧,他们过去偶然地隶属于某些文化模式,没有可传承的财产——如果他们没能进入资产阶级的生活方式,没有为他们自己和孩子们建构一个属于自己的圈子,而是仍旧生活在钢筋混凝土建造的公寓之中,或者在郊区的石头房子里,他们能有什么样的期望? 今天,怎样做才能使得这些"先进的"阶层不去神化不动产,并让他们首先接受变动着的结构的观念? 他们总是热衷于这些具有恒久性的东西,这种热衷只能说明其所属阶级的文化宿命。

42

---

① 尽管人们还可以想到一种对"持久"以及坚固所抱有的潜在的心理统摄(psycho-collective)的功能——一种同样包含在社会的变动中的强有力的整合功能。

相反的,对瞬时的崇尚被先锋派在观念上加以说明:依照文化区分的永恒逻辑,当一个崇尚碎片化的阶层对建筑结构的瞬时性以及变动性特征大加赞赏的时候,其他人才刚刚进入到关注建筑的视域之中,只有特权阶层有权利将典范变成现实。其他人则只有跟着已经变化了的典范行动的份儿了。

所以,如果瞬时性在形式逻辑中代表着一种现代性的真理,如果它代表了一种在和谐的、理性的社会中的"未来的法则",那么,它在现代文化中的意义就完全不同。如果在其逻辑基础上,文化作用于两种不同的术语:瞬时的/持久的,二者在文化的阶级体系中都不是自为的(建筑总是可以成为一种游戏,其中瞬时性可以变成持久性,反之亦然),然而,截然不同的两者却产生了一种关系,其中一个,瞬时性自发地成为一种较为优越的文化范式,而另一个(持久性)则成为颓废落后的范式,成为无知的大众的渴望。①

43

4. 隔离的逻辑

在对社会机制的逻辑分析中,只有一些元素可以基于物的功能(以及对它的操持)来加以说明。我们将分析建立在

----

① 当然,这里还存在着价格问题:大多数那些富有创意的,以及那些瞬时性的时尚在所有领域都价格不菲。但价格只是用来设定一种区分的逻辑。

中产阶级的文化策略之上，将其与特权阶层对立起来。这是一种不恰当的简化，因此一种更为深入的分析应当指向一种更具差异性的等级分化，在社会金字塔中进行更为细致的分层。

然而，所有这个向度上的分析，即以社会分层为对象的逻辑分析，都有使我们忽略一个基本真理的危险，即社会学的分析不能仅仅是一种逻辑分析，同时还应该是一种意识形态的或者政治的分析。换言之，物的区分功能（*function distinctive*）（以及与"消费"相关的符号体系的区分功能）将在（或进入）一种歧视功能（*fonction discriminante*）中获得指认：由此逻辑的分析（运用分层的技术术语）同时也必须向一种政治分析（运用阶级策略的术语）敞开大门。

在将这些结论在消费的层面上进行普适化之前，我们试图在一个更为简单的层面上来说明对物的操持，这些差异并没有凸显一个进步的等级社会，而是导致了一种极端的歧视，一种事实上的隔离（La Ségrégation）将某些特定的"阶层"化约为某些符号和某些操持，其他人则不能实现这种化约，同时依照整个社会体系，赋予某些阶层特定的使命和命运。然而，在消费中，在被普适化的符号交换中，我们将为发现一种真正的政治改造的途径建立基础。

44

现实的操持与仪式化的操持：电视-物

我们以电视机为例，但是从一个特殊的视角出发，即电视-物（l'objet-TV）的角度。在最初阶段，对电视机的研究实际上一方面传达的是在占有率与收视率之间存在的各种关系，另一方面传达的则是社会－专业化的分类（C.S.P）（socio-professional categories）收入，以及不同的教育层次。

在更为深入的层面上，研究倾向于收听的模式（家庭的、集体的、个人的、混合的）以及关注的程度（使人着迷的、给人困惑的、感觉冗长的、被动的、有选择性的、注意力分散的，等等），这一切总是广泛地与社会类型的界定相关。所有这些研究都只关注上了电视的信息，电视的话语，也就是作为大众媒介的影像。他们常常忽视了其物的维度，即电视机本身。显然，在电视机作为一种影像的承载，作为一种被称为接收器的传播媒介之前，它首先是一台"机器"，被制造者卖给某个个人。它是一个物，被购买和占有。毫无疑问，在任何一种社会阶段中，它都不仅仅是物，然而，这种原初的本质却隐蔽地导致了影像的接收中大量文化行为的不定性（ambiguës）的产生。换言之，对物的要求（demande）被分裂为两种：其一，对一种物的要求（影像的生产者），其二，对影像的要求（意义的传达）。尽管在对这种物的操持中，两者不可避免地要混淆起来，但这两种要求在逻辑上是矛盾的。电视的存在究竟是作为一个物还是作为一种传播手段？据此，电视的话语也将作为一种物或者作为一种意义来被理解。物（符号）的身份与其客观现实（理性的和操持的）的身份相互对立着。二者的区别在符号的使用价值与交换价值中复活了。整个文化的社会逻辑都存在于这种极端的对立之中。而这正是我们试图在这里通过消费的视野来研究的符号-物的社会理论。

　　电视机被购买究竟是为了文化构建的目的，还是仅仅为了娱乐和影像？毫无疑问这一问题在现实的社会领域内被遮蔽了。事实是购买电视机不仅仅是出于兴趣和娱乐——它们总是受到社会的约束——更为重要的是作为对一致性和声望的指认（"指认"这一术语在此应该保有它作为道德律令的所有价值）被激活了，电视机被强制接受（就如同冰箱、汽车、洗衣机一样）。再次回到斯图尔特·密尔（Stuart Mill）那里，在他看来，如此这般地对物的占有就其自身而言是为人的社会化服务的：作为一种社会成员的证明，电视是被认可的标志，是被整合的标志，同时也是社会合法性的标志。就这一层面来说，几乎是出于无意识的回应，正是物本身成为问题的焦点，而不是物的客观功能——物不再有什么客观功能，它只有一种证明的（preuve）功能。它是一种社会性的展示者，同时也是在这一意义上具有了价值：它被显露出来并且被过于显露出来。在中产阶级（以及更低的阶层）的家里可以发现这一点，电视机被摆放在显著的位置，它以物的身份受到关注。

　　如果我们认定一个人会不自觉地将他所有的社会行为都集中在财富的积累之上，特别是集中在获取成就的努力之上，集中在象征性的支付之上，诸如纳税，而这些努力都是通

46

过对物的获取表现出来的，那么我们对一般的电视观众面对电视所传达的内容表现出来的"被动"接受的态度，也就不会惊讶了。根据一种天真的评价标准，购买被认为是一种满足，由此被视为一个被动的过程，因而，文化的"行为"需要使用者。这一结论对于受过教育的上层阶级来说也许是无效的，但对于较低的社会阶层来说则是完全真实的：所有的活动都用来或者将物作为一种符号和象征来支配，或者将其作为一种资本来支配——对物的操持变成了一种被动的满足，一种真正的享用，一种收益，一种社会义务的履行。因为物成为一种价值的标记，因此它只能成就一种神奇的经济体系（参见莫斯及其象征交换的价值）。因为物被视为一种资本，因此它只能带来一种可计量的收益。在这两种情况下，物都不能产生一种自为的文化活动，这种文化活动需要从另外一种价值体系中产生出来。

作为一种价值的标记，物的应用不是一种理性的操持，而是在带有宗教色彩的炫耀中显现出来。因为它是一种资本，所以它必须能够产生效益。在当代工业社会中，物不再是一个纯粹地被物恋所迷恋（fétish）的物。[1] 一般说来，功能中的技术具有了强制力。有必要去见证一下那些被操控的物，以及为某些目的服务的物。物与其说是具有客观的理

---

[1] 物恋的价值是物的纯粹的表征声望的价值，一种不依赖于它的功能的神奇的回馈（prestation），它只在很少的地方还能够发现（逐渐被我们冠之以"前逻辑的想象"，尽管其实它不过是一个简单的社会逻辑问题），例如，在非洲丛林中，一个破的电视机、吸尘器或者手表，或者没有了油的汽车都仍旧是一种表征声望的要素。

性，不如说是具有某种神性（mana）：如果物不能发挥作用，那么它将失去其潜在的力量。使用价值再一次成为交换价值的最终根据。事物必须要服务于某种目的：获取收益的生产不是一种经济的功能，而是一种道德的强制。同样，在社会阶层划分中也存在同样的逻辑，电视-物，除了作为一种传播功能之外，它的价值就是这样被评估的，即人沉迷于一种被体系化了的、无选择的观看之中。电视每天晚上都被观看，不同的但也是连续的节目一个接着一个，从开始到结束。由于电视-物没有理性的经济计算规则，因此人们就热衷于隶属于一种非理性的和形式上的经济规范：一种绝对的时间量上的使用。显然，这种被动的长时间的观看事实上需要一种极为艰苦的忍耐。没有选择的余地，只能依赖数量的投入（如同电台中的游戏，只能依靠死记硬背和碰运气）①。然而现实中的人们并不这样看待这一问题：看电视，其本身就是具有自发性的、较为高级的文化活动（这种文化活动并不媚俗于生产效益的潜在强制性），在这一行为之外，反倒失去了作为社会成员的资格。它由此倾向于显现为一种愉悦、一种兴趣，一种"自由"的胡思乱想，一种自然而然的选择。但这种被强制的愉悦对深层的批判构成了挑战，即来自一种边缘文化的批判，毫无疑问，这种文化从未被纳入体系之内（除了

47

---

① 这种"经济拜物教"或者对于生产收益的拜物教反映出来的实际上是两种不可能性之间的一种妥协，即文化的自发界定的不可能性与工业（资本主义）社会通过强大的经济指令所具有的强制力的不可能性。

在一些抱怨中还隐藏着一些批判："这些内容——让我们感到无聊"，"他们总是播出同样的东西"——在拟像中，较为优越的文化形式以缺席的方式被显现出来，例如对节目的品评、评选等)。

"它必须要为某种目的服务"：对于某些特定的社会阶层来说，物的无用性被视为具有较高的文化目的。对于愉悦的感觉来说，它不过是一个形式上被理性化了的过程，它并不想承认自身，通过物，首先去遵循社会的指令，去完成一种一致性的、仪式化了的回馈。概括说来，量化的视域，就其与"被动性"相连而言，它所指向的是一种具有生产效益的社会－经济的强制力，是一种资本-物（objet-capital）。但这种"资本化"将可能带来一种更为深远的社会强制，即象征性回馈的强制、合法性的强制、社会信任的强制以及神性（mana）的强制，正是最后这一点将其与一种物恋-物（objet-fétiche）密切关联起来。

所有这些都勾勒出了一种文化阶层的轮廓——在这种阶层中，文化的自发性以及理性的目的在以物为终结的过程中没有被觉察到，而是作为一对矛盾被内化了。那些屈从的和被同化的阶层，强烈地需求文化，追求社会升迁，因此他们沉迷于物以及对物的崇拜之中，或者至少沉迷于一种文化的妥协之中，这种文化妥协受控于一个群体中经济的和富有神性的强制。这就是消费的表象及其定义。

其他的衡量指标，在同一阶级之中，与看电视的量及其方式有关。在此要考察的是电视-物在屋子里所摆放的位置。在较低层次上,大部分的情形是将电视机孤立地放在台子上(桌子、电视机架、柜子),不看的时候,可能盖着一块不算干净的布,上面还会放上一个小玩意儿;那些非传统的、不再这样布置的房间则不同(其中收音机仍然占有一席之地),它基本被布置成为一个电视房:电视机想当然地成为一件高大的家具,其上悬挂着吊灯等。但大多数时候,在这种情况下,电视机都构成了与传统房间的中心相对立的非中心的一个极。在这两者之间,还存在另外一种折中情形:电视机被放置到与在椅子上观看的视线平行的位置(当然,这个时候它还是作为一件家具而存在)。它被放在一张低矮的小桌子上,或者专门放电视机的电视机柜上。由此,电视机不再是一个极,不再是一种接收器,不再需要充当一种凝聚的力量: 49
房间没有中心了,所以电视机也就不再是非中心了。在被高度现代化的空间内,电视机与其他家具整合了,或者被嵌入墙内,作为一种家具的电视-物消失了。电视-物不再是仪式中的一个物(同时,房间通过一些独立的空间而达到了通透的效果,光源被隐藏起来了,等等)。

还有一些有意义的方面,例如营造氛围的灯光——人们究竟是喜欢在黑暗中看电影的感觉,还是将灯隐蔽起来或者正常放置? 以及物能否被移动:是否能够自由地移动,还是根本就是固定的? 所有这些标准都与使用的量以及使用的选择性有关,它们勾勒出了每个社会阶层所具有的一致性结构。但是,探询的过程以及经验的连接,不管它们如何的细致,都从来不能给我们一种被分层的社会面貌,这一点对我们来说仍然很重要。这些研究为我们展示的是从一个阶层向另一个阶层之间完全不同的转变方式,起初是为了炫耀,后来则成为可选择性的使用,起初是一种内在的仪式,后来则变成了一种自主的文化行为,但在这种描述中,对于以物为中心所进行的仪式化的操持与对于以功能和意义为中心所进行的理性的操持之间并没有进行理论上的区分。只有一种文化理论,基于一种充满矛盾的社会分层的建构,才能够阐发这种理论区分。经验的研究只是构建了,并且也只能构建一种显而易见的分层逻辑(logique de la stratification)(通过一些不同的表格来区分/吸纳/转变——持续的上升);理论的分析能够构建一种阶级的逻辑(区分—排他)。只有对于那些将电视机视为一种物的人,电视机也才是一种文化行为:在这样一个极端的对立中,一种文化的阶级特权才被建立起来,并且本质上显现为一种社会特权。

50

　　显然,从来都不存在纯粹对立的两个文化阶级:但是一种纯粹的文化阶级策略确实存在着。① **社会的现实**(依赖于经验的调查)使得等级以及每个社会"类型"所对应的不同地位显现出来。但是社会的逻辑(依赖于一种文化体系中的理

---

　　① 正如无产阶级与资产阶级从来都没有独立存在过,他们总是面对着面,在真实的世界中从来没有在一种纯粹的状态中存在过。但这并不妨碍阶级的逻辑和策略的界定,以及依据相互对立的模式来采取具体的行动。

论分析)使得两个对立的方面显现出来,不是同一发展过程的两"极",而是对立的两个相互排斥的方面,这两种对立不是一种形式上的对立,而是社会歧视中排他的/区分的两个方面。

民主的借口:消费的"普遍化"

当然,这种文化阶级的逻辑从来没有显现过:相反,消费将自己表现为一种民主的社会功能,由此,它如同一种阶级制度一样发挥着作用。它将自身表现为一种满足人类需要的功能——物、商品、服务,所有这些都是对社会及个人的普遍的"人类"动机的一种回应——由此也是一种普遍的经验性的功能。在此基础上,人们甚至可以认为消费的功能就是要在一个被分层的社会中纠正那些社会的不公正(这正是消费意识形态的产生机制);与社会等级的力量及其社会起源相对立,确实存在着休闲的民主、高速公路的民主以及冰箱的民主。

资本主义社会中的文化阶级逻辑常常植根于普遍性的民主借口之中。宗教曾经是普遍性的。人文主义的自由与平等的观念也是普遍性的。今天,普遍性具有了一种绝对的具体的显现:今天,普遍性成了人类需要,这种普遍性渗透到了所有文化的和物质的商品之中。它成了消费的普遍性。

消费的多重含义,即它似乎成为那个自称在分层的社会中实现民主的一个要素,并作为一种阶级制度来更好地发挥

51

作用——《读者文摘精粹》中对于欧洲"消费者"的调查①为我们提供了最为生动的说明：

"221,750,000 个消费者(欧洲共同体和英国)"：在这个巨大的经济图表中，包括了一些必要的、直接的比较性统计，涉及生活方式、消费习惯、选择、态度以及这七个国家的居民所有的商品。由此皮亚蒂埃(Piatier)得出结论——

"因为有了这种互相补充的统计性说明，才有可能在体系中对群体 A(上层群体)进行孤立分割，并将其与其他群体的集合进行比较。"

"对于欧洲共同体和英国来说，人们可以说出一个属于 A 群体的公民，或者采用一个更为形象的说法，一个白领公民；后者(这一点也正是此研究中很有趣的结论之一)被显现为一个跨越了所有国界的共同体。"

"由此根据这种假设，七国居民会有一个共同的消费模式：在消费的发展过程中，群体将指出一种方向，其他群体的人则随着其收入的提高而朝着这个方向努力。"

那些将 A 群体(上层阶级、自由职业者、工厂以及商业集团的头目)与非 A 群体区分开来的标准有：奢侈的设备(洗碗机、录音机、相机等)，奢侈的食物，舒适的居住环境，女士专用化妆品，基本的家居设备(电视、冰箱、洗衣机等)，清洁产品，日常食物，男士化妆品以及求知欲(到国外去旅行，说一

---

① 安德森·帕特埃(André Piatier)：《欧洲人消费的结构及其方向》，《读者文摘精粹》(*Sélection du Reader's Digest*)(Paris, 1967)。

门外语)！

在此,社会现实被人为地形式化为一种分层图示(属于
A 群体或者属于非 A 群体),这个问题已经被详尽地简化并
还原为形式化了的消费指标。政治、社会、经济(生产和市场
的诸多结构)以及文化等诸多方面都消失了。在个人/群体
的层面,只有数量化的东西存留了下来,商品消费的统计平
衡表充当了社会本质的绝对的指示者。① 精英被区分出来,
并不是通过价值,也不是通过权力,而是通过物,通过所有奢
侈的摆设,由此,欧洲的"理念"不是在观念形态中显现出来,
而是被物质化了。被限定的欧化理想(idéal européen)对于
那些迷茫的消费大众具有系统的指导和评估:要被欧化,就
要从对电视、冰箱和洗衣机三位一体的需求,转变为对跑车、
立体声家庭影院和乡村别墅三位一体的需求。

现在,事实上,在这些 A 群体的背后,这一欧化理想的种
种规定就存在于欧洲的现实之中,这或多或少地成了在全球
竞争的背景下被工业化和技术化了的西欧资产阶级的凝聚
力量。但这种共同的策略和政治的国际化在此以一种国际
化的立场将自己隐藏起来。这种真正的凝聚力将自己隐藏
在消费大众的形式共同体之中(这一点在消费的指标和商品
上表现得更具形式性,并且也更"具体")。欧洲的共同体被
具体化、空间化了,它显现在起居室中,冰淇淋中。

53

---

① 比前文所引用的查宾对起居室的分析更具洞察力。

A 群体和非 A 群体

实际上,这种国际化分层策略的目标首先指向的是一种国家内部整合的政治策略,在"欧洲"的象征之下,每个国家都被卷入其中,在此不仅间接地通过消费的方式,同时还通过分层的方式来实现这种整合。事实上,人们可以将其纳入一个更为复杂的模式之中,然而,统计学在此将其纳入了一个简单的、突出的二元模式之中:"A"群体与"其他",即"非A"群体。在统计学意义上的二分,将旧有的二元阶级中的对立驱除了出去:确实依然存在着两个术语,但它们不再是相互冲突的——它们成了"社会活力"的两极。做这样一个策略上的区分的作用(或者目的)就是要调和这两极,由此任何矛盾都可以在社会层面上得到化解:存在一个典范阶层(指导方向)以及所有其他的阶层。而后者,被统计学所混淆,最终只是作为一个数量庞大的现实存在的中产阶级,他们已经被特权阶级在道德上同化了。公司老板与普通员工之间不再存在极端的对立,因为后者,已经消失在统计学意义上的中产阶级之中,他们因此将自己视为一个"中间"阶层,并被许诺有可能成为上层阶级。从上到下,人与人之间没有本质上的距离。不再有什么极端,不再有什么张力:在A与非A群体之间存在的形式上的优先与落后,只能更好地激发向更高层次转变的期望,并且制造出一种幻象,即重组迟早会发生,迟早会进入A群体的天堂之中。显而易见,对于"欧洲"来说,它只能是民主的。

两个群体在形式上是对立的，在本质上却是同质的：这种分层简化到极端，不过是以统计学为基础而整合的社会学的加冕。整个社会矛盾的逻辑消失了。这种二分法是一个有魔力的整合方法：差异性的符号在同一标准下的任意分裂产生了一种国际化的区分模式（属于 A 群体的），同时保留了国际化的民主模式；欧洲的观念——事实上，简单说来，在一堆物的堆积之中，成了所有社会阶层的共同特质。

这里存在着双重的神秘化：

——消费"力"（une dynamique de la cosommation）的幻象，满足和区分螺旋式上升，达到一个充满矛盾的顶点的幻象，在这一顶点之上，所有人都将享有同样的声望。然而这种在幻象中的"力"（dynamique）实际上是由社会体系中的一种惰性散播开来的，这种惰性表现在社会区分的真实力量从未被消解。

——消费"民主"的幻象。在对物的列表之中，我们可以将完全被分割的社会阶层从形式上聚合起来：真正的区分存在于对不同操持的选择之中（挑选、品味等），并且多多少少依赖于消费的价值。这后一点需要补充说明。①

研究表明，A 与非 A 之间的差异表现在一些特定的方面：设备、奢侈品，以及求知欲（!）。在其他方面，研究发现（成功地发现）在 A 与非 A 群体之间并没有那么显著的差

55

——————

① "操持"（pratique）作为社会命运的显现，参见上面的讨论。

异，诸如：日常食物、基本的设备和普通的化妆品。这种差异在富裕的国家中更加模糊，如德国、英国以及荷兰。在英国，非 A 群体中男士化妆品的一般消费量甚至高于 A 群体！"物品的消费"标准并没有确定：基础性的不平等随处可见。如果这些不平等没有得到研究，并且变得更加微妙①，那么人们必须要能够超越数字、统计以及研究本身来发现问题，因为问题本身并不想表达自己，而是试图遮蔽自身。它的秘密就是消费，在它的虚假的社会外衣之下，掩盖了真实的政治策略，并且成为这一政治策略中最为关键的要素之一。

奴隶的道德（A slave morality）

阶级策略的整个概念都是围绕着对文化的以及物质的商品的占有来界定的。人们只能将消费的标准和价值普遍化，以便更好地将那些"无责任的"阶级（没有决定权力的阶级）的形成归结为消费，并由此促使那些处于指导地位的阶级永久保持着他们独特的权力。统计学家们所研究的 A 与非 A 群体之间在形式上的界限基本上是一种社会学的界限，但它并没有将那些拥有较高享受的人们与那些迟早也会获得这些享受的人们分割开来；它所要完成的区分在于：要将一种社会阶层，即声望的消费多少还是他们基本特权的一种应用（文化的和政治的），同时他们也还是一类享有特权的消

---

① 由此，能够比其他人早一个月或者一天来接受某种典范已经成为一种极端的特权。

费者,与其他阶层的人们区分开来,后者包括那些献身于消费,并且非常成功地在这种消费中将自身作为一种符号与其社会地位对应起来的人们;包括那些用消费,甚至以对商品和物的浪费来表明其社会境遇的人们;还包括那些将对文化、社会责任感以及个人的成就等方面的需要放在对物的需要的满足中的人们。在这一视域下,消费以及消费的价值被界定为一种新的区分,尽管在现实的层面上,这一机制并不很明显:依附于这些价值,一种使用奴隶的新道德产生了。

人们一定想知道这种消费的社会性救赎,这种炫耀性的和奢侈性的花费(它曾附属于主人和贵族)在今天是否不属于较低的阶层或者中产阶级。——因为这种可选择性的标准很久以前就已经作为一种权力的基础屈从于生产、责任以及经济的和政治的决策。

人们一定要问,是否存在某种阶层,他们并不试图在物中找寻自我的拯救,而是仅仅沉迷于消费的社会宿命——他们是奴性的、处于附属地位的阶层的继承者,或者是那些沉迷于小饰物的小女人的继承者——由此来践行一种奴隶的道德(morale d'esclaves)(享乐、非道德、无责任),并以此来与主人的道德(morale des maîtres)相对立(富有责任/享有权力)。

从这一意义上说,对于"消费社会"(société de consommation)的讨论似乎是荒唐的,因为消费建立在对个人需要的满足之上,所以消费看上去曾经是一种普适的价值体系,但实际上它不过是一种制度、一种道德而已。在这一意义上，它在过去和未来都曾经是或者将会是任何社会中权力策略的一个要素。

在此，社会学在多数情况下都既是受骗者，又是从犯之一：它为消费自身构建了消费意识形态。假装相信物和消费（如同之前在道德和宗教的原则之中）在社会中从上到下都具有同样的意义，它确信地位的普遍神话，并在此基础上进行社会学的分析、思考、分层，以及在统计学的意义上将事物相互关联起来。

现在，在上层社会的优越性之中，在家用电器之中，或者在奢侈的食物之中，有些东西必须要被解读出来，人们必须找到解读的方法。人们必须知道这些优越性确切说来并不是一种物质层面上的优越，而是一种绝对的特权，与之紧密相连的事实在于，这种特权的凸显并非建立在声望和财富的符号之中，而是在其他地方，在决策、指导以及政治的和经济的权力所构筑的真实的领域之中，符号和人都在这一领域中被掌控——而这将把"其他人"，即那些较低阶层以及中产阶级放逐到对乐土（pays de cocagne）的幻想中去。

第二章　需求的意识形态起源①

　　消费所带来的令人兴奋的满足感包围着我们,它附着于物,如同夜晚的好梦所留下的残余还附着于白天的感觉之中。因此对这一满足感所进行的分析难道不是与弗洛伊德在《梦的解析》中所做的工作一样吗?我们很少能够超越这种天真的心理学的解释水准,完全还处于中世纪的分析水平。我们相信"消费":我们相信一种真实的主体,被需求所驱动,将真实的物作为其需求获得满足的源泉。这完全是一种拙劣的形而上学,包括了诸如心理学、社会学、经济学等多个学科。物、消费、需求以及期望——这些都是要被解构的观念,因为它们对于从表面现象来将日常生活理论化的分析没有多少意义,就如同对梦的话语的阐释也没有多少意义一样;相反,为了从更深层的话语中解释无意识的逻辑,应该以梦的运演以及梦的过程为分析对象。同样,在消费意识形态

---

　　① 这篇文章最早发表于《社会学国际论坛》(*Cahiers Internationaux de Sociologie*),1969 年。

之下，无意识的社会逻辑的运演和过程应该重新得到关注。

1. 作为一种意指逻辑的消费

鉴于物所具有的不确定的形式、颜色、质料、功能和话语（它或许还可能是一种文化性的存在），经验的物是一个*神话*（mythe）。藏起来，有人对物说，然而物却只是一个*无*（rien）。它只是一些不同种类的关系和意义，掩盖着自身，自我矛盾着，在它的周围缠绕。存在着一种被隐藏起来的逻辑，不仅安置了这些关系，而且还揭示了用以遮蔽物的话语的意义。

物的逻辑

当我还将冰箱作为一架机器来使用的时候，它并不是一个物。它是一个冰箱。在物的意义上来谈论冰箱或者汽车是另外一回事。也就是说，与它们如何冷藏食物，或者如何运输，这些"客观"的事实没有任何关系。这里所谈论的物是一个无内容的功能性存在：

1. 对物的倾注（investissement①）与对物的迷恋，对物的

———————

① 法语的 investissement 相当于弗洛伊德的 Besetzung，原意是"全神贯注"或者"充满"，弗洛伊德用这个词表示"精神能量的装载"（当心理活动或意识指向某个对象的时候，它们会在这个对象上集中起来，即精神贯注，兴奋性提高）。或者，按后来的说法，它是一种"情感投入"。——译者

热情和对物的凸显——这些都是通过它与主体的独特关联而获得的,在其中人将物视为他身体的一部分(达到了极限)。物在去除了用途之后,在被升华了之后,它将失去它的名字,也就是说,使物(大写的)本身成为种的特有名称。正因如此,那些收藏者们从来都不会将一些收集来的雕塑或者古瓶称为美丽的雕塑、古瓶等,而是称其为"美丽的物"。这一情形总是与在字典中对某种类型物的内涵的解释不同,在那里物的内涵平实而简单:"冰箱:一个用以冷藏的物……"

2. 或者作为一种物,由于它能够被标识(Marque①)而被特殊化了,这种物担负着表征不同地位、声望以及时尚的内涵。(这种物介于两种物之间,一种是大写的物,拥有自己特有的名称并且能够等同于主体;另一种则是小写的物,只有一般的名字,仅仅作为一种工具而存在。)这是"消费的物"。这种物或许是冰箱,或许是花瓶,或许是其他的东西,都无所谓。确切地说,它并不比语言学中的一个音素具有更多的意义。物的意义并不存在于它与主体(某种特定的"物")(l'objet)的关系中,也不存在于它与世界的关系之中,在其中,它被操控着(作为一种工具的物);它的意义就在它与其他物的关系之中,存在于依照意义的符码的等级而具有的差异之中。仅凭借于此,消费的物就可以被界定,尽管这样做

---

① Marque 在法语中有多种含义,其中主要有:记号、符号、标记,也有商标、牌子、品牌的含义。在此我认为这个词是指物能够被符号化,从而导致了物的特殊性存在,由此我将其译为标识。——译者

可能并不会得出一个好的结论。

象征交换价值

在象征性交换中，礼物是一个最为切近的实例。物在此不是一种物——物不能脱离其进行交换的具体的关系，同时也不能脱离其在交换中所要转让的部分：物并不那么独立。确切地说，物既没有使用价值，也没有经济交换价值。已经存在的物所有的是象征性交换价值。这就是礼物的矛盾所在：一方面，它具有（相对的）任意性。它并不在意究竟是什么物被卷入其中，基于它所被给予的，它完全能够指示一种关系。另一方面，一旦它被给予了什么东西——同时也正因如此——那么礼物就是这种物，而不能是任何其他。礼物是独特的，因交换者及其独特的交换活动而具有特殊性。礼物是任意的，同时也是绝对独一无二的。

但与语言不同，语言的物质介质可以与说它的主体分割开来，象征性交换的物质介质，即给定的物，不是自主的，因此也不能作为一种符号而被符码化。既然它们并不依赖于经济交换，它们也就不屈从于商品及其交换价值的体系化。

要在象征交换中构建物的价值，人们首先需要与这个物分割开来，在他人的注视之下，将它抛到他人的脚下，人自我剥离，如同剥离了他自身的一部分，这一剥离的意义在于它成为关系的在场或者缺席（他们之间的距离）的共同基础。所有象征交换的物质介质（注视、物、梦、排泄物）的不定性

（ambivalence）都来源于此：礼物是关系与距离的一种中介，它总是同时具有爱和攻击性。[1]

从象征交换到符号/价值

当交换不再是纯粹的转移（这是一种理论上的孤立）的时候，当物（交换的物质介质）也不再仅仅作为转移中的物而存在的时候，物才可能成为一种符号。物如果在其建构的关系中消解了自身，那么将转向象征性价值（就如在礼物中那样），而它却没有这样做，物成为自主的、不可转移的、不透明的，由此开始意指一种关系的消解。当物已经成为一种符号-物（l'objet-signe）的时候，它不再是介于两个存在物之间的变动着的一种匮乏的能指，它属于具体的关系，并来自具体的关系（就如同在另一层面上存在的商品，与具体劳动力有密切的关联一样）。然而，象征却指向一种匮乏（一种缺席），以此作为一种本真的欲望（désir）关系，符号-物只是指向一种关系自身的缺席，指向一个孤立的个人主体。

符号-物既不是给定的，也不是交换得来的：它是被个体 63 主体将其作为一种符号，也就是说，作为一种符码化的差异来占有、保留与操控的。在此存在的是消费的物。而它常常是属于并来自一种在某种符码中被"符号化了的"、具体的、

---

[1]　由此交换的结构从来都不是简单的相互作用（参见列维-斯特劳斯）。不是简单的两个方面，而是不定性的两个方面在交换，交换也在不定性之中建构着它们之间的关系。

被消解的社会关系之中。

在象征物（如礼物，也包括传统的、仪式化的以及手工艺品中的物）中，我们能发现的不光是整个欲望关系（不定性的，并且因为它的不定性而完整）的具体显现；此外，通过物的独特性，我们还能发现一种双重的或是多重群体间的社会关系的透明性。在商品中，我们发现生产的社会关系的不透明性，以及劳动分工的现实。我们还发现在当下对符号-物的挥霍之中，在物的消费之中，存在着一种不透明性。整个符码的限制操控着社会的价值：一些特殊分量的符号调节着交换的社会逻辑。

物成为符号，从而就不再从两个人的具体关系中显现它的意义。它的意义来自与其他符号的差异性关系之中。有点像列维-斯特劳斯所谓的神话，符号-物在它们内部的交换。由此，只有当物自发地成为差异性的符号，并由此使其体系化，我们才能够谈论消费，以及消费的物。

意指的逻辑

所以有必要区分出消费逻辑，即符号和差异的逻辑，而这一逻辑已经在对现实的考察中习惯性地与其他的逻辑混淆在一起了。（这一结论反映在所有那些天真的，却被认可了的对这一问题的研究之中。）此处提出四种不同的逻辑：

1. 使用价值的功能逻辑

2. 交换价值的经济逻辑

3. 象征性交换逻辑

4. 符号/价值的逻辑

第一个是一个操持运作的逻辑；第二个是一种等价逻辑；第三个是不定性的逻辑；第四个是差异性逻辑。

同样，这四个逻辑还是实用的逻辑、市场的逻辑、礼物的逻辑和地位的逻辑，分别依照以上不同分类构建起来的，物在其中所对应的分别为器具、商品、象征与符号。

只有最后一个界定了消费的领域。让我们比较两个不同的例子。

结婚戒指：这是一个特殊的物，象征着夫妻关系。没有人想过要换一个(据说可以免灾)，但也很少戴它。这个象征物就是以它的永恒性来持续和见证关系的绵延。就如同从纯粹工具、手段的层面上来看一样，时尚在严格的象征层面上是可以忽略的。

一般的戒指则完全不同：它并不象征着某种关系。它是一个无特性的物，一种个人的喜好，一种他者眼中的符号。我可以戴很多戒指。我可以更换它们。一般的戒指充当着饰物的角色，是时尚的一种。它是消费的物。

今天，在美国，结婚戒指本身也遵循了这种新的逻辑。夫妻们被鼓励每年更换戒指。这个曾经的婚姻关系的象征，如今也被注入了时尚的法则，并如独裁制度一样专制，它主宰着人与人之间关系的核心，使其成为一种"个性化"的关系。

居所：住宅、寓所、公寓，这些术语毫无疑问与工业生产

65

的发展相关,或者也与社会地位密切相连,因而产生了语义上的细微差异——然而,在今天的法国,不管一个人处于怎样的社会阶层,他的住宅都不必然被视为一种"消费"商品。居住的问题仍然与一般祖传的物品十分相似,它的象征意味仍然保留其中。现在,对于渗透到这一领域的消费逻辑来说,需要符号的外在性。住宅必须不能再被继承了,或者被内化为一种有机的家庭空间。如果一个人试图首次亮相时尚世界就大获成功的话,那么他必须去除这种血脉相连的外在表现,并去除对某种身份的认同。

换言之,在居住问题上普遍地存在着区分功能:

——象征的(深层的情感投资等)

——经济的(以及匮乏的)

而且,这两种功能具有相互关联性:只有在拥有某种"可任意支配的收入"的时候,一个人才能够将物作为地位的符号玩弄于股掌之间——时尚和"游戏"在其中发挥着作用,在其中象征性和有用性都被摒弃了。现在,对于住所来说,至少在法国,声望所控制的变动性的自由空间以及可能进行游戏的机制都还是很有限的。相反,在美国,一个人的住所与其在社会中的变动对应起来,按照其职业发展的轨道及其相应的地位而变化着。房子由此进入了全球范围内表征地位的范畴之中,遵从着作为奢侈品的其他的物所遵从的加速报废的规律,因此,它也成为一个消费物。

这一例子所具有的更为深刻的意义在于:它表明了任何

试图从经验层面来界定物的企图都是无效的。铅笔、书籍、布料、食物、汽车、小件古玩，这些都是物吗？房屋是物吗？当然是存在争议的。关键点在于能否建构房屋的象征性（基于房屋所特有的缺陷来说的，这一点是有异议的），或者甚至房屋可以屈从于一种差异性的、具体的、时尚逻辑的内涵：因为如果确实能够如此，那么房屋就能够成为消费物——如同任何其他的物一样；如果它只是能够符合同样的一种定义：存在着（être）、具有文化特质、观念性的、示意性的、语言性的，等等，那么任何东西都有可能符合这些特征。消费物的定义完全不依赖于物自身，而是一种意指逻辑的功能。

物不是一种消费物，除非：

——它能够摆脱作为一种象征的心理学界定；

——它能够摆脱作为一种工具的功能性界定；

——它能够摆脱作为一种产品的商业性界定；

作为一种消费物，它最终被解放为**一种符号**，从而落入到时尚模式的逻辑，亦即差异性逻辑的掌控之中。

符号的秩序与社会的秩序

在没有交换之前，在交换还没有被大写的社会法则（LOI SOCIALE）所规定之前，并不存在消费物。而这些大写的社会法则不仅需要一些独特物质介质的更新，同时还拥有以某种地位、身份的标准，以某个群体与其他群体之间的关系为中介，指明个体的地位、身份的责任。这里的标准恰当说来应该是社会秩序,因为对这种差异的符号等级制度的接受以及一般意义上的个体对于符号的规范、符号的价值以及符号的社会强制性等的内化,都构成了一个基础的、决定性的社会控制形式——就这一点而言,更甚于对意识形态规范的接受。

由此可见,现在所产生的并不是物的问题,更为紧迫的是对一种社会逻辑的理论研究的需要,一种对这一逻辑运作的符码的发现(符号体系及其特有的物质介质)。

67

一般名称、特殊名称以及标识名称

在此,让我们依据贯穿于物之中的特殊的以及(理论上)排他的逻辑来重新思考物所处的各种不同地位:

1. 在某种意义上,冰箱由于它的功能和不可替代性而被特殊化了。物与它的功能之间存在着一个必要的关联。符号的任意性的本质并不包含其中。但所有的冰箱在这一功能上(它们客观的"意义")都是可交换的。

2. 相反,如果冰箱作为一种舒适的或者炫耀的要素而存在的话,那么从原则上说,任何其他的要素都能够替代它。物趋向于变成一种地位的符号,每种社会地位都将被交换符号的整体所规定。将物与主体以及与世界的关系纳入其中并无必要。只存在一种体系性的关系适用于所有其他的符号。这种抽象的结合存在于符码的要素之中。

3. 在它们与主体的象征性关系之中(或者在相互交换之

中），所有的物都具有潜在的可替换性。任何物都可能成为小女孩的玩具。然而一旦选定了，那么就只能是这一个，而不是其他了。象征性的介质可以是相对任意的，但主体－物的关系是受束缚的。象征性话语是一种约定俗成。

——物的功能性运用发生在物及其技术结构与对物的操持的关系之中。它们属于一般名称，例如，冰箱。

——象征－物（l'objet-symbole）的运用发生于其具体的显现之中，在与对它自身的"特殊"名称的对应中存在，拥有感和热情都被倾注到了物之中（在主体的形而上学的名义上），物被打上了人的烙印。

——"消费"物的运用则发生于它的标识名称（marque）之中，这一名称不是某种特殊的名称，而是一种类似于教名（baprême）的名称。①

2. 消费：作为一种交换和差异的结构

物与需要的观念的无效性

在此，我们会发现物只有在一些逻辑的语境中才有意义，尽管这一逻辑语境常常是矛盾的，总是与物的层面相互

---

① 在商品的逻辑中，所有的商品或者物都具有普遍的可替代性。对它们的（经济的）操持通过它们的价格被实现出来，在此并不存在与主体或者与世界的关系，而只存在一种与市场的关系。

纠缠。这些不同的意义依赖于在每一种逻辑框架中可能存在的可替代的对象和可替代的模式。当物（在此，物还是在最广泛的意义上而言的）依据各种规则进行交换的时候（这些规则包括：在功能和经济领域内的等价规则；在符号领域中的差异性规则；在象征领域中的不定性规则），当意识与无意识都表现在话语之中的时候（表征的全部话语、意义的同等话语、主体的内部话语与关系的社会话语，甚至在物之中存在的潜在的主体与其自身以及其他人分裂的象征性话语①），那些在物自身之中的任何分类、界定和分层将可能具有怎样的内涵？当需要多少被归划到一种可能的物的分类和分层中之后，究竟什么是所有需要理论的可能基础呢？这种经验层面的形式化并不存在什么意义。这一情境就如同博尔赫斯（Borges）对动物学的分类一样："动物可以划分为：（1）属皇帝的，（2）有芬芳香味的，（3）驯顺的，（4）乳猪，（5）鳗螈，（6）传说中的，（7）自由走动的狗，（8）包括在目前分类中的，（9）发疯似的烦躁不安的，（10）数不清的，（11）浑身有十分精致的骆驼毛刷的毛，等等。"②所有物和需要的分

---

① 这一点在食物中也有体现：作为"一种功能的需要"，饥饿并不具有象征性。它的目标就是填饱肚子。作为一种物的食物在此是不能被替代的。但是，众所周知，吃还可以仅仅是为了饱口福，或者因为缺少爱而寻找的一种精神性的替代。在这第二种功能中，吃、抽烟、收藏、沉湎于对过去的回忆，这些都是完全相等的：象征性实例与功能性实例完全不同。饥饿不能被符号化，它只能被满足。而另一方面，欲望则能够在整个能指链条中被符号化。当物恰巧成为对某种失去的物的欲望，当那些被符号化的物被认定为一种稀缺、一种缺席的时候，仅仅将物视为它自身所是的东西是否有意义呢？在这种情境下，需要的观念可能指向的是什么呢？

② 福柯：《词与物》，莫伟民译，上海三联出版社 2001 年版，第 1 页。鲍德里亚没有引全，在此参考中译本将其补全。——译者

类较之传统分类既不更具逻辑性，也不逊色于以上这种分类的超现实性。

需要和超自然的神性

对命名为"物"的概念实体的还原，同样也就是对命名为"需要"的概念实体的一种解构。我们在这一过程中还可以发掘出主体的实体。主体、物、需要：这三个概念的神话学（mythologique）结构是完全相同的，三者都在天真的现实性中、在原初的心理学描述中得到了阐发。

对于需要的看法是一种神奇的遐想。主体和客体被视为两个自发的并且是相互分裂的实体，具有镜像般的（specular①）和独具特色的神话，而这对于建立它们之间的关系却成为必需。这种遐想当然还需"需要"这一概念。正是需要——其他的概念都相同——具有一种神性，这一点在莫斯的《礼物》中有所体现。交换被视为在分裂的双方之中存在的一种活动，每一方都先于交换而独立存在，由此必须在双重的责任中建立一种交换自身的存在：一个是给予，一个是归还。由此，有必要设想一种物的内在力量（正如莫斯以

70

---

① Specular 在鲍德里亚著作中常常被用来分析意识形态，这个词的本义就有"如镜子一般的"的内涵，因此很容易让人想到拉康，鲍德里亚在此也确实是受到拉康的影响而采用这一概念的，这种镜像关系所形成的秩序，是与鲍德里亚所推崇的象征性秩序相对立的一种秩序，是其批判的对象，也是意识形态产生的根源所在。——译者

及原始人已经做的那样）——"hau"①。这种力量盘旋在物的接受者这里，并同时要求接受者将其归还。交换双方不可克服的对立由此被还原为一种同义反复的、人为的、富有魔力的、补偿性的对立。同样，在列维-斯特劳斯的批判中，他通过研究经济学，将交换直接设定为一种结构。由此，在心理学家、经济学家那里，他们区分了主体与客体，但二者的融合却除了在需要的魔力之下，几乎不可能完成。但这一概念只能在主体面向客体，或者客体面向主体的适当的、功能性的意义上来阐发主体—客体的关系：这是功能主义的唯名论（nominalisme fonctionnaliste），它所强化的是整个心理学的意识形态——需要是一种恰当的、公平的、调节功能的概念。

实际上，这一过程是在用客体来定义主体，用主体来言说客体。这是由需要的概念而产生的一个巨大的**同义反复**。形而上学自身并没有完成什么。在西方思想中，形而上学和经济科学（更不用说传统心理学）彰显了一种深层的聚合力，不管是精神上的还是意识形态上的。通过权力的同义反复

---

① Hau 是莫斯在《礼物》中提到的一个毛利人的语言，它指的是物的内在灵性。物的转移同时伴随着"hau"的转移。"taonga 以及所有严格意义上的个人财产都有 hau，即一种精神力。你给了我一份 taonga，我又把它给了第三者；然后那个人又还我一份 taonga，这是我给他的礼物中的 hau 促成的；而我则必须把这份东西给你，因为我所送给你的东西，其实是你的 taonga 造成的。"（莫斯：《礼物》，汲喆译，上海人民出版社 2002 年版，第 20 页）在这个复杂的循环关系中，虽然没有货币的介入，却因为物本身所具有的这种灵性产生了比由价值规律所具有的强制力更强的强制性。原因很简单，hau 所蕴涵的力量带有强烈的神秘的宗教色彩，从而使得这种物物交换具有了一种神圣的强制性，其力量是任何世俗化的动因都无法匹敌的。——译者

设定了主体，并将其与世界联系起来。超自然的神性（Mana），必要的力量、直觉、需要、选择、倾向、有用性、刺激：这些都是同样富有神性的联结力量，即在"A＝A"中的"＝"。形而上学以及经济学之间的对抗处于相同的困境之中，处于相同的迷阵（aporias）之中，处于相同的矛盾与功能障碍之中，从一开始就陷入了一个由被设定为自发的主体与其镜像的反映，即处于自发性之中的客体所构造的一个无限循环之中。

权力的同义反复

　　显然，同义反复并非是无辜的，同样那些暗含了整个需要神话的目的论也并非是无辜的。这样一个同义反复总是某种权力体系（système de pouvoir）被理性化后构成的意识形态：具有麻醉特征的麻醉药，"A 是 A"的重复，如同博尔赫斯的动物分类——"包括在目前分类中"；或者如同那种富有神学色彩的声称："当一个既定的主体购买如此这般的物，这样的行为就是他独特的选择和喜好发挥作用的结果。"由此，在同一性逻辑原则之下，存在着的是对空洞的内容所做出的华丽的比喻，是同义反复的体系所具有的力量，是一种社会秩序的有目的的再生产，更确切地说，是在需要的语境下，生产秩序的有目的的再生产。这就是为什么经济科学绕过了需要的概念，因为它们总是在需要的数量的层面来进行它的演算，而需要的观念却需要一种意识形态的支撑。

生产的合法化的立论基础是这个将尚未证明的前提作为理论运演的依据。例如，人们发现，一个先在的、神奇的事实：他们需要已经生产出来并在市场上供应的东西（由此，为了说明人们能够体验到这一点，需要必须被假定为已经存在于人的内心之中了），因此，这种强制的理性化只是对生产秩序的内在目的性的一种掩盖。每个体系如果试图以自身为目的，那么就必须要去除它自己真实的目的论问题。通过将需要和满足进行以上合法性的华丽包装，社会的以及政治的目的论问题就被压抑了。

人们可能反对将需要视为一种强制的理性化，因为需要的话语似乎是主体解释自身与物以及与世界关系的一种自发形式。但这正是问题之所在。当人们试图重新运用这一话语来分析当代社会的时候，一种天真的人类学的虚假建构被再生产出来：它将交换和意指的过程自然化了。由此，社会的逻辑似乎不能约束需要本身。确实，所有富有魔力的遐想都从经验的实践和理论的误解之中获得一种有效的方法。由此，对于需要的思考始终与对于超自然的神性（Mana）的思考传统相连。它是一种虚构的想法，是在经济的"理性化"的镜子中所显现的一种镜像。

交叉学科——新人类学，或者心理-社会经济学

由此，有必要重建整个社会逻辑。就此而言，没有什么能比在经济科学与社会科学之间建立非正当的结合更富有

意义了。那些德高望重的思想家们毕其一生的努力试图将这两个相去甚远的学科融合为一（以人类以及他们的父辈的名义）。他们试图削减所有那些相对于他们的学科来说无法认可的东西，它们或者存在于其他学科之中，或者存在于那些逃离了整个学科范围的某种知识之中。特别是经济学，它只能延迟这些非正当性显露的可能，因为它以计算、以无意识的心理学逻辑或者以相当于无意识逻辑的社会逻辑为基础。一方面是不定性的逻辑，另一方面是差异性逻辑，它们与等价逻辑全不相容（而这一逻辑对于经济学来说则是神圣的）。为了驱除这些破坏性的影响，"经济科学"将自身与单纯和无害的心理学以及社会学的形式结合起来，而后者作为一些传统的规范，从一开始就是一些跨学科的研究。从这一视角来看，人们从来没有想过引入社会学的和心理学的维度，而只是想给个人实体添加一种衡量标准（"理性的"经济的变数），或者补充一种个体的"非理性"心理学（动机研究、深度心理学的研究），或者增加一些人际之间的社会心理学（个人对于名誉和地位的需要），或者仅仅是提供一种社会—文化视角。概括说来，需要具体问题具体分析。

在此举出一些例子。雄巴尔·德·洛夫（Chombart de Lauwe）揭示了一些较低层次的人对肉类产品的非正常消费：不是太少，就是太多。如果这种消费处于中间水平，那么这种人则处于经济的理性之中。这里没有问题了。然而，心理的因素加入了其中：对名誉的需要，奢侈性消费，或者过度消费，等等。由此，社会学的和心理学的因素被界定为"经济性的病理学"因素！另外一个社会分析学家肯塔那（Katona），发现了"可任意支配的收入"以及由此带来的消费所包含的文化意蕴，他发现超越购买力，"存在着某种购买的倾向，它将反映消费者的动机、偏好和期望"①。这些都是对心理—经济学并不太贴切的阐明。

或者，我们时常会发现（这一点也几乎不能被忽视了）个人从来不是孤单的，他总是被他与他人的关系所规定着。因此，鲁宾逊的故事在微观社会学的视野中将遭到摒弃。美国的社会学就已经多少认识到了这一点。甚至对于默顿（Merton）来说，在他关于边缘群体的理论中，也总是研究一些实际上被经验地给定了的、并具有一些现实期望的群体，将其视为社会动力的源泉。

心理主义的分析伴随着文化主义的分析，以及另外一个温和的、不愿冒险的社会学的分析：需要是每一个社会的特殊历史的功能与文化！这些自由的分析已经十分充分了，远远超过了它本来可能有的内涵。人被赋予了需要以及一种需要的满足的自然偏好，这些东西都没有受到质疑。它们只是被简单地归入一个历史和文化的维度（通常被预先界定下来，并且通过其他方式），即通过暗示、入侵、相互作用、同化

---

① 让·雄巴尔-德洛夫：《通向期望的社会》(Pour une Sociologie des Aspirations) 与乔治·肯塔那(George Katona)：《消费大众的社会》(La Société de Consommation de Masse)——参见英译本第 73 页注解 10。

或者渗透等方式，它被再次置入一种社会历史或者文化之中，并被视为一种真实存在的第二自然。所有这些最终都具有了一种"人性根基"，成为一种拥有既定结构的文化类型，尽管它们只不过是不同特征的总和而已。在此，又出现了一个同义反复，即"模范"（modèle），模范本身就是包含了它试图解释的不同特征的混合物。

同义反复在所有的地方都发挥着作用。由此，按照"消费模式"的理论，在确定消费水平的问题上，社会地位与品位是同等重要的（在法国，糖对于家长们来说，并不是吃的，而是用作教育的工具）。"当一个人熟悉了产品所具有的社会学内涵，那么他完全有可能借助与这些规范相对应的产品来勾画出一幅社会图景。边缘群体和主流群体都能够在消费行为的意义上被理解。"或者，在拉查斯斐尔德（Lazarsfeld）以及其他一些人的著作中对"角色"（rôle）这一概念的理解：一个好主妇，应该是自己洗衣服，用缝纫机做衣服，不使用速溶咖啡。"角色"在主体与社会规范的关系中所发挥的作用，就如同需要在物的关系中所发挥的作用一样。同样地同义反复，同样地被赋予神秘色彩。

最终，你可以发现购买一辆汽车将被归结为以下这些可能性的动机：留下纪念的、技术的、实用的、心理象征性的（过度补偿、富有攻击性的），社会学的（群体的规范、对名誉的渴求、从众或者标新立异）。最糟糕的是，所有这些动机都有其合理性。很难想象，这些动机中的任何一种与之不相符合。

然而,它们却常常在形式上相互矛盾:对安全的需要与对冒险的需要相互对立,试图从众的渴望与试图标新立异的想法相互冲突,等等。究竟哪个是决定性的呢?究竟该如何将它们纳入一个结构之中,又该如何排列顺序呢?最终,我们的思想者们只好尽其所能地建构了他们同义反复的"辩证法":他们总是谈论相互作用(个体与群体的相互作用、一个群体与另一个群体之间的相互作用、一种动机与另一种动机之间的相互作用)。但经济学家们不喜欢这种充满变数的辩证法,他们迅速地后退到他们可进行计算的方法之中去了。

混乱不可避免。这些在不同的抽象层面(需要、社会期望、角色、消费模式、边缘群体等)所获得的结果并不是没有意思的,而是偏颇和危险的。心理—社会的经济学如同一头斜视的怪兽,所能看到的非常有限。但它确实发现了一些东西,捍卫了一些东西,它驱除了极端、单向度分析的危险,在那些分析中有意识地将物既不视为群体的物,也不视为个体的物,而是将其看作社会的逻辑本身,以此来作为创造一种分析原则的必须。

我们已经透露了这种逻辑即是差异性逻辑。但现在很显然,将声望、地位以及差别等视为诸多动机已经不是什么问题了,这一点已经在当代社会学研究中得到了广泛的探讨。然而,这种社会学的延伸所讨论的问题并不比传统心理学更多。显然,个体(或者被个体化了的群体)有意识或者无意识地总在追求社会地位和名誉,当然,在这一层面上的物也应被纳入分析中来。但基本的层面则应是无意识的结构，这种无意识的结构组织了差异的社会生产。

符号交换的逻辑：差异的生产

每一个群体或个人甚至在基本的生存得到保证之前，就已经体验到了一种压力，要让自己在一个交换和关系的体系之中拥有存在的意义。与商品的生产同时产生的还有意指关系与意义的细化，由此产生的结果是，在一个人与另一个人为自己而存在的同时还要一个人为另一个人而存在。

因此，交换的逻辑似乎更为原始。个体在某种意义上可以被视为一种无（rien）（如同我们开始的时候所谈论的物）。无论如何，某种语言（由词语、女性或者商品构成的语言）总是先于个体而存在。这种语言是一种社会形式，它是一种交换结构，却是无个体存在的结构。这一结构同时在两个层面上成为一种差异性逻辑：

1. 它在交换的意义上将个体的人转变为合作者，虽然不再存在个体，但存在差异，他们的关系受到交换原则的规范。

2. 它将交换的物质载体转变为差异性的、具有意指性（significant）的要素。

这一逻辑适用于语言交往。它同样适用于商品和产品。消费就是交换。一个消费者从来都不孤独，就如同一个说话者不会孤独。而对于消费的分析的全部革命也就在于此：预设个体需要说话，并不能解释语言的产生（这种设定存在两 77

个不可解决的问题：这种需要基于个体的存在；同时，在一种可能的交换中来阐释这种需要），然而语言存在着，它不是作为一种自发的绝对体系，而是作为一种与意义同时产生的交换结构而存在，并且言说着一种个人的意愿。同样，消费也并不源自消费者的客观需要，或者主体对物的一种最终意图：相反，在交换体系中，在物质的差异的体系中，在一种意指关系的符码体系中，在规定的价值体系中，存在着社会生产——商品的功能性，个体的需要只能追随着它，适应着它，在将这种基本结构机制理性化的同时也压抑了它。

意义从来不存在于一种经济关系之中，即一种被理性化了的选择和计算之中，从来不存在于那些既定的、被预设为自发的、有意识的主体之中，也从来不存在于那些依据理性的目的而被生产出来的客体之中，而是向来存在于有差异的、被体系化了的一种符码之中，与理性化的计算相对立。意义是一种构建社会关系的差异性结构，而不是主体本身。

凡勃伦和设定的差异

在这一点上，我们应该参考一下凡勃伦的理论。尽管他是从个体而非从阶级的角度，从声望的相互作用而非交换结构来阐发差异性逻辑的，但他的理论显然优于那些追随他的人，以及那些假装"超越"了他的人。这些人自认为发现了整个社会分析的原则、本质逻辑的基础以及差异性的机制——在此并没有从内容上添加什么变化了的原则，也没有给出一些变化了的形势,而是给出了一种变化了的关系性结构。凡勃伦的理论向我们表明:社会阶层(包含差异性的阶级以及地位的竞争)的生产是如何成为一种基础性的法则,以用来安置和吸纳其他的逻辑,例如意识的逻辑、理性的逻辑以及意识形态的逻辑、道德的逻辑等。

社会通过具有区分性的物质载体的生产来调节自身:"关于消费品的取得和累积这类行为,一般总认为其目的是消费……但是如果要说明为什么对商品的消费必然会引起对商品的累积的动机,那就得撇开上述的简单意义,只有在相差很远的另一意义下才能有所领会……占有了财富就博得了荣誉,这是一个带有歧视性意义的特征。"①

休闲

"明显地不参加劳动就成为金钱上的优越成就的习惯标志,就成为声望所归的习惯指标。"②生产性劳动是低贱的:这种传统从未真正消失。它只是伴随着社会区分的复杂化而被加强了。最终,它似乎成为一种绝对的命令,一种众所周知的公理——甚至存在于中产阶级对劳动的赞扬与对懒惰的谴责之中。今天,这一传统被统治阶级自身以意识形态的方式恢复了:首席执行官(P.D.G)一天辛勤工作 15 个小

---

① 参见中文译本,凡勃伦:《有闲阶级论》,蔡受百译,商务印书馆 1964 年版,第 22 页。

② 参见中文译本,凡勃伦:《有闲阶级论》,蔡受百译,商务印书馆 1964 年版,第 33 页。

时，这是指派给他的劳动量，是他的一种象征。事实上，这种形式上的恢复，只是从反面将贵族休闲的价值的力量在更深层面上显现出来。

休闲由此并不是一种对休闲需求的满足，即对自由时间的享受以及有效的放松。它完全可能是一些活动，只要这些活动与生计无关。休闲可以被界定为任何非生产性时间内的消费。现在，这都与被动无关：它是一种积极的行动，一种充满责任感的社会现象。时间，在这一情形下，不是"自由的"，而是富有牺牲精神的，是一种浪费。它是一种价值的生产，是社会地位的规定，社会中的个体并不能自主地逃脱它的束缚。没有人需要休闲，但每个人都被号召来证明他有时间去进行非生产性的活动。对这种空闲时间的消费是一种夸富宴（potlatch）的形式。在此，自由时间是一种交换和意义的载体。如同巴塔耶（Bataille）所谓的"被诅咒的部分"（part maudite），它在交换这一过程中，或是在（对它自身的）耗费中产生价值，由此，休闲成为象征性运演中的一个核心。①

当代的休闲模式为我们提供了一种经验性的证明：那些留给人们的给予创造性的自由的休闲，最终被发现不过是为需要钉钉子的地方找寻钉子，为需要拆卸的东西找寻拆卸工具而已。超出了竞争领域，并不存在什么自发的需要。自发的动机并不存在。然而，他并不允许自己无所作为。虽然对

---

① 参见以下在《艺术品拍卖》一章中对于类似例子的分析。

于在自由的时间中究竟要做什么，人们总是手足无措，但他们却迫切地"需要"什么都不做（或者什么有用的都不做），因为这种无所作为本身具有鲜明的社会价值。

甚至在今天，一般的个体，通过假期或者在他的自由时间之中，所实现的并不是一种"充实"自己的自由（以什么名义呢？在现实的背后隐藏的本质究竟是什么呢？），他必须证明的是他的时间的无用性，即时间的剩余，就像作为财富的剩余资本一样。休闲时间如同一般意义上的消费时间一样，成为象征性的社会时间，成为一种生产性的价值，这种价值不是一种逃离了经济的幸存者（survie），而是一种社会的救赎（salut）。①

凡勃伦将价值区分的法则所带来的影响推广到各个方面："荣誉浪费的准则对责任观念、审美观念、效用观念、宗教或教仪配合方面的观念以及科学真理观念，都会发生直接或间接的影响。"②

价值区分的法则及其悖论

这种价值法则对于富有或者贫困来说都适用。奢侈性

---

① "自由"的时间将工作的"权利"与消费的"自由"置入同一体系的框架内：时间必须被"解放"，以成为一种符号/功能（fonction-signe），并成为一种社会交换价值，而劳动时间，作为一种受限的时间，只能具有经济的交换价值。（参见本文第一部分，人们可以给物的时间加上象征性时间的内涵。它既不受经济的限制，同时也不能"解放"为一种符号/功能，但被束缚于一种节奏，这种节奏显然不能脱离具体的交换行为。）

② 凡勃伦：《有闲阶级论》，蔡受百译，商务印书馆 1964 年版，第 91 页。——译者

的炫耀和节俭性的炫耀都是对同一基本原则的回应。依据这种法则,在经验性的需要理论中,在形式上矛盾的东西却能在一般的区分理论中找到立足之地。

由此,教堂在传统上往往成为整个区域中最为奢华的地方,而世俗阶级的强制性却可能产生一种对禁欲主义的狂热:天主教的华丽成为较低阶层的显现;而在新教徒中,简陋的礼拜堂却成为上帝荣耀的证明(同时也建构了一种独特的阶级符号)。在贫困与富有之间,存在着无数这样包含矛盾价值的例子。我们为了什么都不吃,付出了很大代价。一个人在现代的内部空间中所努力营造的只是一种微妙的"空"。而这却还不被视为一种奢侈:这就是消费的诡辩,它否定价值只是为了将价值视为细微的等级差别在形式上的证明。①

在此需要掌握的是,在所有这些功能性的、道德的、美学的、宗教的等诸多所谓的目的及其相互矛盾的背后,一种差异性的或者超差异性(surdifférence)的逻辑在发挥着作用,但它总是被压抑的,因为它背离了所有行为的理想性目的。它是社会的理性,社会的逻辑。它超越了所有的价值以及所有物质上的交换和流通。

从原则上来说,没有什么能够逃脱价值的结构性逻辑。物、观念,甚至行为,就其"客观"的特质以及就它们作为正式

---

① 参见"一般的"家具(或者在罗兰·巴特对时尚的研究中所谓的"一般的"服饰):这种家具作为所有功能的集合,它的一般性却与这些不同的功能相对立。其实,它的价值并不是一般的,而是相对的、差异性的。由此所有"一般的"价值(意识形态、道德等)最初都诞生于不同的、差异性的价值。

符号政治经济学批判
082

的话语而言,都不能仅仅具有使用价值,而总有可能会作为一种符号来交换。也就是说,在整个交换行为中,在交换所建构的与他者的不同关系中,设定了另外一种价值类型。符号交换的区分功能总是凸显了用以交换的东西的功能,有时候两种功能是相互矛盾的,物的功能常常不过是差异性功能的一种借口,或者甚至就是作为一种借口而被生产出来。由此可以解释那些区分功能如何通过对立的或者矛盾的方式被实现出来:美丽或丑陋、道德或不道德、好或坏、古老或崭新。差异的逻辑超越了形式上的差异。它等同于无意识中的原初过程,梦在其中发挥着作用:它并不着眼于同一性和无矛盾性的原则。①

时尚

　　这种深刻的逻辑可以轻而易举地在时尚中显现出来。时尚是一种难以捉摸的现象:它被迫进行符号更新,它显然是任意并持续地进行着意义的生产,从而成为一种意义的驱动,它的周而复始的神秘逻辑等都成为具有社会学意义的一种特质。时尚的逻辑过程可以被拓展到一般的"文化"视域之中,拓展到所有符号的、价值的以及关系的社会生产之中。

　　举一个新近的例子:不管是长裙还是迷你裙自身都没有

----

① 与此原则相关的是另外一些功能,它们都属于次级过程,它们成为社会学领域中的一部分。但是,差异性逻辑(如同在原初过程中一样)构成了真正的社会科学的研究对象。

什么绝对的价值——它们的价值只是作为一种意义的衡量标准，在它们的差异性关联之中产生出来。迷你裙本身与性解放没有什么关系；如果不是在与长裙相对立的位置上，它不可能有什么（时尚的）价值。这种价值，当然是可逆的：从迷你裙到长裙，其中所包含的差异性的以及选择性的时尚价值与从长裙到迷你裙的价值是一样的。它们都是在"美丽"的感召下发生的变化。

但显然这种"美丽"（或者任何其他关于"流行"、"品位"、"优雅"，甚至"标新立异"的阐释）不过是被阐释出来的，不过是对不同物质材料生产与再生产基本过程的一种合理化论说。美丽（"就其自身而言"）不会在时尚的循环中有所变化。① 这种变化是不能被接受的。真正的美，真正美的服饰将终结时尚。因此时尚本身只能拒绝它、压抑它，并且消解它——只是通过每一种新的方式来保留美丽的借口。

由此，时尚只是不断地在对美的否定的基础上，在美与丑在逻辑上具有等同性的基础上，来制造"美"。它能够将最为怪异的、功能性障碍的、滑稽可笑的特性视为凸显自身的差异性。这是非理性逻辑的胜利——这种逻辑实现了非理性的强制及其合法化，显然要比理性的逻辑更为深刻。

83

----

① 如同独特性一样，特殊的价值以及客观上的优越性都不再属于贵族或者资产阶级了。除了"本真"（authentiques）的价值之外，它们需要符号的界定。[参见戈布罗（Goblot）:《分隔与阶层》（*La Barrière et Le Niveau*）(Presse Universitaire de France, 1967）]

3. 作为一种生产力体系的需要体系和消费体系

乍看起来,"需要理论"(théorie des besoins)似乎没有什么意义:只有研究那些带有意识形态色彩的需要概念的理论才有意义。当某些问题还没有解决,或者没有能够以新的形式被重新提出来的时候,对于需要起源的反思就如同对意志的历史的反思一样没有根据。本质与现象、灵魂和肉体之间可笑的辩证法仍然存在于需要的主客辩证法之中。这种意识形态总是以"辩证的"游戏显现出来,这一游戏如同在镜子面前,可以持续地相互作用:当不能确定究竟是双方中的哪一方产生另一方的时候,当指定一方对双方进行思考并由此来引发相互作用的可能性也不存在的时候,那么只有符号能够解决这一问题。

所以,有必要考察一下经济科学,以及隐藏其后的政治秩序是如何运演消费概念的。

基本需要的神话

84

这一概念的合法性植根于一种所谓人类学底线的存在,即"基本需要"(besoins primaires)的存在——这是一个不可再还原的领域,其中个人完全能够自己选择。他知道他需要什么,即作为一个人,他总要吃、喝、睡、繁衍、居住等。在这一层面,基本需要假定人不能被这些需要所异化:只是被剥夺了满足这些需要的手段。

这种生物-人类学的假设直接基于一种不可解决的分裂,即有所谓基本需要与次级需要:超越了人的生存,人不再知道他究竟需要什么。而正是在这里,对于经济学家来说,需要才成为"社会性的";由此,需要将被异化、被操控以及被神秘化。一方面,人受到社会的以及文化的约束,另一方面,人同时又具有自主的、非异化的本质。正因为注意到了这种区分,人们驱逐了次级需要中的社会-文化的束缚,由此进行一种还原,在生存的基本需要的背后,存在着人的本质:这种本质的基础就在自然之中。而这其实是一种意识形态,这种意识形态有多种存在形式,例如唯灵主义(spiritualiste)的或者理性主义(rationaliste)的。在唯灵主义者看来,基本的与次级的需要分别对应于对物质的追求与对物质的超越(对于这一点,可参阅瑞埃[Ruyer]的《精神养料》[*La Nutrition Psychique*])。而在理性主义者看来,基本的需要是一个客观的基础(由此是理性的),而次级的需要则是主观变化的(由此也是理性的)。但这些不同的解释方式具有共同的特征,它们都将人在本质上或者在理性的视域下视为优先的存在,而社会不过是一个次级的存在。

然而这种所谓的"最终的人类学底线"并不存在:它只是因为过剩而产生的剩余——神圣的献祭、牺牲的用度、奢侈性的花费、经济的利润等。正是这种奢侈性的支出,以否定的方式确定了生存所需要的基本条件，而不是相反（那只是唯心主义的幻想）。在富足社会（la richesse sociale）的各个地方，在超出了财政收支平衡以及最低生存标准之上，存在着盈余、利润、献祭，以及诸多"无用"的花费。

其实并不存在什么"稀缺社会"或者"丰盛社会"之分，因为不管这个社会所拥有的资源实际上有多少，一个社会的耗费都是在结构性过剩或者结构性匮乏的意义上才能被说清。大量的过剩可能与最多的不幸并存。在所有情况下，某种过剩总是与某种不幸共存。但问题的关键在于，正是这种过剩的生产调节着整个过程。生存的最低限度从来都不是由底层来决定的，而往往是由高层来决定。最终，一个人可以假定，如果没有社会的强制性要求，并不存在什么幸存者：新出现的都会被清除掉（那些被生产主导的社会将战俘变成了奴隶，使其生产利润，而在此之前，战俘往往被杀掉）。新几内亚的闪族人（Siane）通过与欧洲人的贸易而变得富有，他们在所有节日里都极为浪费奢侈，从来没有在所谓"最低限度"之下生活过。因此，孤立出一个抽象的、"自然的"穷困的阶段，或者确定"人的基本生存需要"，都是不可能的。一个人完全有可能任由自己在玩扑克的时候输掉所有的东西，而与此同时任由家人饥饿而死。我们都知道，总是那些处于最不利的人以最为"非理性的"方式在浪费。各种游戏在不发达地区泛滥。不发达地区内，贫穷阶层的规模与宗教散播的广度、军事力量的强大、国民性格、耗费多却无用的部门的数量都有密切的关联。

　　相反,迫于生产中的剩余,生存才必须落在最低限度之下,而强制性消费(consommation obligée)却存在于严格的必需之上,总是作为生产剩余价值(plus-value)的一种功能:这正是我们社会的现实,在我们的社会中,没有人能够自由地依靠野生的树根或者新鲜的水而生活。随之而来的是一个荒唐的概念:"可自由支配的收入"(revenu discretionnaire)(它成了"最低限度"这一概念的补充),它的内涵被解释为"个人收入中可以随意花费的那一部分"。通过什么方式能够显现出我在购买衣服或者汽车的时候要比我购买食物的时候更自由(这本身就很复杂)?我是怎样自由地不去选择的?当购买汽车或者衣服在潜意识里成为对某类住宅不现实的渴望的一种替代的时候,这种购买如何成为"随意的"?今天的最低限度,是一整套标准,是最低限度的强制性消费。在这些标准之外,你将成为无所依靠的人。失去了地位,成为一种社会的非存在者,难道不比饥饿更令人难以忍受吗?

　　实际上,可自由支配的收入不过是被那些企业家和市场分析者们按照自己的意图将收入做理性的划分之后的一种观念。它不过是将他们对"次级需要"的掌控合理化了,而这些次级需要并不触及必要需要。对必要的与非必要需要的划界有双重功能:

　　1. 去建构和保留一个个体属人的本质的领域,这一领域是意识形态的价值体系的根基所在。

2. 用人类学的假设来掩盖背后对"幸存者"所给出的生产主义的界定：在(资本)积累的阶段,必要的需要就是再生产所必需的劳动力的需要。在其增长阶段,必要的需要则要维持增长率和剩余价值。

消费力的出现：需要/生产力(le besoin/force productive)

由此,人们可以得出这样一些结论：需要——正如它所是的那样——不能再从自然主义-理想主义的视域下被完整地界定了,即作为一种内在的、直觉的力量,一种自然的欲望,一种人类学的潜能。相反,"需要"最好应被界定为一种由体系内在逻辑而诱发出的、存在于个体中的功能：更为确切地说,并不是作为被丰盛社会所解放了的消费的力量,而是作为体系自身的功能运演,即幸存以及再生产的过程所必需的生产力。换言之,需要的存在只是因为体系本身必需它们存在。

由此,今天的需要如同一种资本,每个消费者都在投资,这种投资对于生产秩序的重要性绝不亚于那些资本家的资本投资以及那些工薪族们的劳动力投资。

所以,存在着一种需要的强迫和消费的强迫。人们完全可以设想,总有一天会出现类似这样一种法律上的强制：必须每两年更换一次汽车。①

---

① 很显然,消费是一种生产力,通过类比可以发现,消费产生的是符号的利润："借贷带来财富","购买,能让人发家致富"。这种鼓吹不是将消费视为一种花费,而是将其视为一种投资,一种获利。

确实,这种体系的强制却披着"选择"和"自由"的外衣,因此仿佛是与劳动过程对立的一种存在状态,这种对立就如同梦想与现实之间的对立一般。事实上,消费的"自由"就如同劳动力市场上劳动力的自由出卖一样。资本主义体系就建诸这一自由之上,即这种劳动力形式上的解放(而不是建诸具体的自发的工作之上,资本主义所废止的正是这种工作)。与此类似,消费也只有在建诸消费者的"自由"之上的抽象体系之中才可能产生。个体使用者必须能够选择,通过这种选择,他能够最终自由地作为一种生产力进入生产的计算之中去,这就如同资本主义体系最终让劳动者可以自由地买卖劳动力一样。

　　正如这一体系的基础概念严格说来不是生产(production),而是生产力(productivité)一样(劳动与生产从仪式、宗教以及主体性等诸多方面解放出来,进入了一个被理性化的历史进程);因此,人们也不必谈论什么消费(consommation),而要注重消费力(consommativité)①。尽管这一进程还远不如生产进程的理性化程度,但同样的趋势正在发生,即要从主体性、偶然性、具体的享乐转向一种根源于需要的抽象而得来的一种不确定的可计算的增长,体系在此将一致性强加于

---

　　① Consommativité 是鲍德里亚提出来的一个概念,试图与 productivité 对应起来,在法语中 productivité 本身就具有生产力、生产率的内涵,因此 consommativité 也应该从这一角度加以解释,所以在此将其译为消费力。——译者

这种增长,这种一致性实际上是生产力所产生的一种副产品。①

由此,正如具体的劳动逐渐一点点地被抽象到劳动力之中,以使其能够与劳动手段具有同质性(如机器、能量等),并以此促进生产力增长的要素多样化一样;欲望也正在被抽象化、被分割为一些需要,以使其能够与满足的手段(产品、影像、符号-物等)具有同质性,以增加消费力。同样的理性化过程存在于这两种不同的领域之中(分割、无限制的抽象),但需要概念所担当的意识形态角色可以延伸到更为广阔的领域之中:在享乐主义的幻象中,需要-愉悦(besoin-jouissance)掩盖了需要-生产力(besoin-force productive)的客观事实。需要②与劳动由此成为生产力发挥作用③的两种模式。欲壑难填的消费者如同一个依赖工资而生活的劳动者一般着了魔。

① 所以,在此将消费与生产对立起来,将二者在因果关系中或者在相互影响的语境下使一方从属于另一方,或者相反,这本身是无意义的,然而,我们却常常这样看待这一问题。实际上,我们所比较的是两个完全异质的领域:生产力,也就是说,一种抽象的、一般化的交换价值体系,在其中劳动以及具体的生产被归纳入了生产方式和生产关系等规则之中;消费的逻辑则不同,它所考虑的仅仅是动机、个体、偶然性、具体的满足等。所以,确切说来,将两者对峙起来没有合法性。

另一方面,如果我们将消费视为一种生产,符号的生产,其中,在(符号的)交换价值的一般化的基础上,这种生产也进入了体系化的进程,由此,这两个领域成为同质的了——尽管两者并不能在因果关系中谁为优先的意义上进行比较,但在结构模式中确实可以发现两者的同质性。这一结构就是生产方式。

② 参见 besoin 与 besogne。——原注
这两个词都是需要的意思,鲍德里亚在此凸显出它们的差异,目的在于追溯需要的本质。besogne 是 besoin 的古体词,而 besogne 又恰恰包含了"劳动""重负"等内涵,这一点与鲍德里亚对于当下需要的分析相吻合,即需要,以及需要所引起的消费本身也是一种劳动。——译者

③ 在此"生产力发挥的作用"是指在技术的和社会的两个层面上。

由此，不应认为，"消费不过是生产的一种功能"：相反，消费力本身就是一种生产力的结构模式。从这一点来说，在从"基本"需要到"文化"需要，或者从"初级"需要到"次级"需要之间的历史阶段的过渡中，并没有什么根本的变化。奴隶获得了能够吃饱肚子的保证仅仅是因为那个体系需要奴隶劳动。当代社会的公民发现自己的"文化"需要能够被满足，仅仅是因为体系需要他们的需要，在此，个体不再满足于填饱肚子了。换言之，同样是为了生产秩序，但如果其保障生存的方式却是一种原始的野蛮的剥削，那么也就没有什么需要的问题了。① 需要尽可能地被控制着。然而在必要的时候，它们马上会被改造为一种压抑的手段。②

受控的反升华

资本主义体系从来没有在尽可能的限度内阻止过妇女和小孩去做工。在绝对的压迫之下，这个体系最终"发现"了伟大的人道主义以及诸多民主原则。学校教育不得不一点点地被接纳，只有将自身建诸整个体系之上的时候，它才能

---

① 一个假设：因为基于单个人之间以及等级之间的关系而产生的力量自身是不充分的，所以劳动自身只有在社会的秩序（特权以及控制结构）需要其存在的时候，它才作为一种生产力而存在。劳动的剥削最终产生于社会的秩序。而女性由于仍被拒斥在劳动之外，因此能够成为一种社会的颠覆力量。

② 然而，这种需要的出现，不管是形式上的还是被征服的，对于社会秩序来说都不是毫无危险的——这就如同任何生产力的解放一样。需要除了成为一种剥削的方式，同时它还可能是最为激烈的社会矛盾的源头。谁能说清这些历史矛盾的出现以及这种新的生产力的剥削，即需要所带来的矛盾与剥削对我们来说究竟意味着什么呢？

成为普遍的——就如同普选一样——从而成为社会控制与整合的一种有力手段（或者作为被工业社会同化的手段）。在工业化阶段，劳动者的最后一滴血泪都会被毫无愧色地榨取。为了增加剩余价值，资本家们没有将需要视为发展所必需的要素。由此，资本不得不面对一个由它自身产生的矛盾（过度的生产，下滑的效益），而它解决这一矛盾的途径则是通过破坏、赤字、倒闭等方式来整个地重构它的积累。它由此绕过了财富的再分配，这种再分配有可能质疑既有的生产关系和权力结构。一旦当矛盾接近不可调和的边缘时，资本早已经发现了个体作为消费者的秘密。个体不再仅仅是拥有劳动力的奴隶。它确实也进行生产。挖掘出这一点，资本也发现了一种新形式的农奴：作为某种消费力量的个体。①

正是这一点，在政治的层面上偏离了对消费的分析：有必要克服蒙蔽在某种意识形态之中的对消费的理解，在其中，消费被视为一种产生欲望和获得满足的过程，消费成了一种消化功能的隐喻——由此整个消费都依据一种原始的冲动而被自然化了。在此有必要超越这种强大的想当然的观念，消费不仅要在结构的意义上被界定为交换体系和符号体系，同时还要在策略的意义上被界定为一种权力机制。现在，消费问题并不能在需要的概念中得到说明，同样，需要在性质上的转变，或者需要在数量上的增长也都不能阐明消费

① 对于欠发达国家的帮助并没有其他的途径。

问题：因为所有这些现象不过是在个人层面上，在生产主义的语境中，在极权主义经济模式（资本主义的或者社会主义的）驱动下所特有的一些效应，从而使人们将消费想象为一种休闲、舒适、奢侈等。简言之，这些现象将个人仅仅视为一种生产的力量。而需要体系必须强迫个体自由、快乐，这就如同生产体系中再生产的功能性要素以及权力关系对需要体系的强制要求一样。由此引发了一些隐蔽的功能，这些功能所依据的是劳动力的抽象化原则及其极端的"异化"。而这种抽象化和异化在过去是如此，在今天也没有什么改变。在这一体系中，需要、消费者、妇女、青年、身体等的"解放"确切地说总是需要、消费者、身体等的"变革"（*mobilisation*）。从不存在爆发性的革命，而只有一种受控的解放，一种获取最大利润的变革。

92　　最为深层的力量，最为深层的无意识的直觉都能在"欲望的策略"（stratégie du désir）的驱动下发生变革。现在我们触及了"受控的反升华"这一概念的核心（如马尔库塞所说的"压抑性升华"）。消费者在这种原初的心理分析语境下被重新阐释为内驱力的关节点（这些内驱力将来就成为生产的力量），这种内驱力被自我（Moi）防御功能的体系所压抑着。这些功能必须被"反升华"：解构**自我**（*Moi*）的功能、解构有意识的道德以及个体的功能，以此来"解放"本我（Ça）和超我（Surmoi），它们都是整合、参与和消费的诸多要素。这种"反升华"还带来一种无道德的消费，个体在其中将自己沉迷于快感的原则之中，从而受到生产秩序的操控。

概言之：人并不是拥有着他所有的需要，**先在**地存在于那里，并在自然的驱使下来完满和诠释人之为人的特性。这种假设，回击了唯心主义的目的论，却界定了我们社会中个体的功能，即生产社会之中所存在的功能神话。个人的价值体系，诸如宗教的自发性、自由、独创性等都要在生产的维度上才能显现出来。甚至最为基本的功能也都立即成为体系的"功能"。任何时候，人都不曾拥有基本的需要。

我们必须颠覆一些分析术语，消解面对个体的关注，因为甚至这些关注本身也是这种社会逻辑的产物。我们必须摒弃个体构成的社会结构，甚至他对自身的活生生的知觉：因为人从来没有直面他自身的需要。这一点绝不仅仅对于"次级"需要是有效的（人的这类需要是依据生产的目的，作为一种消费的力量被再生产出来的），对于"维持生存的"需要同样是有效的。在这一情形下，人不是作为一个人而被再生产出来：人只是作为一个幸存者而被再生产出来（一个生产力的幸存者）。一个人的衣食住行，他的自我繁衍，都是因为这个体系需要人自身的再生产，以便能够使得体系再生产它自身：它需要人。假如这个体系有了奴隶就可以运行，那么"自由的"工人也不会存在。假如这个体系通过无性的机器人就可以运作，那么有性繁衍也不会存在。如果这个体系可以不必供养工人就运作，那么甚至连给人吃的面包都不会存在。正是在这一意义上，在这种体系的构架中，我们成为

93

一个幸存者。甚至人的自我保护本能都不是基本的：它是一种社会的宽容或者社会的强制。迫于体系的需要，这种本能会消逝，人将乐意付出生命（显然，这是一种升华）。

我们并不愿意说"个人是社会的产物"，因为，当下对这一命题的理解，作为一种文化主义的陈词滥调只是掩盖了一个真理，即在这种极权主义的逻辑之中，一种仅注重生产增长的体系（如资本主义体系，但不仅限于资本主义）能够在最为深层的意义上，如自由、需要以及无意识等层面上将人作为一种生产力生产和再生产出来。体系只能将个人作为体系的诸多要素生产和再生产出来。它不能容忍例外。

94　一般化的符号/交换与"价值"的没落

所以，今天每一事物都是可以"复归的①"（récupérable），但将需要做这样一种说明就太过简单了，如存在某种本真的价值等，然后这种价值被异化、神秘化，而后再复归，或者任何其他诸如此类的言说。这种人道主义的摩尼教（manichéisme）并不能解释任何东西。如果任何事物都是可以"复归的"，这是因为任何事物都存在于垄断的资本主义社会②之中，商品、知识、技术、文化、人，他们的关系以及他们的期望，所有的东

---

①　机器人拥有了整个生产体系所有最极端的和最理想化的幻象。更进一步的发展，产生了一种完全的自动化。然而，这种机械化的理性吞噬了它自身，因为对于任何社会秩序和统治来说，人都是必需的。现在，在最终的分析之中，所有生产力的目标，也就成了政治的目标。

②　或者，更为简单地说，是在一个一般化的交换体系之中。

西都是可再生产的,从一开始他们就作为体系的要素而存在,作为有待整合的变化而存在。

一个不争的事实在于,使用价值早已不再存在于体系之中,对此,在经济生产的领域中,很久之前就已经被认识到了。交换价值的逻辑早已无处不在了。今天,这一点也必须在"消费"的领域中以及一般的文化体系中获得认可。换言之,每一事物,甚至艺术的、文学的以及科学的产物,甚至那些标新立异和离经叛道的东西,都会作为一种符号和交换价值(符号的关系价值)而被生产出来。

对于消费所进行的结构性分析将可以延伸至这样一个结论:"需要",消费行为、文化行为不仅是可复归的,同时也是被体系作为一种生产力而诱发、生产出来的。基于这样一种抽象以及这样一种整体性的趋于体系化的趋势,这样一种分析是可能的,这种分析反过来也是在对生产的社会逻辑分析,在符号的普遍交换的基础之上进行的。

第三章　拜物教与意识形态:符号学还原①

　　马克思用商品拜物教以及货币拜物教的概念描述了资本主义社会的意识形态,这是一种被神秘化了的、让人着迷的、心理学意义上的屈从模式,这种模式的形成是通过个体将一般的交换价值体系内化之后得到的。这些概念勾勒出了劳动和交换的具体的社会价值是如何被资本主义体系所抽象、所"异化"的,又是如何被提升为超验的意识形态的价值,如何成为道德手段,用以调节所有异化行为的。在此所描述的拜物教是一种更为古老的拜物教,以及带有宗教色彩的神秘主义的延续("人民的鸦片")。这种新的拜物教理论成为覆盖在当代社会分析这块蛋糕上的奶油。马克思仍然将拜物教视为某种形式(如商品、货币)的拜物教(尽管并不明确),从而将其纳入理论层面来研究,而时至今日,拜物教的概念则在一个更为简明、经验的层面上被讨论着:物的拜

---

　　① 本文最初发表于《心理分析月刊》(*Nouvelle Revue de Pschanalyse*)第二期(1970 年秋)。

物教、汽车拜物教、性拜物教、休假拜物教等。所有这些拜物教都在分散的、喧闹的、充满偶像崇拜的消费领域中得到了淋漓尽致的显现；拜物教在其中无非是一般思想中对概念的崇拜，这种崇拜竭尽全力地在激烈批判的掩盖之下，隐蔽地扩张着意识形态本身。

拜物教这一术语是危险的，这不仅是因为它的分析是简略的，还因为自18世纪以来，拜物教就始终是那些殖民主义者、人种学家以及传教士们所共同谱写的一段充满西方基督教色彩与人道主义色彩的意识形态的交响乐。基督教的暗示从一开始就显现出了一种抽象的、精神性的宗教所特有的原始崇拜："对某种现实的、物质性的物的崇拜可以称之为物恋（fétiches）……正因如此，我将其称之为拜物教（fétichisme）。"[1]虽然从未真正丢掉某种道德的和理性主义的暗示，但宏大的物恋的隐喻（métaphore fétichiste）始终都是对"富有魔力的思想"的分析途径，不管是班图（Bantu）部落的物恋还是当代都市人的物恋，都隐藏在他们的物和符号之中。

物恋的隐喻，从原始存在中吸取了各种形式，其中包括神话、仪式、拥有某种力量的操持（pratique），一种富有魔力的高于一切的权力，一种神性（mana）（最为晚近的这种神化的载体可能要算里比多[libido]了）。当这些力量转变为一

---

① 德·博兹（De Brosses）：《物恋崇拜的仪式》（*Du Culte des dieux fétiches*）（1960）。

些存在、一些物和一些载体的时候，它们是普遍而散漫的，但它们却能凝结在一些策略性的关节点上，以至于它们的流动能被某个群体或者个人根据自身的利益来加以调节，或改变其方向。在这一"理论"的关照下，这些原始的操持，甚至包括吃饭，都是包含目的的。由此，在万物有灵论的视野下，所有的事情都成了某种力量的载体，游弋在这种力量的超越性以及对这种力量的掌控之中，并成了有价值的存在。土著人显然是在这一意义上来将其群体或者个人的经验合理化的。人类学家们也在同样的意义上来理解他们对于土著人的观察，并由此来驱除那些指责他们以自己的文明为基础来讨论原始社会的质疑。①

在此，我们所关注的是当代工业社会中所出现的这种物态的隐喻，这种隐喻已经存在于一些批判之中（自由主义和马克思主义的），以及那些理性主义的人类学所设下的陷阱之中。对于"商品拜物教"的概念而言，除了揭示出一种崇拜交换价值的"错误意识"之外，还能揭示什么呢（或者对于当下而言，这种拜物教已经成了一种对小玩意儿的崇拜，或者是对物本身的崇拜，这种崇拜源于人对生存本能的崇拜或者对于那些包含在物之中的声望的价值的崇拜）？所有那些预设的存在——即在任何地方都没有被异化的物之"本真"的、

----

① 实际存在的理性主义者们，总是吸收了某种表征体系（un système de représentations）所蕴涵的逻辑与神话，而土著人正是运用这一体系来包容更多的客观实践的。

第三章　拜物教与意识形态：符号学还原

客观的存在——是使用价值吗？

无论在何处，物恋的隐喻都包含着主体意识与人的本质的物恋化，以及一种植根于整个西方基督教价值体系之中的理性主义形而上学。马克思主义以同样的人类学为其理论支柱，而它在观念中所确认的价值体系却通过客观的历史分析而解体了。通过将所有的"拜物教"问题归结为某种"错误意识"，即上层建筑的机制，马克思主义消除了拜物教能够分析真实的意识形态的劳动过程的任何可能性。由于拒绝分析蕴涵于其逻辑之中意识形态生产的结构和模式，故而，隐藏在阶级斗争的"辩证"话语背后的马克思主义扩张了意识形态的再生产，并由此也扩张了资本主义体系自身的发展。

98　　　因此，将真实的生活加以"物恋化"（fétichisation）来进行分析，将迫使我们对于意识形态再生产的问题重新进行思考。经济基础与上层建筑的理论分析模式，如同一种物恋，必须被去除，取而代之的是更为缜密的生产力理论。因为，所有这些要素都结构性地蕴涵于资本主义体系之中——不仅在某些情况下（例如物质生产），而且还发生在包括上层建筑中的种种情况之下（例如意识形态的生产）。

概而言之，"拜物教"这一术语自身也有其自己的生命，它作为一种对富有魔力的思想的隐喻，同时却反过来作用于那些使用它的人，悄悄地显现出其自身的魔力。显然，只有心理分析似乎逃脱了这一恶性循环，将拜物教放入它的语境之中，赋予它一种倒错的结构（structure perverse），包含了所有的欲望。被这一结构所围绕的拜物教（它通过现实地观察那些被迷恋的物与这种物对于人的操控而得到了清楚的说明）拒绝了不同人所有的差异，不再富有魔力：它成了对邪恶进行理论分析所使用的概念。但在社会科学领域中，我们找不到同等的方式（甚至连相似的都没有）来使用这一术语，在意识形态的生产中，找不到相当于心理分析中倒错结构的东西——因此，如果将"商品拜物教"这一著名术语仅仅解释为一种词语的拼凑（"拜物教"不过是指一种富有魔力的思想，"商品"则指一种资本分析的结构），那么还不如完全放弃这一概念（包括同类的和衍生的概念）。为了在结构的意义上重构**物恋化**（*fetishization*）的过程，我们不得不放弃诸如"对金牛的崇拜"的隐喻，这种隐喻就如同马克思所谓的"人民的鸦片"，我们不得不放弃任何神奇的和超验的万物有灵论，以及那些理性主义的立场。它们将拜物教视为一种错误的意识，并且设定某种先验的主体。在列维-斯特劳斯之后，对"图腾"的讨论终结了，只留下了对图腾体系的分析以及这种分析所蕴涵的强大解释力。这是一个重要的突破，不管是在理论研究中还是在对现实的考察中，都应延伸到一般的社会分析之中去。我们从拜物教出发，只是为了揭示整个意识形态理论都有其诞生的源头。

　　如果物并不是一些具体的载体，没有被赋予能够反映主体自身的某种力量和神性，并且没有被异化，如果拜物教并不仅仅是对异化本质的一种隐喻，那么，拜物教的真实过程

99

究竟是怎样的呢？

　　这样一种追问，我们也许还不习惯，但词源学的考察似乎能够帮助我们消除一些困惑。"物恋"（fetish）这一术语经历了一些语意的歪曲。今天，它意指一种力量，一种物的超自然的特质，因此类似于主体中某种潜在的魔力，投射于外，而后被重新获得，经历了异化与复归。但在其最初的时候，它却具有完全相反的内涵：它是一种伪造物、一种人工制品，一种为了展现某种外观和凸显某种符号的劳作。它出现在17世纪的法国，来源于葡萄牙语 feitiço，意思为"人工的、人为的"（artificiel），而这一术语（即 feitiço）本身又来自拉丁语中的 facticius。其最初的意思是"去做"（faire），"效仿某种符号"（以及"如同一个宗教的献身者那样行为"等）；同时还包含有"化妆、伪装"［maquillage］的意思，来源于 maken，与破坏［machen］和构建相关）。与 feitiço 有相同词根来源的 facio 与 facticius 在西班牙语中为 afeitar，其意思是："涂画、装饰、修饰"，以及 afeite，意为："准备、装饰品、化妆品"，同时还有法语中的 feint①，以及西班牙语中的 hechar，它的意思为"去做"（该词来源于 hechizo："人为的、虚构的、假冒的"）。

　　在这其中，很显然的一点是拜物教中包含着一种"伪造的"、人为的设定等内涵，概而言之，它是一种文化意义上的带有符号性的劳动，它作用于物恋的载体，同时也作用于这

---

　　①　该词有伪造、捏造、虚构等意思。——译者

种物恋让人产生的迷恋之中。而这一方面的内涵却很快被
另外一种内涵所压抑(在葡萄牙语 feitiço 中还包含着这样两
个方面的内涵:作为形容词,它的意思是人造的;而作为名
词,它的意思则是被蛊惑之物,或者直接意指一种魔法),由
此,导致了用某种力量的操控来代替符号的操控,用一种富
有魔力的所指的流通的经济学来代替能指的调控。

　　"护身符"仍然存在着,并在一种万物有灵论的观念中成
了某种神秘力量的接受者而显现出来。人们忘记了它首先
不过是一种被符号所标识出来的物:手的符号、脸的符号,或
者派系的标志、某些神圣的身体的象征,都在物中被标识出
来,使得物成了一种护身符。对于消费理论中的拜物教徒、
市场的策划者们以及消费者们来说,物在任何地方都是作为
某种力量(幸福、健康、安全、荣誉等)的承载而被给予和接受
的。这种具有魔力的载体散播得如此广泛,以至于我们忘记
了最初与我们打交道的其实是符号:一种被一般化了的符号
的符码(code),一种完全任意的差异的符码,物正是在这一
基础上,而不是由于其所具有的使用价值或者内在的"特
性",才得以展现其自身的迷人魅力。

　　即使存在拜物教,也不是一种所指的拜物教,或者一种
实体与价值的拜物教(被称为意识形态的拜物教)。在这一
类拜物教中,物恋的对象将成为异化的主体。在以上对拜物
教的重新阐释中,我们将发现真正成为一种意识形态的拜物
教的乃是能指的拜物教。也就是说,主体陷入了一个虚假

的、差异性的、被符码化、体系化了的物之中。拜物教所揭示的并不是对于实体（物或者主体）的迷恋，而是**对于符码的迷恋**，它控制了物与主体，使它们屈从于它的编排，将它们的存在抽象化。于是，意识形态发挥作用的地方并不在那些被各种不同上层建筑所反映出来的异化了的意识之中，而是存在于各个层面的结构性符码的普遍化之中。

101　　所以，"商品拜物教"显然不能再依照传统马克思主义者们所编造的方式来阐释了，即：有如此这般的某种物，拥有某种力量，反过来诱惑着那些既与它们的劳动产品相分离，又与它们诸多被误用的投入（劳动和效益）相分离的个体。拜物教，其实是对于**形式**（即商品或者交换价值体系的逻辑）的一种（模糊的）迷恋，是一种在任何情况下，在一种限制性的抽象的逻辑体系中的攫取。一些诸如欲望、恶的欲望、符码的欲望在此显现出来：欲望，通过符号的体系化来消解、拒斥或者驱散那些现实的劳动过程所产生的矛盾——就如同拜物教徒所建构的一种心理学意义上的恶的结构，这种结构存在于物恋的对象物之中，被象征性符号及其抽象所围绕，而正是这些符号消解、拒斥并驱散了人们的差异性。

在这一意义上说，拜物教并不是将某种特定的物或者价值神圣化（如果是这样的话，那么今天被自由主义化了的价值以及丰盛的物在"日常化"的过程中已经被驱除了神性）。它是将某种体系神圣化，如商品的体系：它与交换价值的一般化过程是同时进行的，并随之一起发展。体系越是被体系化,拜物教所带来的迷恋就越是强烈:如果它总是侵入一些新的领域之中(诸如性别、娱乐等),一步步地脱离严格意义上的经济交换领域,这并不是因为对于享乐的迷恋,或者对于某种享乐以及自由时间的潜在的欲望,而是因为这些领域被体系化的突飞猛进(甚至是十分野蛮地)所吞没,也就是说,这些领域都在整个交换价值体系统治的框架下被还原为一些可交换的符号/价值。①[102]

由此,商品的拜物教实际上就是某种被抽去了具体劳动②实质的产品的拜物教,由此不得不屈从于另外一种类型的劳动,一种意义的劳动,也就是被符码化了的抽象劳动——差异的生产以及符号/价值的生产——这一符码、体系的生产和再生产本身是一个活跃的、具有整体性的过程,许多从真实的劳动过程中分离出来的分散的、无约束的欲望投入其中,并且否认了真实劳动过程的存在。由此,拜物教实际上与符号-物关联了起来,物被掏空了,失去了它的实体存在和历史,被还原为一种差异的标记,以及整个差异体系的缩影。

由此,欲望所带来的迷恋、崇拜以及全身心的投入,甚至那些(堕落的)享乐都不再建立在一种实体(或者某种魔力)的基础之上,而是建立在体系的基础之上,这一点在已有现

---

① 在这一体系之中,使用价值是模糊的、无法说清楚的,它不再是一种已经逝去的原初价值,确切地说,它成了一种交换价值的功能。由此,正是交换价值引出了使用价值(即需要和满足),让其在政治经济学领域中与它发挥同样的作用(都成为一种意识形态)。

② 正是通过这种方式,作为一种商品的劳动力自身被"物恋化"了。

象中已经显现得十分清楚，其中最为显著的莫过于"货币拜物教"了。货币（金银）所具有的迷人之处不在于它的物质载体，甚至也不在于它可能成为凝聚某种力量或者某种潜在能量的等价物（例如，劳动的等价物）；关键在于货币可以被体系化的本性，它隐藏于物质外表之下，依据价值的绝对抽象，将所有价值的可交换性纳入其中。正是这种抽象，这些人创造的符号使得一个人对于货币充满"崇敬"。被物恋化的是一个封闭的完美体系，而不是任何金银财宝。由此可以将那些对执着于金银财宝的守财奴所进行的病理学分析与我们在此所关注的作为一种意识形态的拜物教区分开来。在别处，我们已经讨论了①关于收藏的问题。在收藏中，物的本性以及物所具有的象征性价值都是不重要的，重要的是收藏对时间的否定，它使主体脱离现实，进到一个收藏的体系之中去。物品一件又一件地被收集起来，主体也在这一过程中为自己编织出一个封闭的、无懈可击的世界，在其中所有实现欲望（当然，是倒错的欲望）的绊脚石都被清除掉了。

今天，存在着一种领域，其中清楚地显现着商品的拜物教逻辑，让我们能够更精确地说明被我们称为意识形态运作的过程：身体和美。我们不想将二者作为某种绝对价值来加

---

① 参见《物体系》(*Les Système des objets*)（Paris：Gallimard, 1968）。——原注。具体可参见《物体系》，上海人民出版社，2001 年版，林志明译，第 99－129 页。——译者

以谈论(究竟什么是绝对价值?),而是试图谈论一下当下对于"身体的解放"与美的迷恋。

陷入了物恋中的美与灵魂无关(那是唯灵主义的看法);与自然优雅的行为和面孔无关;与真理的澄明无关(那是理性主义的看法);与身体的"天赋"无关,在天赋的意义上,美与丑同样可以被描画(这是浪漫主义的看法)。我们在此所讨论的美是一种反自然(Anti-Nature),它被束缚于一般的刻板的美的模范(*modèles de beauté*)之中,存在于完美主义者的想象以及可驾驭的自恋主义之中。这就是面孔与身体的绝对规则。这就是被普遍化的符号/交换价值所产生的面孔和身体的效益。它最终去除了身体的本性,使其屈从于一种规则,屈从于整个符号的流通。身体的野性被种种修饰所掩盖,受到了时尚循环的驱动。在这种完满主义的**道德**背后,所强调的是外部世界的平稳发展(不再如同传统道德那样强调内部的升华),以保证对本能的压抑。然而,这种反自然并不排除欲望,因为它陷入了模范之中,被封闭化、体系化、仪式化了,它转瞬即逝,并没有象征价值。正是那些在美中的符号,一些标记(修饰、对称,或者有意设计的非对称等)让人着迷:正是这些人造物才是欲望的对象。符号在此使身体成为一个完美的物,一种经过了长久、专业化劳作而完成的矫揉造作的杰作。符号将身体完美化为一个物,而那些作用于身体的任何真实的劳动(诸如,无意识的或者心灵的和社会的劳动)都完全看不出来了:在这样的抽象之中,用体系化的规则来排斥和包

104

容，由此，被物恋化了的美丽才变得如此迷人。

文身、口红、中国女性的缠足，眼影、胭脂、刮毛、染眉剂，以及手镯、项圈、珠宝、各种饰物等：所有这些都将为身体描画出文化的印记，而正是这些东西才产生了美。情色在一些同类的符号体系之中成为富有情色色彩的东西（如某些姿势、行动、象征以及文身），所有这些符号的最终目标都是要达到封闭的、逻辑上的完美，即成为自足的。不论是繁衍的秩序（其外在的最终目的遭到了质疑），还是象征性秩序（其主体的分裂遭到了质疑）都没有这种和谐一致：无论是功能性的秩序，还是象征性的秩序都不能对身体进行如此这般的符号编码——这么抽象、完美无缺、被各种标记所覆盖，如此无懈可击；伪装（maquillé）是一个富有深意的术语，它不屈从于外在的决定性，并与其内在的欲望现实割裂开来，它依赖自身成了被崇拜的对象，成了倒错的欲望所指向的完美的菲勒斯（phallus①）：这种菲勒斯是他人的偶像，同时也是它自身的偶像。②

列维-斯特劳斯已经讨论过卡都人（Caduvéo）和毛利人（Maori）中肉体情欲的吸引，谈到了那些"被十分精细的蔓藤花纹所修饰的"身体，以及一些"极富煽动性的"东西。在波德莱尔那里，我们看到了那种矫揉造作本身所具有的魅力

---

① Phallus 作为自然生殖力量的象征而受到某些宗教体系的崇拜，它是一种阳物图像。——译者

② 然而，同样，身体依照倒错的结构（structure perverse），作为一种阳物崇拜而被重新塑造，它努力发挥着将人进行社会化规划的意识形态功能，倒错的欲望以及意识形态的过程在"矫揉造作的"身体中同时得到了说明。我们随后还会回到这一点。

（在深远的意义上来说），以及那些标识（marque）（饰物、珠宝、香水）本身是如何吸引人，或者那些身体被"分割"后形成的单个的部分（脚、头发、乳房、臀部等），其实都是出于同样的原因：替代那种充满情欲诱惑的身体，而这种身体总是在阉割中被分解，同时也是永远充满危险的欲望的源头，一种拼接、一些幻想中的碎片、一件或者一整套装饰物、身体的某个部分（而整个身体也能够被物恋化的裸体还原为仅仅充当某种物的一部分的角色）等都可能成为这种替代品。这些被物恋化的物总是被体系即符码的整合与分裂所左右。通过这种方式，物才又可能成为给予人安全感的崇拜物。在此用要素/符号之间的划界替代阉割所带来的分裂。用符号之间存在的意义的差异以及形式上的分裂来替代不可还原的不定性，以及象征性的分裂（écart）。

将这种充满恶的迷恋与弗洛伊德在动物、小孩子，甚至一些女性身上发现的迷人魅力进行比较，会是一个十分有趣的话题。那些女性"总是自我满足，并将自己的爱情挂在嘴边"，也正是由于这个原因，"女性对男性施展魅力，并不仅仅是出于展示美的原因，……同时还可以找到一堆有趣的心理方面的原因"。弗洛伊德还认为："小孩的魅力很大程度上在于他们的自恋，在于他们的难以接近，就如同小动物的魅力一样，它们似乎从来不会为我们着想，例如那些小猫以及较大的被捕获的动物。"[1] 在此需要做一种区分，在孩子们、小

---

① 弗洛伊德：《关于自恋的引论》（*La vie sexuelle*，P. U. F，94）英文版，Collected Papers（New York：Basic Books，1959）vol. IV，p46。

动物们或者充满孩子气的女性之中存在的某种与多种形式的恶相关的诱惑(其中还伴随着某种"自由",某种里比多的自发性)是一种诱惑,而那个与现实的大众媒介体系相连的诱惑则是另外一种诱惑,后者堕落成为一种"拜物教的"怪癖,受到一些模式的限制、禁锢与围困。然而两种类型的诱惑所追寻的和认可的却在阉割的另一面,或者"超越"了它,诱惑的实施者总是一种自然的、和谐的整体(如孩子、小动物),或者是各种符号的总和,或者是符号所构建的一种完美。那些让我们着迷的东西总是以它内在的逻辑或者完美无缺而拒我们于千里之外:一个数学公式、一个偏执狂的体系、一块荒漠中的石头、一个无用的物,或者一个光滑的身体,没有瑕疵,被一面镜子一次又一次地折射出来,它们都是恶的自我满足。正是这种自我爱怜、自我诱惑的策略,使得脱衣舞演员可以最大限度地激发欲望。①

对我们而言,在此最为重要的是展现一般意识形态的过程,通过这种意识形态,美,作为一堆符号的集合以及对符号的加工,在现有体系之中作为对阉割(恶的心理结构)的否定,同时作为对身体的否定而发挥作用;而身体在社会实践中被分割了,在劳动的分工中被分割了(意识形态的社会结

---

① 意识形态的话语也是一种符号的冗余,在极端的情况下,意识形态话语就是一种同义反复,它正是通过这样一种镜子般的反射,这种"在自身之中的幻影"来驱除一些矛盾,实施它的力量。

构）。而当下对于身体以及诱惑力（prestiges①）的再发现并非与垄断资本主义以及心理分析的发现毫无关系：

1. 正因为心理分析通过身体（并不是同一个"身体"）将主体的分裂揭示出来，才使其得以远离这种威胁（即被阉割的威胁），使得主体的复归（一个未被分裂的主体意识）变得十分重要。个人失去了他的根基、他的合法性、他的象征以及他本应具有的灵魂和精神，而只剩下了一个身体，其中消解了对欲望的否定，并仅仅成了美和快乐的展示者。在这一意义上说，当下身体的神话作为一种幻想的理性化过程显现出来，这一点与在严格意义上界定的拜物教更为切近。矛盾的是，这种宣称自身与心理分析的发现同步，并与其产生共鸣的"身体的发现"，事实上却试图驱散其自身具有的革命性内涵。身体的引入只是为了消解无意识及其作用，强化某种主体或与之属于同类的力量，以加固价值与秩序的体系。

2. 同时，垄断资本主义并不满足于将身体仅仅作为一种劳动力来剥削，而是试图分解它，将身体分裂为劳动中的身体、交换中的身体以及游戏中的身体，并将所有这些对于身体的描述整合为一种作为个体需要的身体，即作为一种受其自身控制的生产（消费）力的身体。这种在各个层面上作为生产力的投入，在一个较为长远的时间里，将产生一些更为深层的矛盾。这些矛盾在本质上仍是政治性的矛盾，因为依

---

① 需要注意的是，prestige 在法语中包含有诱惑力、魅力、幻影以及声望、名誉等两个方面的内涵。——译者

据对于政治较为激进的界定,现实生活中的所有极权主义化了的方面都被纳入政治的视域之中。正是因为这些原因,使得身体、美以及性别能够以新的人类权利的名义成为新的一般概念,并伴随着社会的丰盛以及人类技术的革命而逐渐获得解放。交换价值的无限延伸,符号/价值的无限攀比竞争,剥夺、操控了主体性的价值和共同的价值并且将其放入一种循环之中,由此使得那被称为身体的载体必须被神圣化,身体成了每个个体的意识形态避难所,一个它自身免受异化的避难所。身体被美化为神圣权利的载体,主体的属人特性得到了恢复。

所以,根据与符号相关联的劳动和欲望的同一过程,意识形态在两个层面上发挥作用(构建意指关系的过程和物恋化的过程)。让我们更为详尽地考察一下符号学和意识形态对同一问题的不同阐发。

例如那些在广告中,在"情色泛滥"的时代,在大众媒体对身体和性再发现的过程中存在着的裸体。裸体被宣称为合理的、进步的:它被视为揭示了身体的真理,即它是自然的理性,不需要衣服、图腾以及时尚的遮蔽。事实上,它太过理性了,它已经绕过了身体本身,那些所谓象征的和性的真理并不存在于对裸体的单纯意识之中,而是存在于它的裸露(参见巴塔耶),它与死亡的象征性等同,这就是通向欲望的真实途径,这一途径总是不定性的,同时具有爱和死亡的意义。而当代功能性的裸体不包含任何的不定性,所以也不具有任何深层的象征功能。因为裸体所揭示的身体,只是整个地作为一种文化价值,一种成就模式,一种象征,一种道德(或者荒唐的非道德,两者是一样的)被性所确证,而不是被性所分割。在这种情形下,被性欲所掌控的身体,除了在肯定性的层面之外,不再发挥任何功能,这种身体:

——是一种需要(而不是一种欲望);

——是一种满足(匮乏、否弃、死亡、阉割都不再包含于其中);

——是对身体和性的一种权利(颠覆性、社会对于身体和性的否定性都在一种形式"民主"的巧言辞令中被冻结了:"对于身体的权利")。①

一旦失去了不定性与象征性的功能,裸体也就再一次成了诸多符号中的一种,与遮蔽身体的服饰形成了对立。尽管它有"自由主义的"倾向,但它不再与服饰尖锐地对立,它只是在时尚体系中能够与其他形式共存的一种变体而已:今天,人们总是在每个地方看到它充当着"选择之一"。正是这种裸体,被符号的运演所俘获(不再包含性欲与死亡),才使其能够成为拜物教中的物:意识形态发挥功能的条件就在于

①　整个所谓的"性解放"的幻影就存在于此:社会并不能在性和身体的意义上被分割、分裂与颠覆,因为性和身体在当代的显现本身就是一种意识形态,主体的分裂与颠覆被这种意识形态所遮蔽。更进一步说:裸体的神话在还原功能的作用下揭示了主体被性以及阉割所分裂的事实,同时,这种裸体的神话还是由于阶级冲突所导致的社会分裂的缩影。性解放由此成了工业革命或者丰盛社会的革命的一个分支(还有许多其他的革命形式):所有这些都不过是不变的秩序的一种诱惑或者意识形态的不同显现形式而已。

象征性的缺失以及符号学的入侵。

严格说来，并不像我们已经提到的那样："一旦象征性功能被消解了，那么随之而来的就是符号学的入侵。"事实上，是符号学自身的组织发展，构建符号体系，才达到了削弱象征性功能的目的。象征性经过符号学的还原才构建了意识形态。

另外一些例子可以进一步说明这种符号学还原，它们都是意识形态中的一些重要主题。

太阳：空洞的太阳不再保有在阿兹特克人①（Aztec）和埃及人那里所具有的象征性功能。它不再包含某种不定性的自然力量——生命与死亡、爱与残暴——这些都曾在原始部落中存在，或者仍旧在今天农夫的劳作中存在着。空洞的太阳完全成了一个肯定性的符号，成了幸福与安乐的源泉，并由此与那些没有阳光的存在对立起来（下雨、寒冷、坏天气）。同时，它失去了不定性的性质，它被放入了一个明确的对立之中，而这种对立并不单纯：在此对立的功能中凸显了太阳的肯定性（以与否定性的存在对立起来）。由此，从这一刻开始，太阳如同性一样，被置入了一个对立的体系之中，发挥着意识形态的功能，成了一种文化的价值，同时还被体制规定为一种"太阳的权利"（Droit au Soleil），用来确认意识形态的功能，以及在道德上设定为个人的或者集体的某种拜物教迷恋的对象。

---

① 阿兹特克人，是1100年左右被发现的墨西哥土著人，1324年左右于现在的墨西哥城附近建立了首都，15世纪后在伟大的蒙蒂诸玛（Montezuma）（于1440—1469年在位）一世的领导下，势力逐渐扩张，直到16世纪被西班牙人所征服。——译者

男性气质与女性气质：不存在什么"自然的"性别区分。性别的不定性（积极的/消极的）存在于每个主体的内心。性征（la sexuation）是被铭刻在每一个主体身体之上的那些差异，而不是被铭刻在抽象的术语之上，而这些抽象的术语不过是对某个性器官的表达。问题的关键并不在于"有某种东西，或者没有"。但这种不定性，这种深层的性别遮蔽必须被揭开，因为如果不这样做，性别似乎就会逃离外在组织与社会秩序的约束。意识形态的运作再一次需要在符号学的还原之中实施，意识形态将这种不可还原的现实置入一个宏大的、差异性结构之中：男性/女性——这种性别结构是完整的、差异性的、彼此对立的。支撑这一结构的是不同的生理器官（性别的差异被还原为一种性别器官的差异）；并且，借助这种宏大的文化模型，区分了性别，设定了一个对另一个的优越性。如果每个人都被这种可控制的结构所引导，对于自己的性别身份感到困惑，那么最为容易的办法就是放弃自己的自然性别（也就是说，人自身肉体上的性别差异），转向人为的性别区分之中去，这种区分是社会秩序中政治以及意识形态得以稳固的基础。①

　　① 事实上，这种宏大的结构性对立从最初就是在社会秩序中存在的功能性的、等级制度的、被理性推理出来的差异。如果必须存在两种性别，那么必然会有一个从属于另一个，这一事实使得本来模糊的"性别解放"清晰起来。既然这种"解放"是每个人在进入这个双性别结构的意识形态框架中不得不具有的一种需要，那么任何在这一意义上对性别实践的强调最终只是加固了这个结构，强化了这个结构所包含的意识形态。在我们这个"混杂"的"自由"社会之中，自从工业时代开始以来，男性与女性之间的差异就在不断地被挖掘出来，并被在现实中展现出来。今天，尽管这一区分蒙上了一层虔诚的、自由的感伤，但这种区分以一种更为一般化的形式呈现了出来。

111

无意识：当代的无意识被大众媒介以及符号学所鼓吹，但仍然需要个体的或者"个性"的载体。今天，每个人都"拥有"某种无意识：我的、你的、他的。这种"拥有"本身就是一种符号学还原与意识形态作用的结果，还原无意识就是要进入一种结构之中，进入一种运作之中，它由意识主体所引发，仅仅成了与意识相对立的一个术语。二者共同构成了一个个体（成为"拥有"的证明），却只有主体的意识被凸显出来。所以，对无意识的"再发现"从最初起就已经产生了，朝着与其原初内涵大相径庭的方向发展而来：最初去构建某种结构以及辛勤的劳作已经转变成了一种符号的功能、一种劳动力、对物的占有以及私有财产，它们都是由完整的、自发的主体以及永恒的主体意识来完成的。自此，每个人的无意识，就是每个人有待挖掘的象征性宝藏，是他的资本！概言之，存在着一种"无意识的权利"（Droit à Inconscient），是人所控制的人身保护令（habeas corpus① of homo cyberneticus），也就是说，将资产阶级的自由观转移到那些试图逃避他们的控制或者对他们持否定态度的领域之中去。但这里的推理十分清晰：这是将社会的控制转移到不可还原的领域之中去。无意识的革命成了一种主体意识中某种新的人道主义的化身；在个人主义的无意识的意识形态的蒙蔽下，诸如性别和太阳等事

112

————————————

① Habeas corpus：一个法律术语，即人身保护令，它是为了防止拘禁非犯罪者，也是为了调查拘捕或监禁是否合法而设定的，它规定被拘捕者须在一定时间内移交至法院处理。原文中直接使用了英文。——译者

物都被符号所操控,被物恋化、被还原为一种可计算的快感和消费的满足,每个主体都被自己所压榨、操控,危险的无意识的运作却有利于稳固社会秩序。无意识的神话成了意识形态用以解决无意识问题的方法。①

由此可见,将无意识通过符号学还原为一种与意识对立的简单术语暗含了对于意识的屈从,将无意识形式化的还原有利于意识本身,由此一种意识形态的还原最终也不过是回到(资本主义的)秩序体系以及社会价值之中。

对于意识形态的初步分析还没有结论。但概括说来,一些策略却已经浮现了出来:

1. 在心理结构和社会结构中存在的意识形态是相同的,并具有共时性。在此,我们没有发现原因与结果,也没有什么上层建筑与经济基础——也没有发现两个领域中哪一个掌握分析的特权,或者哪一个领域是意识形态的载体——没有陷入因果关系的歪曲之中,也没有完全依赖于类比。

2. 意识形态的劳动过程总是试图还原现实的劳动过程(在分裂的主体之中无意识的象征性的劳动过程,以及在不断扩张的生产关系中生产力的劳动过程),这一过程总是被符号所抽象了的过程,是一个用区分的对立体系来代替真实劳动的过程(最初的阶段:意义产生的过程)。但这些对立并

---

① 同样,符合逻辑的是,这种"解放",如同其他类型的生产力一样总是带有道德的强制力。每个人(甚至以健康的名义)被号召要意识到自己的无意识,要让这一潜在的力量得到发挥,要使他的无意识显现出来,并被"人格化"。可能这样说有些荒唐,但很显然,这一切完全符合意识形态体系中的逻辑。

非平等的；他们将自己按照某种等级序列排列起来，找出其中较为优越的一个（次级阶段：区分产生的过程）。意义并不总是附带有区分（语言学之中的音素的差异性），但区分总是预设了意义的存在：符号的功能驱除了不定性与象征性。

3. 一分为二，或者符号的标识总是伴随着以符号为媒介的整合，以及一种形式上自主的符号体系。符号逻辑通过内在的差异化以及一般的同质化而得以运演。只有劳动在形式上具有同构性，抽象的符号才可能构造一个封闭的、完美的以及逻辑的幻觉，而这正是意识形态的结果。正是这种抽象的一致性，缝合①（suturant）了所有的矛盾和分裂，给予意识形态以令人着迷的力量（拜物教）。这种一致性在交换价值体系所激发的欲望体系以及倒错的诱惑中被发现了，而所有这一切都整个地隐藏于哪怕是最小的商品之中。

4. 抽象的整合使得符号可以发挥意识形态的功能，也就是说，建构一些区分与权利的秩序，并使其永恒化。

---

① 缝合这一概念来源于精神分析，在拉康那里得到了一些发展，明确运用于雅克·阿兰·米勒。这个概念本质上并不是一种简单的整合，它同时包含两个方面的内涵：一方面，缝合要将矛盾统一起来，另一方面却实际上彰显了矛盾的不可整合性，它常常被用来指所指与能指、主体与符号之间的关系——虽然二者之间存在着对应关系，但实际上它们是断裂的。正如斯蒂芬·希斯所指出的那样："缝合不仅指命名结构中的缺乏，而且还指主体的可获得性、某一个封闭……没有什么令人惊奇的……因此拉康自己对'缝合'这个词的运用……赋予了它冒充一致的含义，把它定义为'想象和符号的功能'，关键的东西是明显的，'我'是一个区分，但仍然进行连接，替代在结构之中是缺乏，但是仍然同时存在着与要替代的之间一致的可能性。"（希斯：《关于缝合的笔记》，第55,56页。参见拉克劳与墨菲：《领导权与社会主义策略》，黑龙江人民出版社2003年版，第48页。）在此，对缝合的运用虽然没有明确凸现其复杂意义，但从中可以看到鲍德里亚对于社会的批判极大地受到了精神分析理论，特别是拉康语言化了的精神分析理论的影响。——译者

第四章　艺术行为①与签名:当代艺术中的符号创作②

　　绘画不仅仅是一种被涂抹了的表面,同时也还是一个被符号化了的物。作者在作品的签名后所加盖的印章确实增加了作品的独特性。而这个签名究竟意味着什么呢? 证明的是绘画的行为本身,以及它是谁的作品。同时它还指明了主体是物的核心,绘画的行为只是被某个符号所命名。签名极为隐蔽地,同时也是非常明确地将这幅绘画作为不同于物的一幅作品(*oeuvre*)呈现出来。某幅特定的艺术作品直到

---

　　①　法语中对应的词为 gestuel。这个词比较复杂,英译本中将其翻译为 gesture,尚不能概括其所包含的丰富内涵。在法语中,它除了有动作、手势的意义之外,同时还指没有明确目的、由手来自发完成的作品,例如现代抽象派画家的画作就是这样完成的。鲍德里亚在此显然更倾向于后者,着重于创作中画家的动作、行为对于画作的价值,因此我在此将其直译为"行为"。——译者

　　②　法语中对应的词为 Sémiurgie。这个词诞生于 20 世纪 70 年代的法国,虽然并非鲍德里亚首创,但是由他引入到媒介文化分析中来的。Sémiurgie 由两部分组成,一个是 Sémi,为"符号"的前缀,另一个是 urgie,包含有"工作"的内涵。此词大多被后现代主义者所使用,指向的是一种新的符号的诞生,有学者提出将与符号有关的行为分为三类:第一类为在各种组合中运用符号(诸如说话和写作);第二类为描述符号与使用规则(诸如元语言,语法等);第三类为产生新的符号,即 Sémiurgie,它与符号学不同,后者正是以产生新符号的实践为研究对象,即以 Sémiurgie 为研究对象。因此 Sémiurgie 被称之为符号学中实践的、富有创造性的延伸。具体可参见 http://www.semiurgy.com。——译者

它被签上名之后，它才是独一无二的——不再作为一件作品，而是作为一个物。由此它成了一个用以说明由可见的符号就能带来非凡的、差异性价值的最好**例证**。但这种价值并不来自绘画本身的内涵——某幅绘画的特殊内涵并没有被质疑——这种价值来自一种差异，由充满歧异的符号创造出来，这种符号并没有创造可见的作品，而是对作品进行确认并将其放入一个符号体系中进行评估。在将这一作品与其他作品区分开来的同时，也将它整合入一个绘画作品的系列之中。

由此，绘画作品通过签名的方式成了一个沾染了文化的物。它不能被简单地阅读，而是要洞悉其中所蕴涵的差异性价值——而某种"审美的"冲动常常混淆了这种批评式的解读与对符号的洞悉。①

115　　一个有趣的事实在于：直到 19 世纪，对于原作的模仿还有其自身的价值，它是一个合法的行为。在我们的时代模仿已经成了非法的、"非真实的"：它不再是"艺术"。同样，伪造（faux）的概念也发生了变化——或者说，它是随着现代性的出场而突然出现的。之前，画家们一般会有合作者，或者"画奴"（nègres）：某个人擅长画山水，某个人擅长画动物。绘画的行为及其签名并不固执于某种充满神圣性的真实——这是现代艺术才具有的道德强制，而作品也正是在这种强制下

---

① 这并非绘画所独有：所有对那些沾染了文化的物的消费都包含着一些不定性的理解。

成为现代的——而自此之后,签名则成了一种确证。由此可见,绘画行为本身改变了作为艺术品的物。

在今天,不接受那些伪造品以及那些对真品的仿造的观点是毫无用处的,因为照相技术已经亲手取消了"影印"的真实性。这一类的解释都是似是而非的。有些其他的东西已经发生了变化,例如产生作品自身的意义的条件。

在充满秩序的世界中(上帝的秩序、自然的秩序,或者,更为简单的,如话语的秩序),所有事物的显现都被赋予了某种意义,并可以用语言来对其进行描述,艺术的"创作"也旨在摹写。事物的显现是理解这个世界的钥匙[①],它自身成了某个秩序的签名,这种签名的存在旨在去确认,而不是去分析。作品都希望成为给定文本的永久注解,而所有那些吸取了它的灵感的复制品则从多个侧面反映了某种以原作为核心的秩序。换言之,本真性(authenticité)的问题从来没有产生过,艺术作品的存在并没有受到其复制品的威胁。各种各样的复制品并没有在现代意义上构成以原作为摹本的某种系列:所有的存在都是平等的,原作与复制品在面向一个没有"理性"控制的最终目的时是平等的。简言之,要掩盖真正的价值源头是不可能的。赝品从来都不存在。同样,那试图将作品变成单纯的物的签名也不存在,它已经从绘画行为中吸取了许多精神。甚至即使作者签上了名字(有的时候盖上

116

---

① 如米歇尔·福柯在《物的秩序》中所描述的那样。

图章），也不是要证明作品的真实性：他从来都不是那个作品的创作者。

今天，价值的集合则完全不同：超越性被消解掉了，作品成了"原作"。它的意义不是去显现这个世界，而是去创造这个世界。产生价值的原因由一种崇高的、客观的美转向了艺术家以自己的某种行为（geste）所创造的独特性。

这种新的行为总是暂时的：它是某种创造的时刻，不可被颠覆，而其他同样不可被颠覆的创造的时刻却紧随其后。在这里，现代性产生了。现代作品不再是通过各个不同侧面来描画一般世界图景，"在其范围内"，继承与颠覆同时存在；相反，现代作品将是一个时刻接着一个时刻的连续。作品不再联手，借助它们之间的相似性来共同演绎某种风格（反映这个世界或者某种秩序）。它们只是按顺序一个作品跟随着另一个作品，通过它们之间的差异性以及它们之间在时间上的断裂来显现一种完全不同的风格，显现主体—创作者自身的独特性，甚至显现出他的不在场。我们不再存在于空间中，而是存在于时间中，不再存在于相似性的领域中，而是存在于差异性的领域中，不再存在于秩序中，而是存在于系列中。这最后一点至关重要。一旦合法性转向了绘画行为本身，那么后者将只能不知疲倦地证明自身：通过他不断地构造系列的事实来证明自身。随之而来，既然这种系列的最终目标并不是由一些匿名的主体来展现的世界，那么指出这一主体，并将作品指认为这一主体的所属物就成为必要的了：

这就是签名的作用，正是从这种必要性中，签名才拥有了自己的特权。

然而，如果每一件作品都是某个特殊时刻的创造，并时常要通过它在每一天、每一个小时的存在状态中来被评估，那么我们如何来解释那些在当代艺术中对神话般的真实性的追求呢？如果每一件作品都是无限系列中的一个不连续的要素，也就是说，作品并不与世界相互关联，而是与同一个作者的其他作品相互关联，它的意义由此也被束缚于一个系列的延续与重复之中，那么如何来解释当下的作品沦落为一些物的事实呢？在每一次艺术行为中，真实性都被束缚在系列的限制中，这究竟是怎样的矛盾法则呢？再一次，我们能够发现一些现实的决定性因素，市场的条件，例如那些让艺术家的行为与生产的节奏合拍的条件。再一次，我们发现这将是很简单的一件事。

事实上，正是因为系列已经成了当代艺术作品的构成方式，才导致了系列中要素的非真实性成了一种灾难。每一个作品，就它所具有的特殊的差异性而言，对于系列的功能发挥而言，对于面向一个共同模型（在此就是主体自身）将一件作品与另一件作品所进行的意义连接而言都是至关重要的。如果其中一个有瑕疵，那么将导致整个秩序的断裂。一幅有瑕疵的皮埃尔·苏拉吉（Pierre Soulages①）的作品可能与他

---

① 法国抽象派画家，生于1919年。——译者

的另一幅作品一样有价值①，却导致了对所有苏拉吉的作品产生怀疑。符码（code）的认可成了可疑的，所以作品自身意义的整合也是可疑的。因此可以说，今天的上帝也区分不出他的选民。作品不再植根于上帝之中（即不再植根于世界的客观秩序之中），而是植根于系列自身之中。由此，一个必要的任务就是去保护符号的真实性。

由此，能够保证这种真实性的神秘价值就在于：签名。它成了我们的作品的真正"灵魂"。在神话、世界以及上帝都已缺席的情况下，只有签名告诉了我们这幅作品的内涵究竟是什么：艺术家的行为（geste）体现在作品之中，获得了一种显现的物质载体（如同绘画中的其他符号一样）。如果说签名能够承担起这种意义的阐释功能，那是因为在它作为一种符号所暗含的独一无二性的同时，它与那些绘画符号的组合具有基本的同构性。在现代作品中，所签的名字总是与画作的内容浑然一体，它成了其中的一个构成要素，人们甚至可以设想一幅作品，它就在它的签名之中发现了自身，并消解了自身，只剩下签名本身。这就是那种极端的情况——在一堆符号中的某种符号——签名总是担当着保有某种真实性传奇的任务。如果绘画中每一个符号都要在行为中追溯到主体的话，那么只有签名能够最为清晰地指认主体自身，当当代绘画不再能够清晰地揭示这个世界的真理的时候，我们

① 最终，苏拉吉也抄袭他自己的作品，让·福特里埃（Jean Fautrier, 1898—1964）也不得不承认他并不总能知道究竟哪一幅给出的画作是他的作品。

能从签名中获取一些意义、一些提示，由此也获得一种保证。社会的同一性，当然还包括所有各类的供求关系也都在签名中有所显现。但是人们发现这种神话并不是单纯而又简单地作为一种商业运作的结果。存在着某种符号与所签之名的结合——一个符号在绘画中与其他符号区别开来，却又与其他符号具有同构关系；一个名字与其他画家的名字区分开来，却在同一个游戏中成为共谋关系。正是通过这种主体性系列（真实性）与客体性系列（符码、社会同一性，以及商业价值）所形成的不定性的连接，通过这种被感染了的符号，消费体系才能得以运演。

这就是为什么对那些真实的、可接受的、无动机的以及被编码化了的符号所施加的十分微小的打击，都会成为对整个文化体系自身的沉重打击，同时也可以说明为什么在今天伪造与复制被视为一种亵渎。在我们的时代，复制与赝品之间不再存在任何差异（赝品操纵签名，将自己显现为一种真实，复制操纵内容，供认它本身就是一个复制品）。如果我们承认绘画作品的价值建立在艺术家的行为（geste）之上，那么显然每一个复制品都是一种赝品，因为赝品所伪造的不再是内容，而是某种不可改变的艺术行为。

今天，只有画家自己能够复制自己。在某种意义上说，如果他在创作中是一个符合逻辑的、系列的创造者的话，那么他不得不这样做，即使他为此而备受指责，但他必须承担。在极端的情况下，他完全复制他自身："罗伯

第四章　艺术行为与签名：当代艺术中的符号创作
127

特·劳申伯格①（Robert Rauschenberg）的《陈述书 1 号》（*Factum Ⅰ*）与《陈述书 2 号》（*Factum Ⅱ*）完全是其在画布上的两次重复的创作，几乎每一细节都完全相同……而在画笔的上下纷飞之中，以及在随之而来的一些偶然的微小变化中，事实上有待研究的就是劳申伯格能够随意重复这一行为本身。"（奥托·哈恩［Otto Hahn］，《现代》［*Les Temps Modernes*］，1964 年 3 月）

在此，我们似乎找到了现代艺术的真谛：它不再是这个世界的摹写。而是对一些创造性行为的细节的摹写——一些点、一些线、一些片段。同时，那些显现出来的东西都成了复制品，在空间上复制了这个世界，在时间上则复制了某种行动本身，尽管不太准确。劳申伯格的创作，即他的重复行为，只是这个逻辑演进中充满矛盾的极端情形。在这一情形下，当劳申伯格一次又一次地重复他的画作的时候，有可能存在着一种献媚（在现实主义者看来），或者一种迷恋（妄想症）；但事实上，为了复制能够发生，并不必然需要摹写。在任何情况下，劳申伯格知道即使他的两幅作品完全相同，它们仍旧存在差异，因为它们表征了两个不同的时刻，所以能够在市场上保有它们各自独立的价值。所以这种重复并不就是一种拷贝。主体性已经渗透在它自身的机械重复之中。这就是为什么这种重复并不能任由其他人来做。

———————————

① 美国著名波普（pop art）艺术家。1925 年生。——译者

然而必须清楚的是,这种行为在形式上的摹写,从一幅画作中的一个符号到另一个符号,或者从一幅画作到另一幅画作,都必须受到系列的延续以及差异的结构性限制。这种限制在我们的创作中始终发挥着作用,甚至当它们的主题以及所使用的技艺都很独特的情况下也是如此。从这一意义上说,劳申伯格的"重复性"创作(以及其他系列画家们相似的做法),毋宁说是一种误导,它驱除了内容,如照相一般的摹写,所构造的是一个具有完全不同秩序的系列。

　　由此,所有的一切都回到了这样一个问题:现代艺术如何能够反映我们这个时代的现实(日常生活中物的现实、社会的现实及其中存在的矛盾)? 它所具有的批判性价值在哪里? 画家自身常常或者陷入某种具有纯粹行为价值(真实性的价值)的意识形态之中,或者陷入其他试图批判性地回到现实的意识形态之中。同样的两难处境摆在艺术批评家面前,即如何能够将对创造性行为的描述与对其所具有的客观意义的分析对应起来,这是一个十分困难的问题。

　　根据以上所说的一切,那些在当代艺术中刚刚兴起(特别是在波普艺术以及肖像绘画之中)的试图再次掌握这个世界的一些欲念(velléité)似乎还显得很单纯:它好像还没有意识到当代绘画行为所形成的体系——不管是否出于艺术家的有意为之。这些还不是很强烈的欲念可能还没有意识到在当代艺术之中所要表达的,亦即其教化现实艺术的途径不再是具有实体和广延的世界,而是主体用以标识自我的某种暂时性(并不是一种社会化个人的传记)。主体在从一个行为到另一个行为的转换中出现了非连续性和不断的重构,而签名则是一种被符码化了的,具有社会-文化性的标识方式。当代艺术在严格意义上说是"在行动(en acte)之中的",因此总是"当下的(actual)",它从一个行动到另一个行动:并非与世界共处于当下,而是与它自身,与它在运动中的自身共处于当下。① 它依据某种连续系列所具有的形式上的限制而玩弄着多样性和差异性(大多数情况下,要解读这些作品就需要反其道而行之,去解码这些多样性与差异性)。

艺术所应承担的责任(其中包括对批判的现实主义态度与任何承担义务的形式),不得不基于这种基础的结构以及对意义的限制。若非如此,艺术家将会谴责自己陷入了某种虔诚的意识形态之中(从另一方面说来,这也正是统治着艺术的某种主导性的意识形态):某种哲学意识的永恒幻象,使艺术家将其作品视为**直面**这个世界的唯一方式,并有责任来见证这个世界的存在(因为每种哲学意识都必然伴随着某种道德意识)。

我们已经提到现代艺术并不缺少现实性,但它的现实性不是直接的或批判的:如果它描述了我们的世界,它也是在一种不定性的意义上来完成的。

---

① 在此,并不是"创造"了时间,而是盗用了(appropriation)时间,物的聚集所具有的暂时性只不过是它自己所构造的某种时间的循环中的一节:它在"真实的"时间之外。

让我们来重构这种不定性。在技术文明之中，所有事物都被抽象为一种操作性，无论是机器，还是被规划了的物，所需要的仅仅是一种艺术行为的控制（gestuel de contrôle）（行为的抽象标识出了整个关系和活动的模式），现代艺术通过它的所有形式来拯救瞬间的行为，从而打破主体的完整性。正是那些被技术所肢解的主体的碎片，才是艺术在其纯粹的艺术行为（gestuel）中以及它显而易见的任意性之中所试图揭示的东西。由此，艺术（在其自身的行为之中）以符号的匮乏来凸显自身的否定性。但这种艺术对于世界的反映却滋养了当下的意识形态（即艺术与整个机械统治的世界的对立是自发的，并得到了蓬勃发展），使得这种艺术并不具有批判性：它成为直面世界的一种挑战；但是通过某种匮乏，它用某种怀旧的价值来弥补这种匮乏。总之，它在它的行为中重新获得了主体性，但与其在外在世界中自我确认的方式不同，这种确认是通过某种系列。尽管这种艺术对世界有如此这般的揭示，尽管它宣称推崇某种即时性（instantanéité）（这是一种美好的信念，艺术真的相信它），然而在这种行动之中的主体性也只能遵从于在功能性的世界中某种组织形式上的限制。在此，我们发现了当代艺术的真理：它用来见证我们的世界的方式，并不是通过直接的引喻，也不是通过其纯粹的行为（geste）来否定某种被体系化了的世界——它用它空洞的具有颠覆性的以及同构性的体系化的行为，一种单纯的行为所表征的某种不在场来证明整个世界的体系化。

这种体系化的维度,这种不在场的价值就是当代艺术之意义的产生条件。不管艺术对这一维度和这种价值承认与否,不管它是在其中积极地运作,还是四处逃避。但正是在这一维度和这种价值之中,艺术才是可能的。这种艺术既不肯定,也不否定——它充满矛盾(因为它是同一个幻象的两个方面),具有同构性和共谋性,即,它是不定性的。大多数艺术家(也包括"消费者")都逃避这种矛盾。甚至对这种体系性维度的确认仍旧是通过迂回或逃避的方式来实现的。这就是安迪·沃霍尔[①](Andy Warhol)与劳申伯格(Rauschenberg)等人在其重复性摹写的手法中所要表达的东西,他们宣称自己是系列画家,由此间接地指向了这种基础性结构,将其转变为一种时尚的结果。

123　　　波普艺术在其还没有完全进入消费领域中之前,还在其现实的绘画实践之中,在其面对真实的物的困难之中,就清楚地揭示了这些矛盾。由此我们在沃霍尔的作品中读到:"画布就是一种日常的物,就如同这把椅子或者那张海报一样。"在我们对这种民主化概念欢呼的同时,我们也注意到了它的天真,以及它所包含的信念的危险。艺术试图指认(signify)"日常生活",但它并没有能够这样做:它混淆了事物与它的意义。现在,艺术被束缚在指认之中,它甚至不能在日常生活中自杀。当试图放弃艺术的念头萌生的时候,同时产

[①]　安迪·沃霍尔(Andy Warhol, 1928－1987)是波普艺术的倡导者,也是对波普艺术影响最大的艺术家。——译者

生的将是一种美国式的实用主义(有用性的恐怖主义,整合为一的威胁)以及一些类似神圣的牺牲之类的东西。安迪·沃霍尔继续说到:"现实不需要什么中介,它只是需要从其周围环境中隔离出来,直接转移到画布上就可以了。"所有的问题都集中在这里:一把椅子(或者一片面包、汽车的保险杠,或者书中的一些插图)的"日常性"就是它作为一把椅子所包含的种种规定,它的独特性,它所有相似性的系列,或者一些差异性的存在等,日常性是在重复中的差异。在将画布上的椅子隔离开来之后,我也隔离了它所有的日常性,同时,也剥离了画布所包含的日常生活中的物所具有的特征(这些特征在理论家的幻想中能够将画布与椅子等同起来)。

问题的症结就在这里:艺术既不能被吸收到日常生活之中(让画布等同于椅子),也不能如此这般地去把握日常生活(让画布上被隔离出来的椅子等同于真正的椅子)。内在于日常生活之中和超越于日常生活之外都同样是不可能的:它们是同一个梦想的两个方面。实际上,现代艺术的话语具有另外一种秩序:它试图指认出物在日常生活之中的存在模式,也就是说,指认出物背后所隐藏的体系。正是这些系列性的、差异性的组织,是当下艺术所要证明的东西,它们自身在时尚的作用下具有暂时性,并总在重复着某些表现模式。艺术在重复的行为中,依据一些非本质的、组合的多样性,来不断地显现"现实性",使得这种艺术与绝对的重复区别开来。"我愿意成为一架机器。"安迪·沃霍尔说道。

124

当然，这种说法充满悖论，因为没有什么能比将艺术视为一种机械性行为更为虚假的了，同时也没有什么能比让主体投身于系列所设定的无意识的自动行为更为媚俗的了。但它确实证明了对于迫切的需要逻辑与现代艺术的限制条件来说，所有的一切都是相同的：由技术世界所激发起来的主体性，却正是技术世界所否弃的，被世界的确定性所激发的主体性却自相矛盾地只能通过重复自身，绕过体系的控制才可能接纳这个世界。

在客观体系中的世界与在主观体系中的艺术交换着它们的意义。这是它们的同构性。① 艺术在此的职责十分清楚：它只能在结构相似性的基础上指认这个世界，这种结构的相似性说明了艺术整合的"宿命"。

只有认识到体系化的世界与陷入体系化的艺术实践之间②存在着这种结构上的同构性，人们才可能理解现代艺术的矛盾性——这种矛盾在每一个地方，甚至在艺术家自身那里，都被哀叹为一种宿命。现代艺术希望自身是否定性的、批判性的、富有创造力的，并具有永久的超越性，几乎同时，现代艺术又是可被同化、可被接受、可被整合、可被"消费"的。人们不得不承认一个事实：艺术不再与任何事情相抗衡，也许它曾经发挥过这样的作用。反抗被消解了，诅咒被

---

① 而且，这种结构的同构性不仅将艺术构建为一个系列，同时将世界自身也构建为"机械的"。世界只有真正变成机械的，它才能被机械地构想。

② 而同时，作为参照的世界在这种实践中反而成了第二位的——就如同收藏的实践本身必须在某些物的收藏的主题之下才有价值。

"消费"了。更多的事实在于，所有的怀旧都被抛弃了，所有的否定性都被否定了，最终不得不承认的是，正是在它探求真实性的时刻，在它根据某种形式的限制而被体系化的时刻，在它根据诸多连续的差异性而构造自身的时刻，艺术作品才赋予了自身在全球体系中发挥整合功能的使命，而正是这一使命将艺术作品如同其他任何一个物或者一堆物一样结合起来。

在这一意义上说，现代艺术真正地变成了一种日常生活中的物：虽然承载着文化的意蕴，但现代艺术并没有给它所处的环境提出任何质疑。现代绘画、波普、抽象派、技术派（tachiste）都没有与什么发生冲突：它们所完成的是在空间中如同句法构造（syntagmatic）一般安排某些物（在现代的内部空间中），它们源于一个受到限制的主体所列出的清单，这些物从一个符号转向另一个符号，从一个时刻转向另一个时刻。两个维度互相缠绕着：必需的意义的维度同时也就是整合和消费的"宿命"的维度。

现代艺术，作为在某种激烈的批判（意识形态的）意识与某种顺应现实、进行结构性整合的行动之间存在的中间道路，确切说来是现代世界的共谋。它与现实世界一起操控着，并被纳入同一个游戏之中。它能够拙劣地模仿这个世界，展现这个世界，伪造这个世界，改造这个世界：但它从未触及它的固有秩序，因为那个秩序也是它自身的。我们不再讨论什么资产阶级的艺术，在其大量的作品中，它们提供了一些存在和物,这些存在和物与其所呈现出的影像相妥协(所有的"反映"都承载着这种妥协的意识形态)。在现代艺术中,只有主体性没有与世界妥协,而是努力地与自身的影像相妥协:正是这种主体性,具有丰富多样性,并被纳入一个潜在的系列之中,在主体性的隐退和对抗之中,以同构的方式显现所有其他物的系列性以及越来越被整合了的世界。

第五章　艺术品拍卖:符号交换与奢侈价值

　　在传统、政治或者文化的神圣殿堂之外来分析意识形态的过程多少有些奇怪。然而,确切说来,绘画市场以及艺术作品的拍卖都可以帮助我们解开意识形态的秘密及其运作过程,这是因为它们都陷入了经济力量与文化语境之中。拍卖,这种依据游戏的规则而产生的融经济价值、符号/价值与象征性价值等多种价值为一体的交换方式,可以被视为意识形态的母体(matrix)——大写的符号政治经济学(L'ECONOMIE POLITIQUE DU SIGNE)的诞生之地。

　　解码符号形式的诞生与马克思在《政治经济学批判》中揭示商品形式的诞生使用的是同一方式。在一般的消费中,经济的交换价值(货币)被转化为符号的交换价值(声望等);但这一交换仍以使用价值为借口以获得其交换的合理性。相反,作为范例的艺术品拍卖则不同:经济的交换价值以纯粹的一般等价物——货币的形式与纯粹的符号——绘画作品来进行交换。所以它是一个可以作为范例的领域,它具有整体性,同时还被制度化了,并将符号/价值的运作过程剥离了出来。①

决定性的行动一方面包含了两种还原:一方面,是交换价值的还原(货币)与象征交换(作为一件艺术品的绘画)的还原;另一方面则是一种通过花费以及激烈的竞争而向符号/价值的转换。

1. 政治经济学的另一副面孔

在花费(dépense)中,货币改变着意义。这一在拍卖中显现出来的事实被转换为指向整个消费领域的假设。消费行为从来都不仅仅是一种购买(交换价值向使用价值的反复转换);它同时也是一种大写的"花费"(DÉPENSE)——这正是被马克思的政治经济学所忽略的方面——也就是说,消费是一种财富的显现(manifestée),它显现了财富的消耗。这种价值在超越交换价值的层面上展现出来,并以对其的消耗为基础,赋予了物的购买、获得、分配以差异性符号/价值。在此,并不像在拥有等价物的经济逻辑中所认为的那样是货币的数量说明价值,而是货币依据某种差异性或者挑战性的逻辑被花费、被牺牲、被吞噬的过程说明价值。由此每一个

① 对于使用价值的分析所带来的诸多问题我们将在《使用价值之外》一章中加以说明。

购买行为都既是一种经济行为，也是差异性符号/价值得以产生的经济转换行为。

确实，在日常消费之中，拍卖的特殊（基础的）方面常常被抹杀了：直接竞争的体验、对于某类富有挑战的、竞争性同类的共同体的归属，等等，所有这些都使得拍卖成了一个激动人心的时刻，一种可以等同于游戏或者节日的时刻。但是在这种购买（或者个体对于使用价值的再分配）的背后，总还存在着一个需要花费的时刻，然而即使在这一平凡的时刻中，仍然预设了某种竞争、赌注、挑战、牺牲以及由此可能存在的潜在的同类共同体和衡量能否成为贵族的价值。在此，我们需要明确的是：正是以上这一点，而不是对"需要"的"满足"，使消费不是一种功能性的经济行为，而成了一种富有激情的、激动人心的游戏，成了一个竞争的领域，在其中经济价值遭到了破坏，却诞生了另外一类价值。

经济交换价值的生产与体系化被视为绝对必要，事实上也确实如此：政治经济学在广泛的意义上将所有的价值（劳动、知识、社会关系、文化、自然）都转变为经济交换价值。每一事物都被抽象化了，并再度进入世界市场之中，其中货币充当着最为出色的一般等价物（由于与"科学的客观性"无关的历史的和意识形态的原因——这些原因还没有进行充分的分析，即使是在马克思那里也是如此），以上种种观点获得优先的认可。然而由此同样必要，同样被一般化的过程被忽视了——这一过程既没有颠覆生产，也不是作为生产的残留物,或者生产的一种延续：它是一个广泛地将经济交换价值转换为符号/交换价值的过程。这是一个作为符号/交换价值体系的大写的"消费"(CONSOMMATION)过程。它不再是传统政治经济学所界定的消费（即在生产循环的范围内，经济交换价值向使用价值的反复转换），而是作为一种经济交换价值向符号/交换价值转换的消费。基于这一点，必须打破仅仅通过交换价值和使用价值来说明政治经济学的观念，必须作为一种大写的"一般政治经济学"(ÉCONOMIE POLITIQUE GÉNÉRALISÉE)来整个地重新分析，其中符号/交换价值的生产与物质商品以及经济交换价值的生产都是通过同一种方式，并在同一过程之中。由此，对于符号生产以及文化生产的分析不能作为与物质生产相对的、外在的、隐蔽的"上层建筑"；这将成为一场政治经济学的革命，符号政治经济学全面入侵了理论与实践的领域。

所有试图将这一消费领域变为自发的（也就是说将符号的体系化生产变成为自发的）努力并以此来作为对物的分析都是神秘的：它直接导致了文化主义(culturalisme)。但有必要看到的是由于将物质生产视为一种决定性的要素所产生的同样的意识形态的神秘化。那些将文化（符号生产）特殊化，将其限制在上层建筑范围内的人们仍然是文化主义者，尽管他们并不自觉到这一点：他们作为文化的理想主义者，制造了同样的断裂，同时也非常任意地压缩了政治经济学的领域。如果文化、消费以及符号都必须作为一种意识形态来分析的话,那么并不能将它们放逐到政治经济学的领域之外,而是要将它们整合进政治经济学的结构之中来。这就意味着被资产阶级经济学家以及被马克思主义用以分析问题并加以限定的传统政治经济学的边界必须要放弃。反对这一观点的力量仍然十分强大,因为它们都是一些既成的秩序:理论的、政治的以及幻想的秩序。然而,在今天,只有一般政治经济学能够界定一种革命的理论和实践。

就绘画市场来说,它将绘画作为一种符号,从而成了某131种经济的和社会权力合法化的要素。但这一观点并没有带给我们更多的东西,我们仍旧囿于传统的政治范围之内:文化属于附属物,受到了统治阶级的操控。同样,对于诸如"需要"、"消费"、休闲或者性别等诸多问题也都是如此。统治阶级似乎掌握着某种神授的权力(droit de cuissage)可以控制文化。不能仅仅满足于对"人力"的剥削,还要试图去剥削符号以及价值体系所蕴涵的力量,为的是削弱阶级对抗,并将无产阶级的意识神秘化。但这些符号从哪里来?它们是否早已蕴涵在事物之中,在社会的本质之中,以至于人们能够掌控它们? 这是一个虚假的幻想。符号或者神话需要在客观社会和经济的条件下获得说明,而其目的怎么能够只是为了让其所表达的意思更为含混呢?将其诉诸对"意识"的讨论是无济于事的! 而且,如果经济已经能够给予其决定性的保障,那么为什么统治阶级还需要文化?

更进一步说,什么是意指(signification)? 它在什么样的社会关系中产生出来？意指的生产方式又是什么？是"资本主义"生产方式吗？显然很荒唐。

符号/价值①是被某种特定社会劳动所生产出来的。但是差异的生产，以及差异性等级体系的生产，都不能与对剩余价值的剥削相混淆，同时这些生产也不是以它为原因。在差异的生产与剩余价值的生产之间，还存在着另一种类型的劳动，正是它将经济价值与剩余价值转换为符号/价值：这一过程依据另外一种完全不同的交换，它是一种奢侈（somptuaire）的运作，是一种消耗（consumation），或者是一种超越了经济的价值。然而，以某种特定的方式，它也生产剩余价值：统治（domination），这种统治不能与经济的特权或者利益混淆起来。后者只是**政治**运作最初的物质跳板，这种政治运作包括了通过符号所实现的权力的转换。统治由此与经济权力相连，但它不是自发地或者神秘地从其中"产生"出来的；而是在对经济价值的修正中产生出来。忘记了这种特殊的劳动，使得马克思主义的分析在今天发现，自己对意识形态领域的立场与在马克思之前（以及之后）的那些面对物质生产的资产阶级经济学家所持有的立场相同：真实的价值源泉以及真实的生产过程都被跳了过去。正是由于忽略了符

---

① 符号/价值以及本书中的符号/交换价值都是鲍德里亚原文的书写方式，正如我们在上文中已经指出的那样，"/"在鲍德里亚那里意味着将两个完全异质的领域分割开来的企图，所以，我们不能如英文版中那样，将符号/价值简单地译为"符号价值"，因为在鲍德里亚看来，符号领域本身与价值领域是两个不能同质的领域，符号的价值本身就是一个词语的错配，所以鲍德里亚在符号与价值，以及符号与交换价值之间都会加上"/"。——译者

号生产的社会劳动,才使得意识形态产生了它的超越性,符号和文化似乎都隐藏于"拜物教"之中,神秘地与商品的拜物教等同起来,并相伴而生。

符号政治经济学的批判理论家凤毛麟角。他们被马克思主义(或者新马克思主义)中暴力革命者的分析所驱逐、掩盖。凡勃伦与戈布罗(Goblot)①是两位对阶级进行文化分析的先驱,他们都超越了生产力的"唯物主义辩证法",转而去考察一种奢侈价值的逻辑,通过它的编码而赋予了统治阶级以霸权并将其永久化了。这种奢侈价值的逻辑通过其价值的"变体"(transsubstantiation)躲避在统治阶级的霸权之下,以免受到经济革命以及随之而来的社会动荡的影响。

在经济秩序之中,剩余价值的积累及分配至关重要。在(文化的)符号秩序之中,对于花费的掌握是决定性的,也就₁₃₃是说,对在符码的控制下所发生的经济交换价值向符号/交换价值转变的掌握是决定性的。统治阶级总是或者将它的统治从一开始(原始社会与传统社会)就建筑于符号/价值之上,或者(在资本主义的资产阶级秩序中)努力试图以符号语言的特权去超越、跨越经济特权,并且将后者神圣化,而符号语言的特权是最后的统治阶段。这种逻辑延续了阶级的逻辑,不再通过生产工具的所有权,而是通过对意指过程的掌控来界定自身,这种逻辑所激活的生产方式与物质生产方式

①　凡勃伦的《有闲阶级论》与戈布罗的《分隔与阶层》(*La Barrière et Le Niveau*)。

极为不同(因此也就脱离了"马克思主义"的分析),它将在艺术拍卖中,以微观的方式发现自己的存在。

2. 与经济交换的差异

1. 如同一种游戏(例如扑克牌等),艺术拍卖总是具有某种仪式,同时也是一个独特的事件。规则虽然是武断的并且是固定的,却没有人能知道将会发生什么,以及刚刚已经发生了什么。因为它蕴涵着富有活力的、个性化的邂逅,一种个人的代数学,以此来与经济公式相对立。在后者中,价值总是在非人化的、数量计算的算术学意义上被交换。

2. 这种交换的人格化特征将其变成为一个独立王国:每个试图参与的人必须到场。这个独立王国中所包括的所有要素:时间、秩序、节奏、速度等对于拍卖来说都至关重要。在竞争中,每一时刻都相互依赖,并依赖于参与者的相互关系。由此产生了一种特殊的发展,它完全不同于经济交换中的抽象时间。

3. 在其中并不存在供求关系的相互作用,如同在市场上一样,交换价值接近最大值,可以预先对使用价值进行估价。在商业拍卖中,例如在水产拍卖中,那种供求的平衡似乎可以找到。但在艺术拍卖中,在竞标的时刻,交换价值与使用价值不再依据经济计算而相互作用。可预先估价的使用价值(如果存在着这种使用价值)并不随着拍卖而增长。事实上，参与拍卖的行为组成了某种特殊的关系，并在使用价值之外发挥作用。一旦使用价值被排除于游戏之外，那么交换价值就不再被提供出来(在交换中)，它进入了游戏之中。它立马就不再是交换价值，整个过程逃离了经济的领域。但交换并没有停止，尽管它不再采取供给与需求(demande)的形式，而是采取了一种下赌注的方式。由此，拍卖同时在两个方面发挥作用：

——一种价值的转换形式与一种经济同等物的转换形式；

——另外一种类型的社会关系。

价值的转换

在拍卖的时刻，货币不是作为可分割的交换价值而被花费，而是作为不可分割的奢侈性价值被花费，从而使其发生质的变化。由此独特的物与作为符号的、不可被分割的绘画可以成为同体的东西。当货币失去了其经济的交换价值，而成了一种奢侈的物质显现的时候，当绘画失去了其象征价值①，而成为一种声望符号(这成了绘画的一个要素)的时候，那么在货币和绘画之间所建立的就不再是一种等价关

135

---

① 参见以下《象征价值和审美功能》一节的相关论述。

系,而是与贵族的等同关系。①

社会关系

在奢侈行为之中,货币不再作为一般等价物,不再作为
一种被用来调节某种特殊(资本主义的)社会关系的形式。
在拍卖行为中所规定的社会关系仍然是与贵族相等同的诸
多关系之一(在共同的参与者之中形成的)。在经济运作之
中,所产生的关系是一种立足于平等形式的两个个人之间的
经济竞争,每个人都只计算自己的所得。拍卖如同一种节日
或者一种游戏,所建构的却是一种在相似人群中的交换,并
由此形成一个具体的共同体。不管谁赢得挑战都无所谓,拍
卖的关键性功能在于建构一个特权共同体,他们将通过对这
些有限的符号载体所进行的富有竞争性的投机来界定他们
自身。对于那些本属于贵族的东西的竞争表明了他们的共
同性(这与经济竞争中的平等形式完全无关),以及他们相对
于其他人而言处于特权阶层,这些特权阶层用来区分自身的
方式不再依据购买力,而是通过奢侈和收藏行为的生产以及

---

① "一幅画所卖的价钱并不能作为它的价值的衡量标准,如同一件被消费的
物那样。价格只有在被买卖的瞬间,通过竞争的游戏,才有意义,在这种竞争中它几
乎与绝对价值等同,并产生了这幅作品的意指。"(P.Dard 与 J. Michner《关于交换价
值的研究》[*Etude sur l'Exchange de Valeur*])。实际上,它不再是什么价格,而是一
种赌注。而且,对于真正的玩家来说,在游戏中所赢得的钱成了一种象征,不再为了
经济的目的:它必须再放回到游戏之中去,再投入进去,"烧钱"——这就是巴塔耶在
《被诅咒的部分》中所谈到的。

符号/价值的交换。①

这就是意识形态的母体——存在于生产、交换和社会关系和谐一致的逻辑体系之中，这一体系与那建筑于经济基础之上的生产、交换和社会关系的体系完全不同。意识形态并不是一种虚假意识；它是一种社会逻辑，用来代替另外一种社会逻辑（解决了后者的诸多矛盾），并由此改变了价值的定义。由于没有认识到这一点，我们总是尴尬地回到被"内在化"了的心理学之中去。但作为意识主体的社会行为者能够不断地生产出他们"客观的"社会关系，那么对"意识"的这种奇怪曲解——即将自身神秘化，放弃自身而成为某些"意识形态的价值"——究竟是从哪里来的？确实，意识可以具有"客观性"的一面（这是富有革命性的），这就是"意识的获取"（prise de conscience）！资产阶级的心理学真是奇怪——它竟然沾染了革命的理论。

实际上，所谓艺术爱好者的"心理学"也同样可以来源于交换体系。他们强调的所谓独特性，即那种对作为共同体选择的物所具有的拜物教徒般的迷恋，就奠基于他们对某一类人的认同之上，要通过竞争的行为，进入特权的共同体之中。他们与画作本身是相等的，画作的唯一价值也就在于它与其

---

① "在这个共同体中，基于同类之间的竞争会产生绘画作品的流通，而从整个社会的角度来看，这些绘画作品仍旧留在这个共同体之中，并通过这种共同体才能够被留下——也就是说，后者的功能就是进行社会的区分。然而这种共同体将自己视为是开放的，通过竞争都可以进入……在此，我们处于统治策略的边界，个体的可能性流动掩盖了社会的区分。"——P. Dard 与 J. Michner《关于交换价值的研究》（*Etude sur l'Echange de Valeur*）。

同类的关系之中,在于特权的地位,作为一种符号,它与其各自独立的画作共存。由此,爱好者与画作之间存在着一种精英的联合,他们从心理上认同那些被拍卖所设定的一类价值、一类交换,以及某种贵族般的社会关系。爱好者的热情被潜在的整体所点燃,被其他爱好者持续的迷恋以及高度的估价所感染,就如同被物恋化了(fétichisée)的画作的价值一样,它的神性(mana)在于:

——在同样一个高贵的领域之中,它与其他画作的差异性;

——它的来源、它的作者,也就是说,它的签名,以及它相继的拥有者的圈子。

由此,并不是个人与物之间形成某种心理的关系产生了拜物教,并支持了交换原则。"物的拜物教"从来不能以它的原则来支持交换,而是交换的社会原则支持了对物的物恋。

3. 经济权力和统治

在此存在着另一个意识形态的还原,即,将绘画作品仅仅简单地视为一种商品。事实并非如此,这里存在的问题并不是资本的扩大再生产和资产阶级的扩张。这里的问题在于通过符号游戏所凸显的优雅,促成了等级制度(caste)的产生,同时还在于通过对经济价值的破坏,促成了这些符号的生产。有一些与这种奢侈性交换以及这种贵族模式相类似的存在，但它们都衰弱了下来，散布在整个消费体系之中，并发挥着意识形态的功能。似乎谈论什么"民主化"等级制度的逻辑是很荒唐的。然而，消费就建立在符号/价值的交换模式之上，即在差异性交换的基础之上，同时也就是建立在有区别的物质载体，以及由此产生的潜在的共同体的基础之上。只有消费中的一小部分，确切地说，几乎没有什么还能够作为贵族的幻想而存在。在贵族的夸富宴与当下的消费之间存在的主要区别就在于，今天消费的差异性是被工业化生产出来的，它们被机械地灌注到一些共同的模型之中。它们不再源于个人化的相互挑战和交换。只有通过大众媒介的拟像（*simulacre*），这种竞争才能再现。然而这种竞争不再具有凡勃伦意义上的真实的、区分功能：浪费性的花费，这一老古董已经被转变为无数的个体对无用的消费的拙劣模仿，这些消费者陷入了生产秩序之中。花费由此从根本上改变了它的意义。仍被保留下来的事实在于，正是因为这些在花费中，在被大众媒介所左右了的消费中所激活的价值损耗（奢侈）的幽灵，才使得这种实践能够让个体获得满足、自由而富有成就感——也就是作为一种意识形态而发挥作用。甚至对那些差异性的贵族符码（code）的拟真仍旧能够担当一种整合要素，一种控制要素，并作为同一"游戏规则"的参与者。声望，而不再是那些贵族的价值萦绕在我们的工业社会之中，构成了资产阶级的文化。所有那些富有魔力的符码,那些富有魔力的被选择出来的共同体,具有同样的游戏规则,并在同样的符号体系之中被聚集起来,超越了经济价值,同时却在它的基础之上被再生产出来。这一过程穿越了阶级对抗,减少了社会的多样性,不管是怎样的经济地位和阶级条件——它都只是有利于统治阶级。它是统治阶级的基石。它并不能自动地被生产力的革命逻辑,或者资本的"辩证法",或者传统的政治经济学批判所破解。

只有符号政治经济学批判能够分析当下的统治方式(mode de domination)如何能够重新获得、整合、同时利用所有那些生产方式——不仅仅是资本主义的生产方式,还有所有"之前的"、"古代的"生产方式与交换方式,在经济范围内,或者在经济范围之外。只有这种批判能够分析经济的统治模式的核心如何能够再发明(或者再生产)符号、等级、隔离以及区别的逻辑和策略;如何重述那些属人关系构成的封建逻辑,甚至那些礼物交换的逻辑以及交互性逻辑,或者竞争性交换的逻辑——以便能够同时既超越"现代的"阶级的社会经济逻辑,又能够让其成为统治力量。但或许经济的剥削和"阶级"的统治只是"历史"的某一阶段,或者整个诸多社会统治形式谱系中的一种。可能当代社会再一次成了一个符号统治的社会,由此导致了对于某种"文化革命"的需要,它包含了整个意识形态生产的过程——而对此进行分析的理论基础只能来自符号政治经济学。

4. 象征价值和审美功能

整个过程中的象征价值,即"艺术作品"所特有的价值究竟怎样了? 它并没有在任何地方出现过。它被否定了,缺失了。与经济的交换价值被转换为符号/价值并存着一个将象征价值还原为符号/价值的过程。而对每一个方面来说,经济的交换价值以及象征价值都失去了它自身的地位,成了符号/价值的追随者。就绘画来说,作为某种超符号(supersignes)的运作,象征价值充当着某种审美功能,也就是说,它是作品的内涵,隐藏于符号运作的背后,作为其存在的理由,作为奢侈的理性升华。[①]

否定了象征性劳动,绘画只能作为:

——区分的物质载体,成为"贵族"的基础以及奢侈性交换的基础;

——具有一种普遍的"审美"价值——它驱除了一种观念,即绘画使某种绝对性获得存在的合理性。

而这种绝对性只是绘画存在的一个理由。我们已经看到绘画的真正价值在于它的谱系价值(它的"出身":签名以

140

[①] 从这一时刻开始,经济成了一种合理性的存在。绘画市场有时候在"热爱艺术"的符号之下运作,有时候则只不过是一个"很好的投资"。

及与它同一系列中其他作品相互作用所形成的光晕〔auréole①〕——这是它的血统）。正如在原始社会中一系列礼物的循环总是赋予物更大的价值一样，那些绘画作品从一个继承者到另一个继承者的传承使其具有了某种贵族的头衔，在它被传承的历史中获得了声望。由此，正是在这种符号的流通中，一种剩余价值产生了，它必须与经济的剩余价值区别开来。它并不带来利润，它带来的是某种合法性（légitimité），艺术的爱好者们正是通过这种合法性来确定其在拍卖中的地位，当然这其中不得不牺牲经济的利益。由此，对于那些处于某种等级制度中的成员来说，只有那些在

141　等级制度中被生产出来，并被交换的价值才是真正的价值（这就如同戈布罗提到的资产阶级，它的起源、它的特质、它的禀赋等，所有"普遍的"价值，都不能与阶级或者等级制度的特殊价值及其"差异"相提并论）。

等级制度中的成员最终都知道那些真实的地位、真实的合法性、社会关系的再生产以及统治阶级的永恒化"就其本质而言"，都是由于作为符号交换的物质载体的作品成了某种贵族的象征才得以产生的。最终消费鄙视那些"审美性""艺术性""象征性"与"文化性"，虽然它们作为一些"普遍的"价值，对于消费来说都是有益的。作品所带来的审美愉悦、灵魂沟通，以及那些被标注为"绝对的"价值都只留给那些并

---

① auréole(Aura)是本雅明的一个核心词汇，用来指传统艺术因为其自主性、独一无二性而带来的价值。——译者

不希望显示特权的人们。①

由此，意识形态就其整体而言，同时在以下两种运作中发挥作用：

——一种奢侈的交换体系的运作，其中存在的是奢侈的交换载体，它的运作模式是与贵族等同的竞争模式。

——一种"普遍"价值的交换体系的运作，在形式平等的模式中运作，从而对于所有人都是有用的。

仍旧在绘画领域之中，我们发现在市场体制的功能与拍卖的功能，以及博物馆体制的功能之间存在着有趣的相互作用。人们可能会认为把作品从私人市场中转移出来，予以"国有化"，博物馆似乎将它们转变成了一个集体的共有，所以能够实现它们"本真的"的审美功能。实际上，博物馆不过充当着贵族式交换的一种保障。这是一个双保险：

——如同一个黄金银行，如同法国银行所提供的公共保险对于资本以及个人投资来说都是必需的一样，博物馆的固定收藏对于绘画的符号交换功能来说也是必需的。博物馆在绘画作品的政治经济学之中充当的就是银行的角色。

——并不满足于充当在艺术中投资的有机保障，博物馆还作为一种机构保障了绘画的"普遍性"（universalité），以及它对于其他人来说所获得的审美享受（这已经被视为是一个

142

_____

① 所有的价值都是相同的，在消费中对使用价值的大量投入与对产品功能的享受，两者都是一种区分——统治阶级策略性地为自己保留了对交换价值、资本以及剩余价值的操控。

社会的非本质的价值)。

5. 结 论

在拍卖以及艺术市场中,我们试图理解一种价值策略的核心,一种具体的时空,一种策略性的瞬间以及意识形态的母体。这种意识形态总是产生符号/价值以及被编码了的交换。这种价值的经济学是一种政治经济学。它超越了经济的计算,并考察了所有价值交换的过程,以及所有社会生产的各个阶段,从一种价值到另一种价值,从一种价值的逻辑到另一种价值的逻辑,它们存在于特定地方和体制内——由此也考察了不同的交换体系以及生产方式的联系与内在的差异。这种一般的价值的政治经济学批判在今天成了能够在整体范围内来重新把握马克思的分析的唯一途径。它也是唯一能够超越价值,成为在实践上颠覆政治经济学的理论基础。

143 　注意

除了绘画作品之外的物,当然都能够被同样地分析,例如,学问。在体制中的共同体的竞争时刻就是考试,特别是重要的会考。正是在那里,"平凡的知识向神圣的知识的升华"实现了,在那里"接受了官僚体制的洗礼的知识"(马克思)与获取学位紧密相连,成了进入等级制度的敲门砖,这些都在戈布罗那里得到了分析。这同样是一个将具有普遍价值的知识转变为一种符号/价值的知识的过程,知识成了一种贵族的头衔,伴随着同样的合法化过程,同样地在同类中进行区分,这些同类共同参与到这一竞争之中,共同参与了这种圣礼。人们还可以分析(学者的、知识分子的、社会学家们的)学术会议,它成了一个不断再生产知识分子的地方,同时也成为基于堕落而富有竞争性的符号而建构的特权共同体的活动场所。学术会议对于知识的推动作用,就如同在赛马比赛中以下注赌输赢的方式对比赛的举行所起到的推动作用一样(马与比赛,同样如同奢侈性价值的市场一样,能够成为研究的对象)。

第六章 关于一般理论的讨论①

I

"需求的意识形态起源"设定了四种不同的价值逻辑：

——使用价值的功能逻辑；

——交换价值的经济逻辑；

——符号/价值的差异逻辑；

——象征交换的逻辑；

与之对应的四个不同原则分别是：有用性（l'utilité），等同性（l'équivalence），差异性（l'différence），不定性（l'ambivalence）。

对于"艺术拍卖"的考察提供了一个特殊实例来说明价值从经济交换价值向符号/交换价值的一种转变策略。从这一点延续下来，应该能够拟定出所有价值的一般转化列表，适用于一般人类学。

---

① 这篇文章最早发表于《社会学国际论坛》（*Cahiers Internationaux de Sociologie*），1969 年。

使用价值(Valeur d'usage)：

1. 使用价值—经济交换价值

2. 使用价值—符号/交换价值

3. 使用价值—象征交换

经济交换价值(Valeur d'échange économique)：

1. 经济交换价值—使用价值

2. 经济交换价值—符号/交换价值

3. 经济交换价值—象征交换

符号/交换价值(Valeur d'échange/ signe)：

1. 符号/交换价值—使用价值

2. 符号/交换价值—经济交换价值

3. 符号/交换价值—象征交换

象征交换(Echange symbolique)：

1. 象征交换—使用价值

2. 象征交换—经济交换价值

3. 象征交换—符号/交换价值

在此,并不试图将所有这些价值逻辑在理论上给予说明:只是想简单地说明每种价值的领域,并且考察从一种领域到另一种领域的转变过程。

1. 使用价值—经济交换价值:交换价值的生产过程,商品形式的生产过程,等等。政治经济学的讨论对象。生产性消费。

2. 使用价值—符号/交换价值:符号的生产过程,源于对有用性的破坏（“炫耀性消费”，奢侈的价值）。“非生产性”消费（时间的消费，即一种炫耀性的无所事事与休闲），实际上是差异的生产：它的功能性差异成了一种地位上的差异（例如半自动洗衣机 vs 全自动洗衣机）。在此，广告将有用的物的价值转变为符号/价值。在此，技术和知识从它们客观的实践中分离出来，被凸显差异的“文化”体系再发掘。由此这 146
个领域变成了消费（*consommation*）的延伸，在某种意义上，我们赋予它生产、体系以及符号的相互作用等诸多内涵。当然，这一领域也还包括源于经济交换价值的符号的生产（参见第 5 条）。

3. 使用价值—象征交换：这是一个耗费（consumation）的领域，也就是说，一种使用价值（或者经济交换价值，参见第 6 条）的破坏，不再为了生产符号/价值，而是为了超越经济性的规定，重新树立起象征交换。它的显现有礼物、节日。

4. 经济交换价值—使用价值：这是一个传统经济学意义上的“消费”过程。也就是说，再一次将交换价值转变为使用价值（通过个人购买行为，或者通过生产性消费的生产）。第 4 条与第 1 条是古典政治经济学（以及马克思主义）所研究的两个方面，并没有将符号政治经济学考虑在内。这也是一个通过使用价值将交换价值神圣化的领域，一个将商品/形式转变为物/形式的领域（参见以下，《使用价值之外》）。

5. 经济交换价值—符号/交换价值：这是在重新界定的符号政治经济学中存在的消费（consommation）过程。它包括了作为符号/价值生产的花费行为，与第 2 条相连，它还包含了奢侈性价值的领域。但确切说来，这一领域是一个从商品/形式提升为符号/形式的过程，是一个经济体系向符号体系转变的过程，并由此导致经济的权力转变为一种统治以及社会特权等级。

6. 经济交换价值—象征交换：第 2 条与第 5 条所描述的是使用价值和交换价值如何被转变为符号/价值的过程（或者同样也是物/形式和商品/形式如何转变为符号/形式），第 3 条和第 6 条则是通过象征交换而对这两种形式（即经济的形式）的超越。根据我们的再界定，其中将符号/形式蕴涵于一般政治经济学领域之中，由此第 9 条作为第 3 条和第 6 条的完成阶段成了一种对符号/形式的超越，即象征交换。

在此，并没有说清楚这三种形式（即一般政治经济学所描述的形式）与象征交换之间的关系。相反，只存在着一种与这些形式的坚决的分裂和超越，一种对这些形式永久的解构，这些形式都不过是价值的符码（codes de la valeur）而已。确切说来，并不存在象征"价值"，而只存在象征"交换"，它将自身界定为一种与价值和符码不同，并超越了它们的存在。为了象征交换的诞生，所有价值的形式（物、商品或者符号）都必须被否定。象征交换是与价值领域完全割裂的另一个领域。

7. 符号/交换价值—使用价值：符号，如同商品，也可以产生使用价值和交换价值。社会等级、不同地位、特权阶级以及它们所支撑的文化都可以算作某种利益、一种个人的满足感,从而成为一种生存的"需要"(一种依据差异性符号的"有用性"以及对它们的"消费"而产生的社会价值的增值需要)。

8. 符号/交换价值—经济交换价值:这一过程包含了一种文化的特权与符号的垄断等向经济特权的再转换。与第5条结合起来看,这种不断的转换描述了整个政治经济学的循环过程,其中经济的剥削以资本的垄断为基础,"文化"的统治则以不断相互衍生的符码的垄断为基础。

9. 符号/交换价值—象征交换:符号/形式的解构和超越,从而走向象征交换(参见第3条和第6条)。

10、11、12. 象征交换—使用价值、经济交换价值与符号/交换价值:所有这些都描述了一个过程,即在第3条、第6条与第9条中所描述的一种颠覆性的超越,这一过程是象征交换的破坏,以及经济交换的产生。总体看来,它们将象征交换放置入由各种不同的价值符码(使用价值、交换价值、符号/价值)所构筑的抽象的、合理化了的分配(ventilation)之中。例如被卷入到相互交换中的物,在这种持续的交换中迷失了自己,失去了其自身的任何价值(即与其本身相称的价值),而物的循环本身则建构了社会关系,即社会的意义。一旦象征交换被打破,那么同样的物都被抽象为有用性的价值、商业的价值、地位的价值。象征也成了一种工具,或者是商品,或者是符号。各种各样的编码方式都可以进入其中,

148

但它们所构建的形式只能是一种政治经济学的形式,它完全与象征交换相左。

　　这种对价值的"综合"阐释只是一个开始。它展现的是一些相互关联的群体自然的组合,一些关系是可逆的,一些价值可以相互转换,一些价值则与其他价值完全不同。一些价值是一个一个地发挥功能,而另一些价值则需要一个更为复杂的圈子。它们的一般原则:有用性、等同性、差异性与不定性,都很难说清楚。这只是一个综合的考察,虽然拥有一种形式上的对称,但在其背后并没有什么将它们组织起来的理论基础。

Ⅱ

　　第二个阶段就是要在生产与再生产、价值的转变、超越以及还原等诸多行动的结合中得出一些结论。首先呈现在眼前的是这样一个公式:

149

$$\frac{符号/交换价值}{象征交换} = \frac{经济交换价值}{使用价值}$$

即符号/价值与象征交换之比等同于交换价值(经济的)与使用价值之比。

　　这就是说,在象征交换和符号/价值之间存在的还原、抽象和理性化过程(参见《拜物教与意识形态》中对身体和无意识的考察），就如同在多样化的"具体的"使用价值与商品中抽象的交换价值之间存在的过程一样。结果这一等式，如果能够被接受的话，则意味着完全相同的过程同时作用于等式的两边。这无非就是政治经济学的一个过程（传统说来，这种政治经济学直接指向的是第二个关系：经济交换价值/使用价值）。而这一等式则意味着可以在一种符号政治经济学的意义上来分析第一个关系，尽管这一关系也可以在物质生产的政治经济学中得到说明，并在意识形态的运作中得到确认（contresigner）。这种符号经济学的存在，或多或少地采取了语言学的形式，更为一般地说来，就是符号学（sémiologie）。但语言学似乎很小心地避免将自己的分析置于政治经济学的名称之下（这种政治经济学包含了对符号政治经济学的批判，就这一点而言追随了马克思的理路）。然而，这正是它在不自觉的情况下所说出的东西。语言学与政治经济学的等同关系早在先于马克思的资产阶级古典政治经济学中就已经存在了。

如果符号政治经济学（符号学）认同古典政治经济学的批判途径，那么这是因为它们在形式上的相同，而不是内容上的等同：符号的形式与商品的形式是相同的。

这第二个阶段从一种单个的价值，从或多或少较为机械的价值的整合转向了对某些形式的相互关联的考察，转向了多种价值的一致（homologie）：虽然这可以看作一种深化，但却并非决定性的。这种相互关联有效地说明了价值的多种逻辑,但如果要一致性能够完全地和谐统一,还需要用横向的关联来加强纵向的关联。不仅需要符号/价值与象征交换的对比等同于交换价值与使用价值的对比(这一关系在上面已经指出了),而且还需要符号/价值与交换价值的对比等同于象征交换与使用价值的对比。即:

$$\frac{符号/交换价值}{象征交换} = \frac{经济交换价值}{使用价值}$$

现在,如果符号/价值和交换价值,通过它们的逻辑形式,完全被卷入一般政治经济学的框架中的话,我们可以说在象征交换与使用价值之间并不存在如符号/价值与交换价值所构成的某种秩序——事实上正相反,象征交换与使用价值暗含着对符号/价值与交换价值的超越,而后者又是对前者的一种还原(参见第1、3、10—12条)。然而这一公式仍然不能成为一种等式。将象征交换作为一个一致性的要素,并没有将其他有些关系考虑在内,例如,象征交换并非一种价值(它不是明确的、自为的、可衡量的或者可被编码的)。它是一种属人的交换,包含着不定性(肯定的与否定的),也正因如此,它与其他的价值形成鲜明的对立。

Ⅲ

这种不和谐最终导致了等式的解体以及更为一般的

重构。

1. 不再将符号作为一个普遍的价值,符号的构成要素就
显现出来,即能指(signifiant)与所指(signifié);

2. 由此,符号形式与商品形式之间存在的确定性关系可
以构造如下:

$$\frac{经济交换价值}{使用价值} = \frac{能指}{所指}$$

即交换价值与使用价值之比等同于能指与所指之比。

横向关联——交换价值与能指对等,就如同使用价值与
所指对等(换言之,一方面交换价值与能指具有逻辑上的关
联,另一方面,使用价值与所指具有逻辑上的关联)——来自
相应的纵向关联。在此基础上,我们可以说这种一致性关系
(这一次达到了和谐统一)描述了一般政治经济学。

3. 这种一致性的关系已经完成了,象征交换发现自己被
清除到价值领域之外(或者一般政治经济学之外)。这与对
其的界定是一致的,即象征交换超越了价值。

4. 那些用来将使用价值从交换价值中分割出来,将所指
从能指中分割的还原过程,或者合理化的抽象过程被替换了
(它已经被接受了)。最为基础的还原并不发生在使用价值
与交换价值之间,或者能指与所指之间。① 它发生在整个价
值体系与象征交换之间。

———————

① 我们将会转到指涉物(referent)的问题上来(在《直面符号政治经济学批
判》之中),指涉物只是要与所指构成一个完整的关系才存在的(由此它们两者常常
被混淆)。

那将使用价值从交换价值中区分出来的，并同时将所指从能指中区分出来的东西就是一种形式逻辑。它并没有真正将这些要素分割开来，而是在它们之间建构了一种结构性的关系，就如同在交换价值与能指之间，在使用价值与所指之间所建立的关系一样。事实上，所有这些关系在一般政治经济学框架内形成了某个体系。整个体系的逻辑构造否定了、压抑了或者还原了象征交换。将所有价值与象征交换区分开来的东西不具有结构性的内涵，它是一种彻底的分裂（它预设了一种绝对的超越）。

在此，我们触及了这样一种诸要素的一般分布：

$$\frac{\text{经济性交换价值} \Leftrightarrow \text{能指}}{\text{使用价值} \quad \Leftrightarrow \text{所指}} \Big/ \text{象征性交换}$$

也就是说，物质生产（商品形式）的过程与符号生产（符号形式）的过程在同样的体系逻辑中获得说明，它们两者构成了整个价值领域，而象征交换是与整个价值领域相对立的领域，一个无价值的领域。

一般的政治经济学	象征性交换
（ÉCONOMIE POLITIQUE GÉNÉRALE）	ÉCIHANGE SYMBOLIQUE

对于一般政治经济学的批判（或者价值的批判理论）与象征交换的理论是一回事。它是人类学革命的基础。这一人类学的一些要素已经在马克思的分析中有所涉及，但显然没有能够与固有体系实现真正的分裂。

当下的理论提出了三个重要任务，从马克思主义的分析

出发,并试图超越它:

1. 将对政治经济学的批判延伸到对使用价值的批判中去,为的是还原人类学中的理想主义成分,它仍旧存在于其中,甚至存在于马克思的理论中(存在于"需要"的层面,以及"使用价值的劳动"的层面)。对于使用价值拜物教的批判也是必需的——它是将物的形式放入到其与商品形式的关系中所进行的分析。

2. 将对政治经济学的批判延伸到对符号以及符号体系的批判,这种延伸为的是表明能指的逻辑、能指的游戏以及能指的流通是怎样如同一种交换价值体系一样被组织起来;所指的逻辑对能指的逻辑的隶属是如何等同于使用价值的逻辑对交换价值的逻辑的隶属。最终,我们需要一种对能指拜物教的批判。它是将符号形式放入到其与商品形式的关系中所进行的一种分析。

这整个关系就是:

$$\frac{经济交换价值}{使用价值} = \frac{能指}{所指}$$

以上两点试图完成的是被马克思所忽略的三个要素的批判。即严格说来,马克思只是提供了交换价值的批判理论,使用价值、能指以及所指的批判理论都还有待发展。

3. 象征交换理论。

第七章 使用价值之外

在马克思的理论中，使用价值是不定性的。我们知道商品既有使用价值，又有交换价值。但不管是在个人的消费过程中，还是在劳动过程中，使用价值总是具体的、特殊的、以自身的属性为条件的（在这种情形下，猪油就是猪油，棉花就是棉花，它们不能相互替代，也不能"交换"），而交换价值却是抽象和一般的。可以确定的是，没有交换价值就没有使用价值，两者相辅相成，却不能相互包含："为了界定商品的概念，重要的不是去了解它所包含的特殊内涵及其确切目的，而是要了解在它成为商品之前——换言之，作为交换价值的载体之前——它通过其所特有的有用性的特质，来满足既定的社会需要。"①由此，使用价值并没有被卷入交换价值的特殊逻辑，即等同逻辑之中，而且，还可能存在着没有交换价值的使用价值（这就如同在市场之外存在的劳动和产品）。尽

---

① 《资本论》第 1 卷。译者未能找到原著中的相关段落。

管使用价值在生产与交换过程中不断地被反复确认，但它仍然没有真正进入市场经济之中：虽然受到一定的限制，但它仍有自身不可改变的宿命。从这一点出发，在人与其工作和产品所具有的自主权中，使用价值包含了超越市场经济、货币以及交换价值而获得重生的期许。

由此可见，商品拜物教（即社会关系被掩藏在商品自身的属性之下）并不是那作为使用价值和交换价值共同体的商品的功能，而是一种交换价值的功能。使用价值，在这种拜物教的严格定义下，既不是一种社会关系的显现，也不是能够显现拜物教的场所。有用性由此逃脱了阶级的历史决定性：它表征了一种客观的、终极的内在目的，没有什么可以将其遮蔽，它是透明的，作为一种形式，它向历史挑战（即使它的内容随着社会和文化的变化而不断变化）。正是在这里，马克思的唯心主义开始显现；也正是在这里，我们要比马克思本人更富逻辑性，在某种意义上说，也更激进：使用价值，即有用性自身，也可以被拜物教化为一种社会关系，就如同商品的抽象等同一样，使用价值也是一种抽象。它是需求体系的抽象，掩盖在商品和产品所拥有的具体目的及其内在特性这一虚假外表之下。正如社会劳动的抽象，它作为等价逻辑（交换价值）的基础，隐藏在商品的"内在"价值之中。

实际上，我们的假设是，需求（即需求体系）是抽象的社会劳动的等价物：在需求的基础之上，建构了使用价值体系，就如同抽象劳动是交换价值体系的基础一样。这一假设还暗含着这样一点：既然使用价值与交换价值都是体系，那么它们也必须由相同的抽象的等价逻辑、相同的符码所规划。（对于每一个范畴本身，以及对于两个范畴所组成的关系本身来说，）有用性的符码同时也是客体和主体抽象等价的符码：由此，这是一个组合的符码，并包含潜在的计算（我们不久还要回到这一点）。更进一步说，正是因为使用价值能够作为一种体系，并不是作为一种操持的运作，它才能够被"拜物教化"（fétichisée）。正是体系的抽象才导致了拜物教化的过程（参见《拜物教与意识形态》）。同样对于使用价值也是如此。由此，两种拜物教，使用价值拜物教和交换价值拜物教共同组成了商品拜物教。

马克思用来界定交换价值形式以及商品形式的途径是它们能够在抽象劳动的基础上相等同。然而，他却设定了使用价值的"不可比性"（incomparabilité），现在必须看到：

1. 由于存在着经济的交换与交换价值，所以有用性原则已经成了物或者产品的现实原则。要具有抽象的和一般的可交换性，产品必须在有用性的意义上被设想，并获得其合理性。当这一点无法做到的时候（如在原始的象征交换中），产品就没有交换价值。对有用性的还原是（经济的）可交换性得以成立的基础。

2. 如果交换原则与有用性原则具有这样一种密切关联（而不仅仅是"共存"于商品之中），那是因为与马克思将使用价值视为"非可比性的"相反，等价的逻辑已经进入了有用性之中。即便使用价值不能在数量上成为可计量的，它仍然具有等价逻辑。包含了某种有用的价值，所有的物在物之中都已经是可比的了。因为它们都成了具有相同的有理函数（fonctional/rationnel）的公分母，具有相同的抽象规定性。只有在象征交换中，那些独特的、个性化的行为（赠予、礼物交换等）所涉及的物以及商品才是真正不可比的。属人的关系（非经济交换）使它们成为独一无二的。而相反，作为使用价值，物获得了一种抽象的普遍性，一种"客观性"（通过对每个象征功能的还原而获得的）。

3. 在此所涉及的是物的形式，它的一般等价物就是有用性。这不仅与交换价值的公式"类似"，其中包含了相同的逻辑形式。每一个物都被纳入一般的抽象的等价符码之中，这一符码是物的理性、客观性及其意义——这一符码的获得需要与使用它的人、与它所要达到的目的分割开来才是可能的。物的功能性使其成为符码。这种符码奠基于物满足于其（有用的）目的的基础之上，让所有真实的或者潜在的物都归属于它，而不考虑任何其他要素。在此，经济学诞生了：经济的计算。商品形式不过是它较为完善的形式，并不断地回到它本身。

4. 在人类学幻象中，它仅仅关注人类的需要与物所包含的能够满足需要的有用的特质之间的关系，与此相反，使用价值本身就是一种社会关系。正如同在交换价值的意义上，生产者从来不是作为创造者而存在，而总是作为抽象的社会劳动力而存在。同样,在使用价值的体系中,消费者从来不是作为欲望和享乐的主体存在,而总是作为抽象的社会需求力而存在。(一个人可以说需求[Bedürfniskraft],需求力[Bedürfnisvermögen],类似于劳动[Arbeitskraft]和劳动力[Arbeitsvermögen]。)

抽象的社会生产者是交换价值所构造的人。抽象的社会个体(有"需要"的人)是使用价值所构造的人。在资本主义时代的私人化的个体以其需要的最终形式来实现的"解放"与物作为使用价值而实现的功能性的解放如出一辙。这样的结果来自客观的合理化过程,超越了旧的意识以及象征性的限制。在极为不同的交换类型之中,物并没有我们所给予它的"客观性"。但从那以后,物被世俗化了,功能化了,合理化了,它由此成了政治经济学对某种美好理想的承诺,因为"人总是根据自己的需要来吃东西的"。

同时,个人已经从那些神秘的或者宗教性的集体义务中解脱出来,从它们古老的、象征性的个人束缚中"解放"出来,最终,对"个体性"和自发性的界定,是通过"客观的"改造自然的行动——劳动,与为了他的利益而破坏有用性的行为——需要、满足以及使用价值等来进行的。

有用性、需要、使用价值:没有一个能够指认出主体的目的,从而呈现出主客之间不定性的关系,或者呈现出主体之间的象征交换。相反,它们所指认的只是被经济学所构造的个体自身与自己的关系——更有甚者,指认出主体与经济体

158

系之间的关系。在此，并不是个体在经济体系中展现了自己的需要，而是经济体系引导着个体的功能以及相应的物与需要的功能性。① 个体成为一个与商品形式（交换价值）与物的形式（使用价值）相互关联的一种意识形态的结构，一个历史的形式。个体不过是一种在经济视域中被思考的主体，被经济学所反思、简化和抽象。整个意识以及道德（整个西方人心理－形而上学的各种概念）的历史不过就是主体的政治经济学的历史。

使用价值是这整个形而上学的表达：它是有用性的表达。它将自己界定为一种客体内在的道德律（loi morale），并被铭刻为主体"需要"的目的性。而事物所包含的内在的道德律不过是（康德和基督教意义上的）铭刻于主体之中的道德律的一种翻版，它在它的本质中将自己实证化，并在它（与上帝，或者其他任何超验的存在）的终极关系中将自身体制化。在这两种情形下，价值的流通总是受到神秘符码的作用，这种符码在"功能性"的符号之下，监控着客体与主体的需要之间的相互关联——正如符码所确信的，在道德的符号之下，主体与神圣法则相互契合。

这是两种相同的目的论，它掩盖了主体的本质（主体的

---

① 在同样的象征意义上来说，"生产性"消费（在生产过程中对有用性的直接破坏）与一般的个人消费没有本质的不同。个体与他的"需要"被经济体系生产出来，就如同机体再生产它的细胞一样。我们再重复一遍："需要"是一种社会劳动，一种生产秩序。真实的主体以及它的欲望并不能在其中凸显出来。由此，在这一层面上存在的就只有生产性消费而已。

自我认同来源于对超验目的的认同)。它在有用性的理性符号之下，揭示了物的本真：它的本质被称为使用价值，它与它自身，以及它与主体的关系都是一目了然的。这种道德律影响了主体与客体所包含的象征性特质的还原。单一的目的代替了多样性的意义。在此，仍然是等价原则发挥了对象征的不定性的稀释(réducteur)功能：

1. 物在与自身功能性的等价关系中确立了自身，这种等价关系是在一个单一的、确定性的价值标准(valence)，即有用性的框架内产生的。通过这种自我确立(即它与自身相等价)而形成的绝对的简化与合理化使得物能够作为某种明确的价值而进入政治经济学之中。

2. 同样，对拥有道德意识与需要的主体的绝对简化，使得他能够作为一个抽象的个体(通过身份的界定，而与自身相等价)进入政治经济学的价值体系与操持当中。

由此，物的功能性，它们的有用性的道德符码，将被等价逻辑所控制，如同交换价值的处境一样。于是，在政治经济学的作用之下，功能性衰落了。如果我们将有用性的抽象等价称之为大写的物/形式(FORME/OBJET)，那么我们可以说，物/形式是商品/形式(forme/marchandise)唯一的完成形式。换言之，同样的逻辑(以及同样的拜物教)共同作用于被马克思所指出的商品的两个方面：使用价值和交换价值。

由于没有彻底地将使用价值纳入等价逻辑之中，由于还将使用价值作为一个"不可比"的范畴，马克思主义的分析成就了一种神话（mythologie）（一个真正的理性主义者的"神话"），他将个体与物的关系视为一种具体的、客观的，概而言之即"自然的"人的需要与相应的物的功能之间的关系，其中物被设想为具有使用价值。它成了主体与作为交换价值的产品之间抽象的、异化的关系的对立面。主体的真理就存在于此，存在于使用之中，作为属人关系的具体领域之中，作为社会的和抽象的市场领域的对立面。[①]（马克思确实在另一种关联中对作为社会关系的私人个体的抽象做了彻底的分析。）与这种需要和使用价值的形而上学相对，我们不得不说抽象、还原、合理化以及体系化在"需要"的层面就如同在商品的层面一样被深化、被一般化。可能这一点在政治经济学的内部并不是很清楚，在其中一个人还可以设想如果个人在

---

①　消费自身显然是一个具体的过程（相对于交换的抽象）。因为所消费的并不是产品，而是它的有用性。在此，经济学家是正确的：消费不是对产品的破坏（destruction），而是对有用性的破坏。在经济的循环中，在任何情况下，作为价值来生产和消费的总是某种抽象（在一种情况下是可交换的，在另一种情况下则是有用的），在其中，并不存在什么"具体的"物或者"具体的"产品（这些术语究竟是什么意思？）：相反，只存在一种抽象的循环，一种在自身生产和扩大再生产中存在的价值体系。消费同样也不能作为一种破坏（对"具体的"使用价值的破坏）。消费是作为一种抽象、一种体系、一种普遍的有用性的符码而存在的使用价值的扩大再生产中的一种劳动——这就如同现在的生产，不再是以生产"具体的"商品为目的，而在于扩大再生产交换价值体系本身。

只有耗费（consumation）可以逃离这种价值体系的扩大再生产——并不是因为它是对实体的破坏，而是因为超越了物的法则和目的性，取消了物的抽象目的性。在对产品的消费（破坏）中，消费仅仅是耗费（consummate）了它们的有用性。消费不再将物作为一个实体，却将物永恒化为一种普遍的、抽象的形式，并作为一种价值符码被再生产出来。耗费（cosumation）（游戏、礼物、纯粹的无目的的破坏，象征性交互性）攻击了符码本身，打破它，解构它。象征性行为所破坏的是价值符码（交换和使用），而不是物本身。只有这种行为能够被称为"具体的"，因为它打破并超越了价值的抽象。

交换价值体系中被异化了，那么至少他还可以在他的需要中，在使用价值中来回到他自身，成为他自己。但在今天，在消费大行其道的阶段，我们有可能将需要不再作为主体的一种欲望或者迫切要求来说明，而是在另外一个方面来阐释：在将欲望转变为一般化的体系之中，这就如同具体劳动，作为价值的源泉进入交换价值体系之中一样。所有的动力、象征性关系、物的关系甚至曲解，总之，所有主体的劳动的投入都在有用性中，在需要体系中被抽象，并被赋予一般的等价关系，这就如同所有价值与真实的社会劳动都在货币中找到自己的一般等价关系一样。主体的一切，他的身体、他的欲望都在需要中被分离和催化，或多或少地在物中被预先规定。所有的本能在需求中都被合理化、被赋予某种目的，并被物化（objectivent）——从而在象征层面被取消了。所有的不定性都被等价关系消解。因此说需求体系是一种一般等价体系并非一个比喻：它意味着我们整个地陷入了政治经济学之中。这就是为什么我们要讨论使用价值拜物教。如果主体的需求是独特的、具体的，那么谈论拜物教是很荒唐的。但当需求越来越变成一种抽象的体系，被一种等价原则和一般的整合所操控的话，那么当然其中包含了拜物教的运作。因为这个体系不但与交换价值和商品成为同类，而且还极具深度，并且相当完美地表达了后者。

确实，正如交换价值并非产品的实体性方面，而是一种表达某种社会关系的形式一样，使用价值也不再被视为物的固有功能,而是被看作一种(主体的、客体的和它们的相互关系的)社会规定。换言之,正如商品的逻辑已经延伸到了人与物等完全不同的领域,从而使人都服从于一种法则,只能显现为一种交换价值一样,有用性这一受到限制的目的性也将自己强加于人与整个世界的物之上。希望通过被交换价值所构想的物,也就是说,在人的需求之中,不必作为使用价值,人可以自我满足,这种想法是不符合逻辑的,也是幼稚的。而这正是现代人本主义者们所宣称的:通过赋予外部世界以功能性与内在的目的性,人才能使人成为人。事实并非如此:在商品和交换价值的氛围中,人不再是人自身,而不过是交换价值和商品。被这些具有某种功能和服务的物所包围,人也不再是自己,而成了这些功能性的和服务性的物中最美丽的一个。在资本主义生产过程中完全转变为使用价值的不仅仅是经济人(Homo oeconomicus)[①]。这种功利主义的强制甚至构造了个体与自身的关系:在获取满足的过程中,他努力让自己平衡着他获得愉悦的潜能,并使其达到最大化;他"意识到"并努力地发挥着他的能力,他自身获取愉悦的"能力"就如同一种生产力一样。难道这不就是人文学者们的道德基础所在吗?自我的"恰当使用"。

事实上,马克思说:"生产不仅生产商品;它同样生产那

---

① Homo oeconomicus,希腊语,又称作"经济人假设",即假定人的思考和行为都是基于目标理性的,他试图获得的唯一好处就是物质性补偿的最大化。这常被用作经济学和某些心理学分析的基本假设。最早来源于亚当·斯密的《国富论》。——译者

些消费它们的人，以及相应的消费。"①这一命题经常被曲解为一些简单化了的观念，诸如"对需求的控制"，并被谴责为是"人为制造的需求"②。有必要指出的是，正是需求概念自身在一般形式中生产出了商品体系，这一概念构造了个体的结构——也就是说，构造了一个社会存在的历史性概念，这一个体结构在与象征交换的分裂中，通过需求、有用性、满足和使用价值等术语，赋予自身以自为性，同时将他的欲望、他与他者的关系以及他与物的关系合理化。

由此，并不是如此这般的一种价值稀释（réduit）了象征交换，或者从与它的分裂中诞生出来，它首先就是两个结构性对立的价值：交换价值与使用价值，它们具有相同的逻辑，它们二元结构的存在强化了经济学。我们在此在更为全面的人类学层面上来面对"符号学还原"这一在前面《拜物教与意识形态》一文中已经分析过的主题。在上文的考察中，我们展示了这两个对立的结构怎样建构起了意识形态功能的母体——事实上，这种结构化的运作从来不具有单纯的结构性：它总是偏向于两者中的一个。结构性逻辑总是强化了这

①　鲍德里亚未加注解，译者也未能在马克思著作中找到完全相同的说法，但相似的说法可以参见马克思：《政治经济学批判导言》。参见《马克思恩格斯选集》第2卷，人民出版社1995年版，第9—10页。——译者

②　在此必须指出的是，马克思在这一领域所提出的公式（它们本身包含有人类学的色彩）是如此之含混，以至于可以导致一些富有文化主义色彩的解释："需要是历史的和社会语境中的功能"。或者在更为彻底的版本中："需要被体系生产出来，为的是保证它自身的扩大再生产"——也就是说，这类解释都只是将多种多样的需要的内容考虑在内，而从来没有将需要的概念自身以及需要体系作为一种形式来进行激进的批判。

一策略（诸如在男性－女性的结构中，只偏向于前者；而在意识－无意识的结构中，则偏向于意识等）。

同样的策略也在这里发挥作用。在以下这一公式之中：

$$\frac{\text{经济交换价值}}{\text{使用价值}} = \frac{\text{能指}}{\text{所指}}$$

使用价值和所指并不分别与交换价值和能指有相等的分量。在我们看来，使用价值与所指拥有战术上的价值（valeur tactique），而交换价值和能指则具有战略上的价值（valeur stratégique）。体系就是由这功能性的两极构造的，但这两极之间存在着等级差别。其中交换价值和能指处于明显的支配地位。使用价值和需要只是交换价值的一种实现。所指（以及指涉物）只是能指的一种实现（我们还会回到这一点）。两者都不是交换价值或者能指在它们的符码中可以表达或者阐明的一种拥有自主性的现实。最终，它们不过是被交换价值和能指的游戏所产生出来的拟真模型（modèles de simulation）。它们为后者提供了真实的、活生生的、具体的保障；然而，交换价值和能指同时以其为体系的存在，而用它们的整个逻辑来代替由使用价值和所指所保证的客观的真实（甚至在这里"代替"这一词的运用也可能导致一种误导，它意味着被体系误用或者曲解的真实性基础似乎还存在于别处。实际上，并不存在真实性与真实性的原则，而只存在被体系所直接生产出来的理想化的指涉物）。同样，对于交换价值和能指来说，使用价值和所指并不是与之无关的他者（客观的和具体的）的存在：后者只不过是前者的化身。

通过初步的考察，我们已经发现政治经济学领域已经通过使用价值的体系而被一般化，并充实了自身（也就是说，抽象的过程和生产的合理化，通过作为价值和生产力体系的需要体系，而延伸到了整个消费领域）。在这一意义上说，（一般政治经济学的）使用价值成了交换价值的完成和实现。使用价值的拜物教增强和加深了交换价值拜物教。

这只是一个起点。但有必要看到的是使用价值体系不仅加深了、转换了并延伸了交换价值体系，它同时还作为后者的意识形态保障而发挥作用（如果确实如此的话，那么原因在于它与后者以完全相同的方式被构造起来）。意识形态具有归化作用：使用价值面前人人平等，这是一个基本例子。虽然满足需要的手段多种多样，但它在物的分配中却是最为公平的。人们在面对作为交换价值的商品时是不平等的，而在面对作为使用价值的商品时却是平等的。一个人可以根据不同的阶级、收入或者性情来决定是否消费它们，但对它们使用的潜在性却是所有人都一样的，每个人获得幸福和满足的丰富可能性都是相同的。这是"需要"的民主化，是所有人在上帝面前所具有的世俗化的现在平等性。由此，在人类学中折射出来的使用价值使那些在交换价值中被社会分离的人们在普遍性中和解了。

166

交换价值取消了商品中真实劳动的过程,后者由此呈现为一种自发的价值(valeur autonome)。使用价值则更过分:它使商品——这种在抽象形式中的非人性存在——以"人"为目的。在交换价值中,社会劳动消失了。另一方面,使用价值在没有意识形态以及整个历史性劳动过程的任何痕迹的情况下被恢复了,它引导着主体首先将自身视为一个个体,通过需要和满足来界定自身,同时在观念中将自己整合入商品的结构中。

由此,使用价值在与交换价值体系的历史、逻辑的密切关联中,并非不再是一个体系,只是这种使用价值的体系使得交换价值体系更趋自然化和普遍化,并给予非时间性的保障,以至于如果没有它的话,交换价值就不能再复制自身(甚至不能在它的一般形式中生产自身)。

由此,使用价值成了政治经济学的皇冠和王权:

——在它活生生的现实中,它是日常生活中政治经济学的本质,人们相信,在每个行为中,他发现了自身。他只有在这些物所提供的服务中才能发现这些物;在只有他的需要的表达和满足中,即在他的使用之中,他才能发现他自身。

——在它作为战略性的价值中:将生产和交换的体系以意识形态的方式遮蔽起来,使用价值和需要借助唯心主义的人类学逃脱了历史的逻辑,并将自身以形式的永恒性被铭记:这就是物的有用性的永恒性,拥有需要的人对物的占有的永恒性。

这就是为什么使用价值的拜物教比交换价值拜物教更为深刻，更为"神秘"。交换价值和商品的神秘性可以被相对地揭示出来——马克思以来已经做出了这样的努力——由此作为一种社会关系而被意识到。但在使用价值中的价值却被整个地遮蔽在神秘性之中，因为它根植于人类学之中，根植于一个自然化的过程之中，被视为一个无法超越的原初指涉物。在此，我们在目的性的秩序之中发现了真正的价值的"神学"——由有用性的概念所暗含的一种"理想化的"平等、"和谐"、经济以及平衡的关系。它在所有层面都发挥作用：在人与自然的关系中，在人与物的关系中，在人与其肉体的关系中，以及在自我与他者的关系中。价值成为一个绝对的证明，"事物变得更为简单"：（历史的以及理性的）神秘性与狡计以最为深刻和强烈的方式显现出来了。

如果使用价值被作为交换价值的一种意识形态而生产出来——如果使用价值没有自主性，如果它只是交换价值通过体系化的整合将其纳入政治经济学的框架之中，那么它不过是交换价值的附属物或者化身而已，也就不可能将使用价值作为交换价值的一个替代性选择，这样，在政治经济学的尽头也就不可能在"需要自由"的符号下，在作为一种革命力量的"对事物的掌控"中实现使用价值的"复归"。

今天每一个革命的维度都只能立足于其对被压抑、被还原和被理性化了的有用性的形而上学的反复质询。所有的

168

批判理论都依赖于对这种物/形式的分析。① 这在马克思主义的分析中是缺少的。伴随这一分析所内含的所有政治意识形态的结果，最终导致了使用价值被各种各样的幻象所掩盖，被理想化为与交换价值相对立，而实际上它不过是后者被自然化的形式。

马克思和鲁宾逊·克鲁索

马克思在《资本论》第一卷第一部分第四节说：

"商品就它是使用价值来说，无论从它靠自己的属性来满足人的需要这个角度来考察，或者从它作为人类劳动的产品才具有这些属性的整个角度来考察，都没有什么神秘的地方。很明显，人通过自己的活动按照对自己有用的方式来改变自然物质的形态。

"可见，商品的神秘性质不是来源于商品的使用价值。

"这种种形式恰好形成资产阶级经济学的各种范畴。对于这个历史上一定的社会生产方式即商品生产的生产关系来说，这些范畴是有社会效力的，因而是客观的社会形式。因此，一旦我们逃到其他的社会形式中去，商品世界的全部

169

---

① 理论的批判需要将符号/形式考虑在内。我们将会发现在当下体系中符号的组织方式具有完全相同的逻辑：它将所指(指涉物)转变为附属概念，作为能指的化身，能指的游戏，并给予能指以真实性的保障。

神秘性,在商品生产的基础上笼罩着劳动产品的一切魔法妖术,就立刻消失了。

"既然政治经济学喜欢鲁宾逊的故事,那么就先来看看孤岛上的鲁宾逊吧。鲁宾逊和构成他自己创造的财富的物之间的全部关系在这里是如此简单明了,甚至连鲍德里亚先生①也不用费什么脑筋就能了解。但是价值的一切本质上的规定都包含在这里了。"②

在通过一个笑话嘲笑了资产阶级经济学鲁宾逊式的问题之后,马克思本应能够对他自己存在的鲁宾逊式的神话予以质疑。通过将商品价值所包含的模糊的神秘性与鲁宾逊和其财富之间形成的简单而透明的关系对立起来,马克思陷入了一个陷阱之中。如果一个人假设(如马克思主义所认为的那样)所有的资产阶级政治经济学的意识形态都在鲁宾逊的神话中集中体现出来,那么他也必须承认所有在小说中存在的事物本身都迎合了资产阶级思想中的神秘目的论与形而上学,首先就是人与工具以及人与其劳动产品之间关系的"透明性"。

人与其劳动力(Arbeitsvermögen)以及与他的需要之间的理想性对峙是抽象的——这种抽象性因为它是从政治经

---

① 对于一个活着的人来说,任何的相似纯属巧合。

② 以上所有引文出自马克思《资本论》第一卷,第 94 页,人民出版社 1975 年版。需要指出的是,鲍德里亚在第四段引文中有一处有意的改动,马克思的原文为"甚至连麦维尔特先生也用不着费什么脑筋就能了解"。鲍德里亚在此将"麦维尔特先生"置换成为"鲍德里亚先生"。这是一个有意的调侃。——译者

济学的领域中,从某种商业性的社会关系中分割出来的——同时,就它自身而言也是抽象的,这不是因为从政治经济学中被抽象出来,而是因为它是政治经济学自身抽象性的缩影。也就是说,通过使用价值提升交换价值,在有用性的潜在目的性中来神化经济学。

鲁宾逊是自从资产阶级社会发展以来所发生的整体变化的结果(确切说来是从 18 世纪以来才被真正地理论化)。人被同时转变为一种生产力和一个"拥有需要的人"。在人自身之中被分割为自然(Nature)的制造者和思考者。在他的劳动中,他成了生产体系中的某种使用价值。同时,商品和产品,作为他的需要的功能而获得意义,从而被合法化为其"本质",由此而成了他的使用价值。他进入了使用价值的领域之中,同时也就是"自然"(Nature)的领域之中。但这绝不是依据一种原初目的性的再发现:所有这些概念(需要、自然、有用性)都同时在某种历史阶段上产生出来,这个历史阶段,见证了政治经济学及受其制约的意识形态的体系化。

鲁宾逊的神话是天堂的神话翻版。每一个宏大的生产秩序(资产阶级的或者封建主义的)都保有着某种理想化的神话,同时也就是终结的神话和起源的神话。神话学通过人在神圣法则(la loi divine)中能够自我完满的神话来获得一种支撑,同样,政治经济学依据在某种自然的需要法则中人能够自我完满来获得说明。二者具有相同的目的性:人与世界通过需要而形成一个理想化的关系;人与上帝通过信仰和神的神圣法则而形成理想化关系。这种理想化使命从一开始就作为一种丧失或者妥协而存在。但是目的性难以为继，使用价值被交换价值所埋葬，如同天堂中自然的和谐被原罪和灾难所打破一样，在未来救赎的承诺中，始终被铭刻为在大写的历史（History）的最后阶段被挖掘出来的没有损坏的本质。逻辑和意识形态是相同的：在丰裕的自然符号之下，原始的狩猎与采集的生产方式，早于封建主义的生产方式被凸显出来。农奴和劳动消失了，天堂的神话描述了封建关系的理想性（宗主权以及诸侯的效忠）。同样，鲁宾逊的神话在一个"透明的"孤立中（在那里先前农业和手工业的生产方式再次出现，市场和交换的法则消失了）描述了资产阶级关系的理想性：依据他的劳动和他的需要而具有个人的自主性，与自然密切关联的道德意识——如果可能的话，还有一些诸如星期五的人，一些土著的仆人存在。（但如果鲁宾逊与其劳动和财产的关系如马克思所坚持的那样如此"明确"，那么星期五又与这种安排有何干系？）

　　事实上，这种神话含混不清。这一神话的简化与透明，正如马克思笔下的商品一样，"充满了形而上学的玄妙和神学的精髓"。"依据某人的需要来改变自然"或者"使某人成为有用的"，如同使物成为有用的一样，这些观念都并非清楚的和自然的。这种使用价值的道德法则并不需要逃避政治经济学的批判：整个体系及其"神秘性"都已经留在了鲁宾逊的孤岛上，以及他与物之间所存在的伪造的透明关系之中了。

第八章　直面符号政治经济学批判

符号政治经济学批判试图分析符号/形式,正如政治经济学批判是对商品/形式的分析一样。

既然商品同时包含了交换价值和使用价值,那么对它的分析必须包括两个方面。与此类似,由于符号同时包含了能指和所指,所以对于符号/形式的分析也必须包括这两个方面。由此,对于两套术语分别形成的两种关系所进行的逻辑分析和策略分析理应同时存在:

1. 在交换价值体系和使用价值体系之间(或者在商品/形式和物/形式之间:这是在之前章节中试图说明的东西);

2. 在能指和所指之间(或者在它们相应的符码之间,这些符码说明了符号/价值和符号/形式)。

在这两种情形下,一个主导形式和主导形式的化身(或者附属)形式之间的关系被建构了起来,其中处于主导地位的形式成了逻辑的王冠和意识形态的完成。

1. 意识形态的神秘思维

传统意义上被称为经济的领域和意义的领域所具有的价值的同构性导致了整个意识形态的显现，但通过一些完全不同的术语被理论化了。它不能再被理解为在物质生产（生产体系与生产关系）和符号生产（文化等）之间形成的经济基础—上层建筑的关系，而意识形态作为一种上层建筑表达了或者掩盖了经济基础中的矛盾。由此，所有这些在相同的客观性上都包含了一般政治经济学（以及它的批判），这些政治经济学具有相同的形式，并被相同的逻辑所操控。

需要注意的是，在意识形态的传统形式中，意识形态与"经济"被人为地分割，更不用说那些令人绝望的歪曲（"上层建筑""辩证的""主导结构的"）以及这些歪曲所导致的种种结果了。然而，在此基础上却几乎不能把握文化的和符号的"意识形态"功能，除非在所指的层面上。由此（某某群体的以及主导阶级的）意识形态总是表现为一些宏大的主题、宏大的内容、宏大的价值（爱国主义、道德、家族、人道主义、幸福、消费），它们成为一种从未被清楚地阐明的隐喻的力量，渗透到了意识之中，并用来整合人们的意识。这些成了"思想的内容"，在现实的情形下发挥着作用。简言之，意识形态如同一朵文化的浪花拍打着经济的滩头岸边。

显然,意识形态确实是贯穿于符号生产和"物质"生产中的一种形式——或者,它是在两套术语中,两种逻辑所具有的同一形式:

$$\frac{交换价值}{能指} \bigg/ \frac{使用价值}{所指}$$

形式正是通过这种功能性的和策略性的分割来再生产自身的。它表明意识形态已经整个地存在于商品逻辑中使用价值与交换价值的关系之中,同时也存在于符号的内在逻辑中能指与所指的关系之中。

马克思阐明了物质生产的客观性并不存在于它的物质性之中,而是存在于它的形式之中。实际上,这是与所有批判理论决裂的关节点。同样的分析性还原必须在意识形态中加以运用:它的客观性并不存在于它的"观念性"之中,即不存在于现实主义思想内容的形而上学之中,而是存在于它的形式之中。

对于意识形态的批判(马克思主义也不例外)总是陷入意识形态的神秘性思维之中。这种批判并不将意识形态看作一种形式,而是看作内容,看作一种给定的、超验的价值——与一些宏大的显现密切相连的一种神性(mana),神奇地孕育了诸多漂浮的、神秘的主体性,这些主体性被称为"意识"。如同需要的概念,它被显现为物的有用性与"主体的需要"之间的一种联系,意识形态作为某种意识的客观化与某种观念或者某种价值的理念化之间的关系被显现出来。

从对物质商品的分析转向对一些显现和价值的分析,在那些伪造的,甚至是形而上学的概念之间①架设一些相同的富有魔力的桥梁。

175　　　事实上,意识形态的过程是一个将象征性物质载体还原为、抽象为一种形式的过程。但这种还原性抽象立即成了一种价值(具有自主性的),一种内容(超验的),一种意识的显现(所指)。这一过程同样导致了将商品作为一种具有自主性的价值和超验性的现实,而不知道它本身不过是一种形式,是一种社会劳动的抽象。在资产阶级(或者,也在马克思主义)思想中,文化被界定为一种与意识相关,通过某种"表征",被诸如一些肯定性的价值所围绕的超验的内涵,例如被拜物教化了的商品显现为一种真实的和直接的价值,通过"需要"和使用价值与主体相互关联,并被交换价值的种种规则所围绕。

　　　形式将自身不断地掩盖在内容之下,这是形式的狡计。符码的狡计在于将自身掩盖在价值之下,或者通过价值而生产自身。正是在内容的"物质性"之中,形式消解了自身的抽象,并将自身再生产为一种形式。这就是它所特有的魔力。它同时产生了内容以及接受这种内容的意识(就如同生产同时生产了产品和对这种产品的"需要")。由此,它将文化放

————————

　　　①　在此需要注意的是,异化的概念自身也成了这种神奇的概念之一,它被用来缝合那些伪造的分裂——在此这种分裂就是主体的意识以及他自身的观念内容(他的重新被发现的整体性)之间的分裂。

置于(内容的)价值和意识的双重超越之中,放置于两套术语进行交换的形而上学之中。如果说资产阶级将形式奉为一种超验的存在,为的是将其视为一种文化,那么马克思也将其视为一种超验的存在,但为的是将其作为一种意识形态来加以批判。不过二者具有同样的神秘性思维。①

几乎所有当代思想都因这种人为的分割而引发了种种问题和无休止的争论:

1. 主体与客体的二元分立,由神秘的"需要"概念作为桥梁来加以沟通。生产—消费的一般体系如果没有被不可消解的供求问题所打破的话,那么事情可能进行得更为顺利一些。在此还存在选择的自主性吗,抑或只是存在着一种操控? 或者这两个层面能够在一种伪造的辩证法中得以和解? 对此的讨论将是永无休止的陈词滥调,并且本身也是一个错误的问题。

2. 经济基础与上层建筑的二元分立,正如我们所发现的那样,掩盖了物质与意识之间难以弥合的分裂,这被分割的两极能够再次被整合起来源于意识形态这一神秘概念。在那些"相互作用""辩证法""相对自主性"等语言技巧的作用之下,那些"决定性因素"永远处于一种悬而未决的状态,虽然常常处于"最后的时刻",但那一刻从未到来,如果不是如此的话,那么事物可能运行得更好一些。这些语言技巧的提

---

① 由此,对于人为的需要以及对需要的操纵的"批判性"揭露,集中在了对消费无条件的提升所包含的神秘性之中。

出只是为那些一代代的知识分子们增加了更多的荣耀。

3. 剥削与异化的区分,这一错误的分裂在政治的分析中被反复地言说。剥削是否是异化的根据,或者相反,异化是剥削的根据,这被无休止地争论着;或者,第二个阶段胜过第一个阶段,作为"资本主义的高级阶段"——所有这些都是荒唐的,并且源于符号和商品之间人为的分裂,它们不是在形式中被分析,而是在内容上被分析(一个是意义,另一个是商品)。由此产生了劳动力的"剥削"与"符号的异化"的区分。就像商品与物质生产的体系无所"意指"(signifiait)一样!就像符号与文化在符码和模式的层面上,在一般价值交换的体系中,没有直接成为抽象的社会生产一样!

意识形态由此不存在于这种分裂的任何一方之中。相反,它是一种也是唯一一种贯穿于所有社会生产领域中的形式。意识形态在一个抽象的、还原的、一般等价的以及剥削的过程中,囊括了所有的生产,不管是物质的生产还是象征性的生产。

1. 正是因为商品的逻辑与政治经济学的逻辑处于符号的核心之中,处于一个抽象的能指与所指的等式之中,处于符号的差异性组合之中,符号才能够作为交换价值(交流的话语),作为使用价值(理性的解码和富有差异性的社会用途)而存在。

2. 正是因为符号的结构成为商品形式的核心,商品才能够直接成为意指(signification)——这种意指不是商品的一种附属产物,而是作为一种"信息"或者一种内涵,因为商品的形式使其最终成为一种中介,一种交流体系,彰显出所有的社会交换。如同符号的形式,商品是一种操纵交换价值的符码。物质生产与非物质的意义生产之间的区别不太重要了,其中符码是决定性的:这种符码是能指与交换价值作用的法则。符码在政治经济学的体系中被抽象出来,它在商品和符号两种情形下,都稀释了象征性的不定性,以建立一个"理性的"价值循环,并在被设定的等价规则之中进行价值的交换。

在此,异化概念因其与主体意识的形而上学相关联而被证明是无效的。政治经济学的符码,亦即我们社会的符码,并不是意识从现实中异化出来的结果。同样,"原始的"神话也是一种虚假的历史,它是意识的自述。然而社会的整合正是通过可交换符号的符码的循环过程来实现的,而不是由意识构造的原始神话(例如某种信仰机制)来实现的。同样,我们社会中的基本符码,即政治经济学的符码(无论在商品形式中还是符号形式中)都不是通过意识或者现实的异化来运作的:它将交换合理化、规范化,但只是在符码的规则之下,在对意义的控制之中。

劳动的分工、话语的功能性分裂并没有让人感到神秘;它使得人们社会化,并依据一种一般的、抽象的模式来描述它们的交换。个人的概念就是这种一般交换体系的产物。在"整体"的观念之下(不管是意识的还是大写的历史的),主

178

体在理想的状态中都将自身视为某个体系的结果和表征，被这个体系的阴影所笼罩。异化概念包含这种神秘的力量，这种力量使得意识认为自身包含了某种理想的状态（即对它的"完整性"的再发现）：这是一种意识形态的概念。同样，意识形态，作为上层建筑中的意识内涵，在这一情景下，也是一个异化的概念。

今天消费——如果这个术语的意义并不是那种粗陋的经济学所给予它的意义——确切地界定了这一阶段：其间，商品直接作为一种符号，作为一种符号的价值被生产出来，同时符号（文化）也作为一种商品被生产出来。但对此的研究仍然被一些生产的专家（经济学、经济基础）或者意识形态的专家（符号、文化）或者甚至被那些运用辩证法来分析整体的专家们所占据、所"批判"。对物的领域的研究只能使得最简单的现实变得模糊不清。如果想在这一研究中有所进展，特别是马克思的研究，只能承认这样一个事实：今天除非能够被解码为一种符号，任何事物（物、服务、身体、性、文化、知识等）都不能被生产和交换，同样这些事物也不能仅仅作为商品来加以评估；所有事物都在一般政治经济学的语境中得以显现，其中决定性的因素既不是商品（这种商品并不能通过它的信息、它的内涵在意指的功能［fonction signifiante］中被重述，在这种商品中总是仍然包含着某种潜在的客观性的可能），也不是文化（这种文化带着"批判性"：其中符号、价值、观念在任何地方都被某种主导的体系商业化或者在这种体系的作用下"复归",同时,好像正是通过这些超验的事物被合理化或者简单地与之相妥协,一种在交换价值中被扭曲了的使用价值的文化才得以存在)。这种政治经济学中的物,也就是政治经济学中最为基本的构成,它的核心要素——对于马克思来说就是商品——在今天既不再是一种商品也不再是一种符号,但它们并没有被消解,它们只是不再作为一种特殊的决定性,而是作为一种形式而存在。相反,这种物可能是一种极为简单的物,即物/形式,在其中使用价值、交换价值和符号/价值集中在一个复杂的模式中,这种模式描述了政治经济学最为一般的形式。

2. 符号的形而上学

符号所具有的价值与商品的价值都具有价值的"本性"。这被称为"最简单的事实",然而它又是最具神秘色彩的。如同政治经济学一样,符号学不过描述了一种循环以及结构性功能而已。①

我们在之前的研究中已经发现,交换价值体系的抽象总是被具体的现实和具有客观目的的使用价值和需要所支撑。

---

① 两种类型的分析分别理解商品拜物教和符号拜物教:创始于马克思的政治经济学批判,或者物质生产理论;以及近来被《泰凯尔》杂志(Tel Quel)所倡导的符号学批判,或者一种文本生产理论。

这是商品的策略性逻辑；后者总是前者的附属物或者化身。现在假设对于符号的逻辑和符号的策略所进行的相同分析都是正确的。由此开发出来一种语言符号学的"科学公理"，即特殊符号的任意性特征，这是由索绪尔最初界定的，并由本韦尼斯特（Benveniste）①所修订。

符号的任意性并不在于它的无动机，即在一般情形下，能指的"层面"（table）并不"自然地"指称现实的层面或者概念的层面（这里的 table 相当于德语中的 Tisch）；它只存在于某种能指与某种所指的对等关系的事实之中。在这一意义上，任意性甚至存在于象征②之中。这种情形下，能指与所指的对等性原则保留在它们的类比之中。任意性产生于既定的"拥有裁决权的"（discret）能指与同样具有裁决权的所指之间相互关联的基本建制之中。换言之，任意性存在于这种"自由裁决权"（discrétion③）之中，正是这种自由裁决权使得符号之间的对等成为可能，以至于这个等于这个，而不是

① 本韦尼斯特（Emile Benveniste）：法国语言学家，对索绪尔有多种延续和发展。——译者

② 这里"象征"的术语意指在经典语言符号学意义中类似于符号的变体。相反，我们总是使用象征一词（象征性，象征性交换），却是在与符号概念和意义概念完全相反的意义上来运用，成了与它们完全不同的一种选择。

③ "discretion"一词在此具有自由裁决的意思。在法律上成为自由裁决权的对应词。根据《布莱克法律辞典》的解释，意指"为法官和行政人员所享有的、在他们认为合适或必需的情况下行为或不行为的选择权；如果没有表明滥用裁量权，这种行为或不行为不能被推翻"。这一解释，指明了裁量权的两大特性：一是选择性，即执法者在作为、不作为及如何作为之间，有一定的选择权；二是自主性，即除非存在明显滥权，该选择不受其他机关审查或推翻。（Henry Campbell Black, *Black's Law Dictionary*, 6th edition, St Paul, Minn. West Publishing Co., 1990, P.467）这两个特征能从根本上反映出鲍德里亚所要反映的能指与所指之间的关系。——译者

其他。这种自由裁决权成为符号合理性的原则。它所发挥的功能是将所有潜在的意义进行抽象和还原，从而使其不再依赖于或者起源于一种能指和一种所指形成的相应的框架性、等价的和特殊的关系。符号的这种直接性的和还原性的合理化过程，与外在的、内在的"具体的现实性"都没有关系，却与等价以及意义框架的泛滥有关；与符号得以还原、压抑以及消解的运作过程有关，这种运作过程得以实现是因为符号被视为是由能指与所指来共同构成的。符号的合理化为了某种固定的、均等的结构得以建构而将所有不定性的象征性完全排除掉、消解掉。符号是一种区分：它通过排他而构造自身。一旦被纳入某种独特的结构之中，符号就将自身排列于它所固定的领域之中，屈从于差异性，在体系的控制中分别指认了能指与所指。由此，符号给予它自身某种完整的价值：明确的、合理化的、可交换的价值，所有现实性都在结构中消解了。

在不违背符号逻辑的基础上，对能指与所指的一一指认很容易在模棱两可或者暧昧不明的关系中变得更为复杂。一个能指可能意指多个所指，或者相反；但那些植根于符号之中的等价原则，以及由此延伸的排他原则和还原原则都并没有被触及。尽管仍然与不定性尖锐对立着，等价性已经转变为了一种多价性（polyvalence）。其中的不定性只不过是试图保持自身完整性的那些原则必然需要的一些变通。意指关系的弱化并没有使得符号的合理化原则，亦即现实性原则陷入危机之中。在保有它们的"自由裁决权"(discrétion)的基础上,能指与所指能够实现多种多样的对应方式,然而意指关系的符码却始终主导着并以体系的方式掌控着意义。

只有不定性(作为价值的一种断裂,作为符号/价值的另一面,或者作为对符号/价值的超越,以及作为象征性的显现)能够让符号的明确性与透明性、使用价值(理性的解码)与交换价值(流通的话语方式)都陷入危机之中。它终结了符号政治经济学,消解了对能指与所指的界定。能指与所指的概念都带有意指关系的烙印;既然在传统观念中,能指与所指都是通过意指关系来设定自身的意义的,那么能指与所指所形成的某种形式注定要破坏这种符号学的逻辑。在不定性与象征性的逻辑中,我们所试图完成的是符号的消解过程,一个用以阐释符号等式的消解过程,以及消解那些在流通话语中从未被消解的东西:完整性、不透明性、非清晰性,在流通话语中存在着符合这些特征的社会神秘性的载体,即商品,它所依赖的就是所有价值所建构的某种抽象等式。①

被马克思所复苏的政治经济学批判,仅仅在交换价值的层面,然而整个领域中还应包含使用价值的批判,这个批判确切说来是一个消解商品及其所包含等式的过程,将商品化约为一种形式与一般等价的符码。这种批判性的消解需要被

---

① 符号的消解必然导致能指与所指的消解,但并不是消解一些神秘的虚无(néant),这些虚无包括诸如意义载体的虚无与意义运作的虚无。意义的象征性运作也可以发生于仅能听到的,仅能看到的以及行为的(和社会的)载体之上,但要依据的是整个差异性的逻辑,这一问题我们随后会还会谈到。

延伸到意指关系的领域之中,进入符号政治经济学批判之中。

3. 指涉物的幻影

当符号将自己显现为一种拥有自由裁决权和功能性意义的整体的时候,某种能指指涉着某个所指,并最终整合为一个指涉物(référent)。符号作为一个抽象的结构意指某个客观现实的片段。正是在两个术语之间——在此并不是在能指与所指之间,而是在符号与其所指涉的对象之间,本韦尼斯特修改了索绪尔,设定了符号的任意性,而符号与其指涉物,通过一种真实共在的方式与主体意识相关联,具有某种精神性的本质和必然性。"所谓的任意性是某种特定的符号,而不是任何其他的符号,对应于某种特定的现实要素,而不是其他的要素。正是在这一意义上,也只有在这一意义上,才有可能谈论偶然性,在这样做的时候,我们并不是在解决问题,而只是将问题指出来,从而将其暂时先搁置一边……任意性的问题由此被放在了语言符号所能理解的范围之外。"①

但将任意性排除在符号之外只是转换了问题,确信通过将这一问题延迟来解决只是提供了另外一种解决方式,不是

———————

① 本韦尼斯特(Emile Benveniste):《一般语言学的问题》(*Problémes de linguistique générale*)(Miami,1971)。

暂时的和方法论意义上的解决方式,而是冒着将它变成一种永久的形而上学的风险的解决方式。

通过驱除任意性的过程,本韦尼斯特试图解救符号的内在组织与逻辑必然性(更不用说符号语言学的逻辑必然性了),而对于索绪尔来说,符号的内在偶然性是一种障碍,总是威胁着能指与所指的和谐统一。但这种调整仅仅在符号与现实(指涉物)分裂的基础上才是可能的,本韦尼斯特似乎很满足于将解决问题的方式重新放回到哲学的视域之中;但实际上,他只是如同所有的语言学家和符号学家一样,以形而上学的方式,运用"动机"与"任意性"的概念来自己回应问题而已。

最终,本韦尼斯特分析的困难(同样存在于其他人分析中的困难)都被归结为这样一个事实,即事物并没有依据他的设计而被分割开来。符号与"真实"指涉物的分割并不存在。这种分割只发生在作为形式的能指,以及所指与指涉物之间,后两者共同成了内容。在能指的统治下,形式构成了思想,内容构成了现实(或者,成了知觉)。在此指涉物并不比所指更外在于符号:实际上,它受符号的控制。它被符号的某种功能所分割出来,成为一种表征。它的现实性只是作为符号自身的一种点缀。在深层意义上,指涉物是符号的一种反映,而这种深层次的相互关联,虽然依赖于形式,却通过对主体的言说而"本能地"被反映在内容的层面上。本韦尼斯特宣称:"在主体的言说中,语言与现实之间可以完全地对应起来。符号囊括并操控了现实；更进一步说，符号就是现实……"①可怜的言说者显然并不知道符号的任意性（他并不是符号学家！），然而，他这种天真的形而上学包含着某种真理性，因为本韦尼斯特（在符号和现实之间）的任意性并不比索绪尔推崇的能指与所指之间的任意性更具优越性。

因此，如果人们承认本韦尼斯特的观念而反对索绪尔，即认为能指与所指共在的同时必然存在一个指涉物（现实），因为所指与指涉物都是同样通过能指的操控而被分割出来的。被分割的过程，被抽象形式化的过程持续发生在从所指到指涉物的整个链条之中。人们很难说出其中的差异性：

1. 在整个链条中，动机（motivation）是一般性的：但这里的动机不再是一种心理学意义上的潜在动机（内容的动机），由指涉物引发出来，指向能指。这里的动机是一种形式化的动机，"来自高处"，它是符码和能指的法则，表征并决定了"现实"。符码成了真正的现实性原则。

2. 或者，符号的任意性，作为符号的惯例统治着整个链条。由此，具体性消失了，甚至在知觉中，它也要依赖于能指的抽象和"自由裁决权"（discrétion）。能指的幽灵进入了现实的世界（在两种意义上：能指对世界进行幽灵般的分析与能指幽灵般地笼罩在这个世界的上空）。

问题的关键在于发现符号和世界的分割是一种幻想，并

---

① 本韦尼斯特（Emile Benveniste）：《一般语言学的问题》（*Problémes de linguistique générale*）（Miami, 1971）。

由此导致了一种科学的幻想。等价的逻辑、抽象的逻辑、自由裁决的逻辑以及符号的投射都存在于指涉物与所指之中。这个被符号所"召唤"出来的世界（最好让自身与其保持一定的距离）不过是符号的结果，笼罩在符号的阴影之下。符号作为一种"缩影"，世界就是它的现实展开。进一步说，世界简言之就是一种所指－指涉物。正如我们所看到的那样，所指－指涉物就是一个独立的、完整的存在，在能指的阴影下运转的现实，它同时还是能指的游戏在现实中的反映。

现在，意指关系的逻辑与政治经济学的逻辑之间的同构性开始显现出来。后者将需要作为它的指涉物，将使用价值视为具有人类学的本质，却将需要和使用价值都排除在实际的功能性的与可操作的结构之外。同样，指涉物仍然被滞留在符号理解之外：符号暗示着它的存在，但符号的内在结构却将它排除在外。实际上很显然，需要的体系与使用价值的体系暗含在作为一种完整形态的政治经济学的形式之中。同样对于指涉物来说，这个"现实性的实体"整个地被束缚于符号的逻辑之中。由此，在每一个领域之中，其主导的形式（交换价值的体系以及能指的组合）总要给予自身一种指涉物意义上的合理性，一种内容，一个化身，同时每一种阐释都是在同样的形而上学的"符号"，即需要与动机之下进行的。

所有那些古老的心理学滋养了符号学的建构：

1. 指涉物，"真正的"物，是现象中的物，是主体感知的内容和活生生的经验——介于现象学的实体与柏格森主义的实体之间的存在，它与形式对立。

2. 在言说之中，这种被感知的内容突然显现出来：它通过所指进入符号层面，成为思想的内容。在指涉物与所指之间，人们进入了一个从感知到概念的非幻想的空间，它与旧的哲学唯心主义相关，与抽象的联想心理学（associationnisme）相关，而后者在 19 世纪就已经并非新奇的理论了。

在符号与指涉物之间（或者在能指与所指之间）进行的阐释如何能够在细微处将它们区分开来？（这种差别是如此的细微，以至于它们完全保留了自己的面貌！）只有通过动机（motivation）。不管是为了否定动机，如在索绪尔的符号理论中，将动机相对化，把它置入象征的定义之中；还是简单地肯定它，如在本韦尼斯特对索绪尔的批判之中（虽然有根有据，但只是处于符号语言学的视域之中）——只有可被思考的关系，只有那些可用以阐发（心理学的）现象以及符号的概念能够被认为是一种动机。这种概念是空洞而充满魔力的。但是，一旦人们将指涉物的形而上学的表征，以及符号和世界之间抽象的分割视为理所当然，那么这种情形就很难被改变。富有魔力的术语试图将这种分割重新整合起来，然而如此的巧合，正是同一术语使得政治经济学能够将它所预设的主体与客体的分裂重新整合起来，这个术语就是：需要。大写的**需要**（BESOIN）与大写的**动机**（MOTIVATION），没有人可以逃脱它们的循环。每一个术语都隐藏着同样的形而上学的诡计。需要这一术语中包含了更多的逻辑性，而在动机的术语中则更富有心理学的味道；但是我们在此不要弄错。逻辑性和心理学色彩在此被牢固地混杂在一起：符号学动机的背后总是包含整个心理学。就如同经济学中的需要（besoin），它绝不仅仅是主体的"要求"（demande）问题：整个经济科学的阐发逻辑要它作为一个功能性预设。

187　　　这些概念并非偶然成为空洞的。当概念忙着弥补非存在者之间的鸿沟的时候，它们必然是无意义的。在符号与作为一种现象而存在的指涉物之间并不存在区分，除非从形而上学的视角来看，由此同时将符号和真实的世界观念化、抽象化，一个作为形式，另一个作为内容，从而构成形式上的对立。由此，区分既然是一个错误，那么试图去整合这种区分也只能运用一些错误的概念。但这种区分具有一种策略性，有效性，因此要解决这一问题（即破除这些概念的神秘性，这似乎成为破除符号的任意性及其动机的虚假问题的唯一途径）必将破除符号学的所有可能性。

　　　遭到质疑的概念的空洞性显然暗含着某种策略，它可以在意指关系的领域和经济的领域中同时被分析。动机（需要）只有在两种术语相对立的形式背后才能被描述，它通过自我显现（soi-disant）的迂回，成了一种循环，一种特别的、同义反复的过程，发生在同一形式中的两极之间；它通过真实性的迂回，成了一种体系化的抽象的再生产（不管是交换价值的体系还是能指的符码体系）。我们已经看到需要（使用价值的体系）并不构成一种独特的、不可交换的具体现实性，从而外在于政治经济学，恰恰相反，它自身就是由交换价值体系所推导出来的一个体系，它所依据的是同样的逻辑。如果两个体系在某些方面具有完全相同的形式，那么很显然需要的概念（如同动机一样）并不能说明任何东西。它只能通过一个虚假的阐发来描述相同的模式及其内部运作的一般循环。一个典型的需要的同义反复的界定（并不存在另外一个方面）：人们自己赋予给定的物以使用价值，"因为他们需要它"。

本韦尼斯特的动机进入了同样的循环之中，同样的心理 188学意义上的同义反复：

1. 符号由心理的同感引发了它的必需性，由此无可逃避地将一个既定的能指与一个既定的所指连接起来（一些思想的"真实性"碎片）。

2. 但是：这种"被符号所指称"的真实性碎片的客观性显然就是主体的共同感知（consensus perceptif）。

3. 同时，这一点显然又是由心理同感（consensus psychologique）所导致的，正是这种心理同感将任何既定的能指与既定的所指连接起来。

通过真实性来将符号合法化，同时通过符号来建构真实性，严格说来这是一个恶的循环；而这种循环是所有形而上学（意识形态）发挥作用的内在秘密所在。

需要并不是主体动机的表达，也不能表征主体的一种本真状态，它不过是主体在使用价值体系和交换价值体系共同作用下的一种功能性的还原。同样,指涉物也并不就是自为的具体现实,它只是符号的逻辑在现实事物中(即普遍的现象层面的感知)的运用所具有的一种推论。这个世界是一个通过符号才能被发现,才能被阐释的世界——也就是说,可以任意地被操控,具有可操控性。所谓"真实"并不存在。如果真实能够自我确认(也就是说它确实"存在"),那是因为它已经通过某种操控而被指认了,被抽象化和被合理化了,这种操控将真实放入一个与自身等同的等式之中。再一次,在这种理性的逻辑之中,所指与指涉物之间并没有根本的区别,在此自发产生的混淆仅仅是一种征兆:指涉物并不比能指具有更大的价值,它只是试图成为现实中的具有实体性的指涉物,而最终它却只是成了在抽象中的存在①。由此这一

189

---

① 对"具体"(en dur)概念的摹写只是传达了一种实在论的物态,实体的物态(fetish),最后都变成了一种唯心论的迷恋。(关于"具体"[en dur]的更多讨论,可参见列斐伏尔[J.M.Lefebvre],N.R.F.,1970年2月,第一期:"指涉物并不是真正的现实……它只是我们对于现实的想象。它是一种所指,被意指现实事物的企图所左右[!],因而并不能简单地放入其与能指的关系中来思考,如同语言学家通常所做的那样。依据所指的概念,我将指涉物看作通向世界的具体途径。")然而,唯物论与唯心论的混杂纠缠,源自整个西方形而上学的整合,成了符号学的基础所在。列斐伏尔理论的特点在于不管具有怎样的批判性,为了建构更为有效的符号策略,"现实"在符号学的思想背后悄悄地再生了。由此可见,如果没有能够质疑符号学的自我阐释,那么就不可能逃脱符号所设定的形而上学问题。列斐伏尔认为:"指涉物并不就是现实(即我可以证明,并可以控制的现实的物):我们将其视为一种真实性的存在,但这确切说来只是在头脑中的一种活动,即在观念中我们相信它就是现实,这是一个幻想,一种源于指涉物的'人为'构造。"由此,在预先存在的某个阶段中,指涉物失去了它的现实性,再次成了一种拟象(simulacre),躲藏在再次出现的有形的物背后。随后,符号的阐释导致了一种无限的倒退,重新将真实性视为对符号的超越以及符号的神圣化。最终,符号被试图超越它惯有的传统以及它的任意性的怀旧情结所萦绕,它多少迷恋于整个动机的观念。它通过超越和废止来透露着真实性。但它不能"跳出阴影之外",因为:正是符号自身生产和再生产了种种真实,真实因此就在符号的领域之中,而并不是对符号的超越。源于象征性解构的萦绕,符号被保留了下来,现实就此成了一个幽灵。

策略重复着自身:商品的两个方面(使用价值和交换价值)实际上暗含着一种形式上的同构性,其中使用价值被交换价值体系所调控,成了后者"自然主义"的保障。同样,符号的双重面孔(能指与所指,后来被人概括为能指/所指与指涉物)也隐藏着某种形式上的同构性,其中所指与指涉物,被同样的逻辑形式(即不过就是能指的逻辑形式)所左右,共同作为一种指涉物的化身——一种能指的"实体性"保障。

索绪尔的语言学理论(即符号被分裂为两种要素的构成)由此成了一种完美的空想主义。通过将能指与所指"平等地"视为符号的构成要素,它掩盖了符号的策略性功能,这种策略性功能确切地存在于两个术语的非平等性之中,基于其中一个主导术语的基本循环之中:

1. 存在一种所指—指涉物的形而上学,与需要以及使用价值的形而上学具有同构性。所指—指涉物被赋予了本真的现实性,成为一种价值的实体,并在能指的游戏之中恢复了目的性(参见《泰凯尔》[*Tel Quel*]中的分析,特别在德里达那里)。同样,使用价值被赋予了本真性以及目的性,而需要则成了经济的基本动机——交换价值的循环在此成为外在于目的性的一种迂回(détour)。

2. 在现实中,内容(使用价值与所指—指涉物)所具有的这种道德的与形而上学的特权只是掩盖了形式(交换价值和能指)所具有的决定性特权。其中一对术语成了最终的"理性"(raison),成了整个体系的结构性原则,而另一对术语则只是一种迂回（détour）。正是交换价值体系的合理性抽象以及能指的游戏掌控着整个过程。但是这种基本策略（在当代社会的每个层面上，如控制论、官僚体系以及"消费"体系等，都不可能①显现出它的作用）却小心地隐藏在两个（或者三个）要素（能指、所指与指涉物）所形成的语义关系蔓延的背后，隐藏在这些要素的差异性与它们的等同性的逻辑运行之中。

4. 指称与涵意②

在信息传递的层面上仍然存在着形而上学的游戏，这体现在概念的指称与涵意之中（整个语言符号学的所有概念都屈从于马克思对古典政治经济学中诸多概念的批判）。

指称（dénotation）在"客观性"神话的基础上完整地保留了自身（不管指称是否是语言学中符号的指称，或者仅是一

① 当然，并不是完全不可能，但这种分析依赖于它对我们把握符号政治经济学的整个发展过程所具有的影响。我们随后还会回到这一点。

② 这两个词汇产生于罗兰·巴特的符号学理论，他认为"符号"存在着两个层次的活动，第一个层次是：denotation，主要代表文字的表面意涵，第二个层次则是文化的 connotation，指涉文字在文化社会背景下的隐藏义。对这一对概念，目前国内有诸多不同的翻译方式，如表义与深义、显义与蕴义、指称与涵意、直接意指和含蓄意指。但不管采用什么翻译方式，只要能够表现出两个词语之间的一个在表层、一个在深层的差异，就都应是可以接受的。在此，我采用了指称与涵意。因为这一译法一方面保持了两个词汇的一部分原意（denotation 原意为外延，具有指示的意思，connotation 原意则是内涵），一方面还能够反映出罗兰·巴特所要反映的符号学的两个层面。——译者

种照相式的反映，或者是被偶像化了的对象）。客观性在这一情形之下是某个能指与现实性的直接等同。甚至于从这一假象（即它的非自由裁决［non-discrétion］，以及能指与所指所构成的一种连续等）中产生的困难都没有真正威胁到符号的等同性法则，这一法则即两个术语的相互意指，即可能将虚幻的真实指认为某种符号的显现，由此将意义合理化并对其进行控制。

涵意（connotation）的所指①当然服从同样的分析，因为它总是再现为某种新的意指关系"获取"（décroché）过程中的"意指的结果"。在罗兰·巴特对于潘萨尼（Panzani）面食广告的分析中就运用了"意大利性"（italianité）的涵意，这就是一个例子。"意大利性"只是所指的显现，一种概念等。实际上，它自己编织自己的符码——一种人所希望的神话（mythe）。但这种神话却不包含内容。它是一个交换的过程，一个符码的循环，它们的形式是决定性的。这就是涵意——如果它是意识形态，那么问题的关键并不在于它将附属的意义强加在"客观"名称之上的过程，也不在于它偷偷引入了诸多与之相似的内容，从而不同于符号用以构建名称的

192

---

① 人们知道"通过获取"（par décrochage）而产生的内涵，使得整个符号又成了另一个所指的能指：

$$\frac{能指/所指}{能指} \Big/ 所指$$

基本方式①，关键在于：能指群的自由联合与交换，即一个符码的无限的再生产过程。（参见"拜物教与意识形态"——意识形态与形式而非内容相连：它是对符码的迷恋。）

在了解了这一切之后，我们重新回到指称的过程，以试图说明它与涵意并没有什么不同：被指称的所指，这个客观的"现实性"自身不过就是一个被符码化了的形式（知觉的符码、"心理学的"符码、"现实的"价值的符码，等等）。换言之，意识形态同时存在于指称过程之中和涵意之中。简言之，指称不过就是最为出色的和最为微妙的涵意而已。

正如罗兰·巴特在《S/Z》中所说的那样："直接意指（dénotation）不是原初意义，而是装出这副模样；在这假象里面，直接意指归根结底仅为含蓄意指（connotation）的终端而已（这终端看来既确立阅读，又终止阅读），仅为高级神话而已，凭借了这点，文本装出回返至群体语言的天然状态，回返至当作天然状态的群体语言：某个句子，无论它后来看上去向其发话内容表露了什么意义，不都呈现出告诉着我们某类简朴、如实、原初之物的状貌么，那么就是真实之物的状貌，与此相形之下，其他剩下的一切（后来衍附上去的一切），不就是文学么？"②

---

① $\dfrac{\text{能指/所指}}{\text{能指}}\Big/\text{所指}$

基础结构与上层建筑的神话主题隐蔽地在意义的领域中重新浮现出来，这绝非偶然：具有指称性（denotative）的基础结构，与具有意识形态性的上层建筑。

② 罗兰·巴特：《S/Z》，屠友祥译，上海人民出版社 2000 年版，第 68 页。

所以，可以将使用价值视为物的"指称性"功能。物在其所具有的"可满足性"之中，在其所谓的客观性之中，难道不存在这种意味吗？这种话语的显现就是神话学最为微妙的地方。一个精致的错误，一个被歪曲的客观性包含于其中。有用性，就如同罗兰·巴特所谓的文学性（littéralité）一样，并不是一种本质；它只是一种现实的符码，优越于其他可能的符码（道德的、美学的，等等），显现出了一种合理性，而其他符码则似乎多多少少成为带有"意识形态"目的的合理化。指称或者使用价值；客观性或者有用性；真实与符号的符码成为一种共谋。与使用价值相同，物的"现实的"以及理想的目的性在交换价值的体系中复活了，具体性、现实性以及指称关系源于复杂的符码及其网络组织的相互作用——这就如同白色的光源自不同色彩的光谱的混合。所以指称的白光只是由于作为涵意的光谱的作用。

由此，指称与涵意之间的差异并非真实的，它本身就是一种意识形态。这种差异在一个矛盾的意义上被恢复了，但与目前已被接受的差异相左。因为指称通过它的独特功能——通过恢复它的普遍性与客观性的特质，从而抹去了意识形态的痕迹——将自己从其他意指关系（被包含）中区分开来。指称根本不是一个与作为一种意识形态的涵意相对立的具有客观性的术语，它将意识形态的过程自然化，因此它是最具意识形态性的术语，第二等级上的意识形态——这就是罗兰·巴特所谓"更为深刻的神话"。这正是我们在使用价值与交换价值的关系中所发现的那种相同的意识形态功能。由此,这两个领域在整个意识形态过程中相互印证。①

5. 超越符号:象征性

符号政治经济学批判暗含了某种超越性的维度——通过符号/交换价值的自我组织而达到一种意指过程中的"超越";同时也就是对某种符号学的"超越",这种符号学的"客观性的天真"仅仅描述了符号/交换价值的功能。

一般说来,符号的超越性所具有的批判性维度(对它的抽象合理性的超越以及对它的"任意性"的超越)总是以它所包含的两个术语中的一个的名义来实现:或者以所指的名义(以指涉物的名义:这是一回事),它必须从符码的束缚下解放出来(也就是从能指的束缚下);或者以能指的名义,它必

---

① 这一分析还可以延伸到元语言学(métalangage)领域之中(与上面的公式相反)

$$\frac{能指/所指}{所指}\Big/能指$$

在此,整个符号被转变为了一个新的能指的所指。最终,元语言学的意指关系的所指只是能指的一种结果,只是一种仿象的模式,它的一致性来自能指的交换的调控。在此列出一些自相矛盾的假设将是很有趣的一件事情:

——假设历史事件通过媒介,在它不断被符码化的过程中消失了;它被符码的简单运作所发明、所操控。历史事件由此显现为一种话语的组合。

——假设,在同样的模式之中,在元语言的层面上,科学的对象只能是它的话语的显现。在知识的划分之中,科学的合理性通过将他者排除的方式被建构了起来(正如我们所看到的,同样的过程存在于符号自身的建构之中),或者更进一步说:这种话语将它的对象作为一种仿象的模式,纯粹而简单。众所周知,科学的建立最后依赖的不过是某个科学群体在语言中的共识。

须从所指的束缚下解放出来。

第一个维度——所指的集合——已经在德里达以及《泰凯尔》对西方意义中所指优先性的批判框架中被分析了，这种优先性导致了将符号视为一种内容（一种思想或者一种现实），而牺牲掉了它的形式，同时，赋予意义某种伦理的、形而上学的地位。这种意指关系的"自然哲学"暗含了某种"指涉物的唯心主义"（idéalisme du référent）。这是以"具体的"现实性为名来对符号的抽象性和任意性的批判。它的幻象就在于在直接的和透明的直觉中恢复的"真实性"，从而建构某种符号的（能指的）和符码的经济学，由此来显现大写的所指（主体、历史、自然、矛盾）所包含的富有目的性的、辩证的、本真的真理。今天，这个批判的版本以本真价值的名义，在对符码和体系的抽象批判中被广泛地发展起来（它普遍地来源于资产阶级个人主义的价值体系）。最终这不过是一种道德说教，谴责体系所导致的异化，伴随着被批判的体系的蔓延，这种批判也就成了一个普遍的话语。

试图以所指（指涉物）的名义来批判能指，以能指的游戏来替代"真实性"的理想，与我们对"使用价值的唯心主义"的批判相一致。将使用价值从交换价值体系中拯救出来，而并没有意识到使用价值是一种与交换价值体系密切相关的附属体系：我们在试图将所指（指涉物）从能指的恐怖主义中解救出来的过程中，重新发现了唯心主义以及超验的人道主义观念。这种"真实性"的解放和自由留下了一个完整的意指关系的意识形态——正如政治经济学的意识形态完整地保留在了使用价值的自主性理想之中。

那些试图超越符号政治经济学的努力却只是进一步强化了构建符号逻辑的分裂,这些努力所依凭的只是符号构成要素中的一分子,而这只不过导致了在所指或者能指的异化模式中再生产出它的任意性特征(即意识形态)。① 对符号的批判性质疑的基础存在于符号在其建制中被放逐、被消解的东西之中,存在于能指与所指的显现及其结构性共在之中。意指关系的过程,最终不过就是一个巨大的意义的拟像的模型。显然,真实性、指涉物,以及价值的实体都不能摆脱符号的阴影,只有大写的象征性(SYMBOLIQUE)。这种象征性继续萦绕在符号的周围,在象征性排他的过程中,它从未停止拆除能指与所指形式上的相互关联。但是象征性,作为意义的本质从根本上颠覆了符号,它只能通过隐喻,或者破坏(effraction)来命名自身。因为意指关系只能用其自身的术语来命名所有的事物,只能在价值的以及符号的肯定性(positivité)语言中来被言说。

最终,所有问题都围绕着符号的肯定性,"价值的评估"(prise de valeur)在符号之外,不同于符号,除了它具有不定性之外,我们说不出任何东西。也就是说,它不可能区分出术语,并在肯定的意义上确认它的存在。可以说,这种不定

---

① 在"能指的自由"中,这种僵局将显现得更为微妙。我们不久将再次回到这个问题上来。

性植根于与价值交换所不同的某种交换之中（价值的交换或者符号的交换）。但这种交换被符号及其建制所阻挠与取消，这种符号的建制包括：

1. 一个分裂的、差异性的结构；

2. 一种肯定性的关系，一种两个术语的结构性连接，使得它们的分裂永久化。这种连接在能指与所指的内在—结构（structurale/inclusive）中被客观化了[①]，在叶姆斯列夫（Hjemslev）的公式：E.R.C 中的"R"（即表达与内容的关系）

---

① 符号所有的任意性与肯定性都在符号的这种分裂中（即分裂为能指和所指）显现出来。这种内在—结构性（structurale/inclusive）连接将意指关系作为一种肯定性的存在，并隐藏了符号之前的功能——一种稀释和消解意义的过程（或者无意义：不定性），一种符号从未终结的误解以及"去除否定性"（dénégation）的过程。这种符号的结构性分裂实际上是一个界限，它的兴起意指了符号的解构，它的解体。它的构成要素，能指与所指的消解。拉康的语言学公式揭示了这一真理：S/s。这种符号的分裂由此成了一种自我压抑——不再是一种阐发，而是一种质询——因此变成了一种逾越。这一分裂凸现了符号所否定的东西，由此符号建构了自身的否定性，这一点在其肯定性的建制中，仅仅是一种征兆。

然而，拉康的公式运用了传统的符号主题揭示了一个完全不同的新情形，即保留了所指的地位。这个所指并不是语言学中所指—指涉物对立中的所指。它被压抑了。它还拥有着某种内容，它的表征还总是一种实体性的表征，不再是一个术语与一个术语——对应，而只是在隐喻的能指链中的某些特定的点（关节点）（points de caption）上才能对应起来。根据完全不同的语言学逻辑，存在两个要素的分裂，而指涉物是其中一个要素的表征。相反，将符号作为一种评判标准，作为一种排他的界限，并不能将其压抑为一种可意指的（signifiable），压抑为一种潜在的价值。相反，它只能被想象为被符号所否定，同时却也否定了符号形式的东西，并且在其中并没有任何空间（place）。它是一个与符号相对的非空间、无价值的存在。通过符号的区分和划界，某种象征性的无定在性只有在符号的解体中，在符号和价值的消解中才能重新出现。象征性不存在于任何地方。它并不是那些被压抑的东西，如拉康的所指。因为它在将符号分裂的同时，又消解了符号分裂后的二元对立，最终它将能指与所指撕成碎片。

这就是说，意义的操控与心理分析中的能指与语言学中的能指以及符号的操控几乎全无关系。虽然它们采用同样的术语，这些术语却造成了一些无法消融的误解。应该让语言学中的能指与所指停留在语言学的范畴内，而在对价值的语言经济学层面的批判上，将它所有的相对的价值归于象征性，就好像价值与意指均不再存在。

进一步被客观化、被肯定了①。正是这个肯定性的关系界定
了符号的价值。符号的任意性与符号的目的性在此都变得
不重要了。这些术语将问题放置到已经存在的符号的逻辑
中,使问题本身发生了偏转。符号的任意性及其动机都是它
被肯定的方式,由此产生了它的合理化。而这不过就是通过
符号的双重抽象而稀释了所有的不定性。由此符号的动机
仅仅是、纯粹是它的策略:通过价值的"凝结"来构造结构,去
除不定性。这种动机通过符号的任意性来发挥作用:排他和
稀释。所以任意性和动机从(政治)策略的视域下很难相互
矛盾。

最终,符号的任意性仍然很难站得住脚。符号/价值与
交换价值一样,并不承认自己的抽象推理,不管它如何否认
和压抑,它仍然试图通过排他将所有一切都整合入它自身的
运作之中,这就是"真实"、指涉物的处境:它们不过是象征性
的拟像(simulacre),它们被符号所稀释,被符号所左右。通
过指涉物的幻象——这种幻象不过是符号在运作过程中自
我压抑的结果②——符号试图引发这样一种误导:它允许自
身显现为一种整体,抹去它超验的抽象的痕迹,成为意义的

---

① 在罗兰·巴特看来,意义的任何体系都包含着表达(expression)(E)、内容
(content)(C),以及意义得以产生的两者之间的关系(relation)(R),三者简写为 E.R.
C。——译者

② 通过一种令人困惑的颠倒,人们可以说,指涉物再次具有了某种"象征性",
这种象征性并不是在术语激进的意义上,而是在某种"象征性"行为(geste)中,也就
是说,在它极为贫乏的象征性中。在这一意义上,指涉物仅仅具有"象征性",现实性
原则已经绕过了它而成了一种符码。

真实性原则。①

在符号的肯定性价值作用之下，产生了功能性的、带有恐怖主义色彩的意义操控，由此，意指关系在某种意义上类似于具体化（réification）的观念。其中存在着要素的客观化（objectivation），这种客观化的显现方式是将符号体系扩张到社会层面与政治层面对意义的操控之中。所有压抑性的和还原性的权力体系的策略都已经在符号的内在逻辑中显现，同样也在交换价值的逻辑中以及政治经济学的逻辑中显现。只有在理论的和实践的整体革命中，才能消解符号和价值，恢复象征性。符号应该被焚烧！

---

① 甚至交换价值也不可能纯粹存在于它的抽象之中。它只能在使用价值的掩盖下才能发挥作用，在其背后，整体性的仿象在政治经济学的视域下被恢复了，交换价值在需要的功能中，在它失去驱除的幽灵——欲望的象征中生存了下来。

第九章　媒介的挽歌

赞美诗

并不存在媒介理论。所谓的"媒介革命"不过是一种经验性的、充满神秘色彩的"革命"而已，无论是在麦克卢汉那里，还是在他的反对者那里都是如此。麦克卢汉以他惯有的加拿大-得克萨斯人的鲁莽宣称马克思的理论，作为以蒸汽机和铁路为标志的现代社会的灵魂，在电报出现之后就已经过时了。[①] 他以其一贯的率直风格认为马克思对于生产的唯物主义分析，已经被生产力所包围，而生产力在马克思那里显然优于语言、符号和传播，因此它们被排除在外了。实际上，在马克思那里根本就不存在将铁路视为一种"媒介"，从而作为传播方式的理论：它们几乎没有被考察过。马克思实际上并没有建构任何一般技术演进的理论，除非在生产的视角之下——将原初的、物质的、基础的生产作为社会关系

[①] 参见麦克卢汉：《地球村中的战争与和平》(*War and Peace in the Globla Village*)(New York, 1968)，第 5 页。

第九章　媒介的挽歌
221

的唯一决定性要素。由于传播方式不过是一种想象的中介，缺乏任何社会实践能力，因此在整个"革命"的世纪中，它不能对生产方式理论做出任何改变。

　　由此，符号的交换不再是从边缘的、上层建筑的层面上来与被"真实的"理论所界定的那些人（唯物主义者）相关联，这些人被认为是"真实生活的生产者"（即那些满足人们需要的商品的生产者）（在与传统马克思的比较中这已经成了一种革命），那么在这种情形下有可能在两个维度中做如下设想：

　　1. 人们可以保持马克思主义分析的一般形式（生产力和生产关系的矛盾的辩证法），但需要承认"经典的"生产力分析太过狭窄了，人们需要将生产力的分析拓展到整个模糊的意指关系（signification）和传播领域之中。包括以它的创造力来凸显所有那些因在理论与实践上拓展了政治经济学而产生的诸多矛盾。这一假设背离了恩泽斯伯格（Enzensberge）在其《新左派评论》（New Left Review）中的观念："垄断资本主义培育了这样一种意识：较之于生产的其他部门它要更快、更为广泛地发展工业；但同时它也必须束缚工业的发展。一种社会主义的媒介理论不得不去解决这样一个矛盾。"①这种假设不愿意将商品形式拓展到所有社会生活领域（在这一意义上，它似乎已经落后了），它在当时，同时

――――――――

　　① 恩泽斯伯格："媒介理论的构成"（"Constituents of a Theory of the Media"），《意识工业》（The Consciousness Industry）（New York：The Seabury Press，1974）。第96—128页。——参见英译本163页。

也在现在承认一种富有阶级性的传播理论的存在，一种"资产阶级"的符号以及生产的政治经济学的存在，如同 18 世纪就已经存在着某种物质生产一样。这是一个阶级划分的理论法则。① 却并非由于马克思批判逻辑的延伸而带来的任何基础性的批判。当整个视角转入上层建筑之后，对符号政治经济学批判就成为不可能的了。由此，恩泽斯伯格的假设充其量只能是稍微减缓了马克思阶级理论的过时速度而已。

2. 这种假设只有在传统马克思理论眼中才是激进的，由于传统马克思理论完全陷入了一些固有模式之中，因此这种假设的激进性是值得怀疑的。激进的道路在他处。意义、信息以及符号的生产对革命的理论带来很大的冲击。它不能够在具有阶级性的生产力的意义上来被重新阐释——也就是说，不能被一般化为马克思主义的分析，即带有终极性的，并指定特殊的"革命的代言人"——真正革命的道路在于完全打破马克思的分析，在理论领域中萌发这一新的问题。（这是一条"自尊"的马克思主义不愿采取的道路，甚至在假设的名义下也不可以。）

换言之，马克思的生产理论已经几乎不能被拯救了，也不能被一般化了。或者进一步说：生产理论（与生产力发展相关的矛盾的辩证运动）与它的对象——物质生产——具有

---

① 这种符号政治经济学是一种结构语言学（同时还具有符号学及其所有延伸意义的特征，在下面的传播理论中，我们还将对此进行讨论）。显然，在一般的意识形态框架中，结构主义语言学成了当下的一个主导性法则，推进了人类学等人文学科的研究。也正是在当下，政治经济学在深层意义上推进了心理学、社会学以及"道德与政治"科学的研究。

严格的同构性,不具有可转变性,成了某些内容的前提或者理论框架,而这些内容从来没有被首先给出。① 辩证法的形式对某些特定的内容是有效的,即那些物质生产的内容:它虽然揭示了其中的意义,但并不是一种原型(archétype),能够超越这一内容本身。辩证法化成了灰烬,它实际上成了一种对被分割的(separeted)物质生产秩序进行阐释的系统。

总之,所有这些假设都十分符合逻辑。它给予马克思主义的分析以整体的一致性———一种内在的一致性,将某些要素排除在外,将某些要素保留下来,这就是那些阿尔都塞的门徒们如同精细的技工一般所进行的修修补补。相反,我们虽然确信马克思主义具有最大限度的一致性,但我们同时可以发现这种一致性的缺口,因为它不能解释那些非物质生产的社会进程。②

---

① 在这一情形下,恩泽斯伯格用"意识工业"(industrie de conscience)来描述现存媒介的特征,是一种危险的比喻。不幸的是,它却暗含了他整个分析的假设,将马克思对资本主义生产方式的分析拓展到了对媒介的分析,发现了以下关系中存在的结构性的类比:

统治阶级/被统治阶级

生产者/消费者

传媒工作者/接受者

② 实际上,马克思主义的分析可以在两个不同的极端上被质疑:一个是对被分割的(separated)物质生产秩序的阐释系统,一个则是对被分割的一般生产秩序的阐释系统。在第一种情况下,那些与辩证法无关的"原初"领域必须被逻辑地推进:生产力和生产关系之间的"辨证"矛盾在语言、符号和意识形态中消失了,可能它们从来没有在物质生产领域中发挥作用,因为资本主义生产力的发展能够将所有矛盾不是作为冲突,而是作为在社会关系层面上存在的革命性对抗而吸纳了。由此,除了一些纯粹概念上的一致性之外,这些概念的有效性究竟在哪里呢?

在第二种情况下,必须从根基处(而不是从它多变的内容中)来质疑生产的概念,以及它所构建的分割的形式,和生产所试图表征的合理化的主题。毫无疑问,正是在这个极端中,许多真正的工作还需要去做。

恩泽斯伯格：一种"社会主义的"策略

在恩泽斯伯格看来，由于理论的缺失与肯定性策略的实行，左派已经缴械投降了。他们满足于将大众媒介文化作为一种意识形态的操控来加以谴责。左派梦想某种媒介的接管，有时候作为一种推动大众革命意识的杠杆，有时候则作为社会结构发生极端变化的结果。由此，媒介显然成了一种矛盾，直接反映出将媒介整合入经济基础－上层建筑理论的不可能性。在恩泽斯伯格看来，媒介（以及符号和传媒的领域）对于左派来说仍然是一个社会的神话，因为左派并没有将它们视为一种新的、巨大的潜在生产力。左派或者迷恋它，或者批判它，既成了这一神话的受害者，同时也从道德和理论上对其进行谴责（在此，左派知识分子通过恩泽斯伯格自身来进行自我批判）。这种不定性只是反映出了媒介自身的不定性，没有超越它或者稀释它。在马克思主义社会学视域之下，恩泽斯伯格将这种知识分子和左派运动的"恐惧症"归咎于他们本身是资产阶级或者他们的资产阶级起源：他们本能地抵触大众文化，因为它剥夺了他们的文化特权。① 不管是 205

---

① 这种还原性的决定论（déterminisme réducteur）可以在布尔迪厄（Bourdieu）的著作中以及共产党的一些言论中找到。它们并没有理论的价值。它在本质上将民主化的机制转变为一种革命的价值。知识分子发现大众文化的矛盾使其很难成为一种革命力量。贵族们曾经不满于资产阶级文化，但从来没有将其视为一种阶级文化。

正确还是错误，在这种让人困惑的蔑视中，在这种策略性的混淆以及左派知识分子对媒介的拒斥中，确切说来，也许更有价值的追问在于马克思主义该如何批判自身的偏见，它是一种充满怀旧色彩的经济基础的唯心论吗？它是一种拒斥任何与"物质"生产和"生产劳动"无关的理论吗？革命的理论从来不涉及符号的交换，除非作为一种具有实用功能的使用：信息、传播、宣传。当下左翼的公共关系的新视角以及整个现代主义流派的亚文化都很难改变这一趋势。它们充分展现了资产阶级意识形态如何能够不依赖于"社会的起源"而诞生。

恩泽斯伯格认为，所有这一切导致了左派的政治分裂。分裂的一方是整体（颠覆性）的革命派别，将自己放逐到对新媒介（亚文化、地下文化）进行非政治的挖掘之中。另一方则是"好战的"政治群体，他们仍然坚持原有的传播模式，拒绝"玩游戏"，或者去发掘电子媒介所具有的更多可能性。由此他们谴责 68 革命中的学生散发传单、占领奥德翁（Odéon——巴黎一个著名的剧院）而不是法国广播总部（O.R.T.F）的种种行为让自身倒退到了运用（美术学院）工匠的手段来进行革命的阶段。

恩泽斯伯格试图设立一种乐观的和富有攻击性的立场。媒介被统治阶级所垄断，从而服从于统治阶级的利益。但媒介仍旧保持着"基本的平等性"，它被资本主义秩序所破坏，但正是革命的操持（pratique）将媒介中所蕴涵的这种潜能释放出来——让我们说出这样的言语：解放媒介，恢复它们的社会使命，即作为一种开放的传播，一种无限制的民主交流，这是它们真正的社会主义宿命。

显然，我们在此所提出的不过是赋予生产力和技术的一个异常古老主题的延伸，从马克思到马尔库塞：他们都承诺一种人类的完满状态，但资本主义却冻结了它，吞没了它。它是一种自由，但必须等待一种解放。[①] 媒介，正如我们所看到的不能逃脱将革命性植入事物之中这一令人着迷的逻辑。让媒介重新进入到生产力的逻辑，不再是一种批判性的行为，因为这样做只是将媒介牢牢锁入革命的形而上学之中。

同样，这种立场也陷入了矛盾之中。通过媒介（资本主义的）自身的发展，媒介确保了社会化过程在一点点生成——仅从技术层面就可以想象出来，并不存在只让极少数能支付得起的人们高兴的闭路电视，"因为这违背了媒介的结构特性"[②]，"因为在历史上第一次，媒介使得大众参与到一个社会的或者被社会化了的集体成为可能，并使参与的手段掌握在大众自己的手中"[③]。但"社会主义运动必须要为

---

① 由此我们发现权威、国家以及他们的体制都或者不是革命的，或者是革命的，这完全依赖于他们是否还在资本的控制之下，还是已经超越了它。而他们的形式很少被质疑。

② 参见恩泽斯伯格："媒介理论的构成"（"Constituents of a Theory of the Media"），《意识工业》（*The Consciousness Industry*）（New York：The Seabury Press，1974）。第105、108页。

③ 同上，第97页。

拥有自己的波段而奋斗,并也将要为此而奋斗"①。如果媒介已经意识到了它自身就存在于社会主义之中,如果社会主义已经成了他们结构的使命,为什么还要奋斗(尤其要为拥有自己的波段而奋斗)?

恩泽斯伯格追随着布莱希特(广播理论[Théorie de la radio],1932)认为,现存的秩序将媒介简单地归结为"散播的中介"(medium de distribution)②,因此,媒介必须重新成为一种真正的传播中介(medium de communication)(这就如同萦绕在马克思主义之中的梦想一样:去除物的交换价值,为的是恢复它的使用价值),而这种转变"在技术上并不是一个问题",而是:

1. 在当下的秩序中,将媒介视为一种"纯粹的、简单的散播手段"是错误的。再一次,媒介将自己看作意识形态的承载者,而掌控它的东西却在其他地方(在物质生产方式之中)。换言之,媒介主导了意识形态的市场化和商品化。由此,媒介的生产—传播者与无责任的、接受的大众之间的关系就如同资本家与工薪阶层的工人之间的关系。但它并不是作为内容的传达手段,而是以它们的形式与运作来引导一种社会关系,这并不是一种剥削关系:它包括了交换自身的

---

① 恩泽斯伯格:"媒介理论的构成"("Constituents of a Theory of the Media"),《意识工业》(*The Consciousness Industry*)(New York:The Seabury Press, 1974)。第107页。

② 同上,第97—98页。

抽象化、隔离以及废弃。媒介并非意识形态的一个主导因素，而只是它的执行者。不仅其目的不是革命的，而且就媒介自身而言，不管在哪里，都不是中性的，也不是非意识形态的（它们技术的幽灵或者它们社会的"使用价值"的幽灵）。同样，意识形态作为主导阶级的话语，当不能通过媒介被传递的时候也只能在别处存在。同样的情形还可以用来说明商品领域：商品也只有在交换价值体系的运作中才能拥有真实性。意识形态的幻想也只显现在交换价值的觉醒之中：这都是交换价值自身的运作。在辩证法挽歌之后，有必要唱响经济基础—上层建筑的挽歌。

2. 当布莱希特与恩泽斯伯格承认媒介转向一种真正的208传播中介，在技术上不是一个问题的时候（布莱希特说："这不过是技术演进的一个自然结果。"），有必要理解的问题在于（这样做并不是在玩文字游戏）：确切说来，这实际上不是一个技术问题。因为媒介意识形态在形式上发挥作用，在它所建构的分割上，即一种社会的分层上发挥作用。

没有回应的言说

大众媒介是反中介的和不及物的。如果人们接受将传播界定为一种交换，一种言语的交流与回应，并具有某种相应的责任的话，那么媒介所构造的是非传播的方式（并不是心理上或者道德上的责任，而是一种在交换中人格化的、相互的责任）。因此我们不能将传播理解为一种简单的信息的传递—接受，后者是一种可在反馈中的不断回转。现在，整个既存媒介都将自身建筑于这种界定之上：它们总是阻止回应，让所有相互交流成为不可能（除了在拟真回应的各种形式中，它们自身被整合入一个传达的过程之中，由此使传播变成一种单向传递的过程）。这是媒介真正的抽象性。社会控制与权力体系就植根于其中。

为了正确地理解回应（réponse）这一术语，我们必须通过到"原始"社会中去寻找其等同物，来强调它的意义：某人的一种力量，能够给予，却不能被回报。这种不能被回报的给予打破了根据自身利益所进行的交换，构建了一种垄断。社会由此发展到了非平等的阶段，而回报打破了这种权力关系，并且在相互对立的基础上建构了（或者重建）象征性交换的循环。对于媒介来说也是如此：它们言说，或者有些东西被言说，但在这一过程中，却在任何地方排除了任何回应。这就是为什么这一领域中的革命——同时，在所有地方的革命，所有的革命——都只能存在于恢复这种回应的可能性。但是这种简单的可能性却在整个既存的媒介结构中预设了一场轩然大波。

没有其他理论或者策略是可能的。所有那些模糊的冲动，那些试图将现实民主化，颠覆既存现实，恢复"符码的透明性"，控制信息传递的过程，努力构建可逆性的循环，或者掌控媒介等冲动都是毫无希望的——除非这种言说的垄断被打破；然而如果人们只是简单地将它平等地散播到每个人那里，那么言说的垄断是无法被打破的。言说必须能够交换、自我给予和回报①，就如同在眼神和微笑中时常表现出来的那样。它不能简单地在社会发展过程中被打断、被冻结、被储备而后再被散播出去。②

当下，我们生活在一个无回应的时代——一个无责任的时代。"在观众和投票者的手中拥有最少的自主权。"恩泽斯伯格说。大众媒介最为出色的地方在于它的选择体系：它最值得骄傲的成就就是公选制度。其中回应已经暗含在问题本身之中，就如同在民意调查中一样。言说本身通过一种拟真的迂回的回应回答了它自身。同时，在此，在交换形式的伪装之下，言说的专制就是权力的定义。罗兰·巴特就曾指出在文学中存在的同样的非交互性："文本的生产者和消费者、物主和顾客、作者和读者，无情地离了婚，文学体制维持了这种状貌，这标出了我们文学的特性。读者因而陷入一种闲置的境地，他不与对象交合（intransitivité），总之，一副守身如玉的正经样（sérieux）：不把自身的功能施展出来，不能完全地体味到能指的狂喜，无法领略写作的快感，所有者，

---

① 这并非一个"对话"的问题，对话不过是两个抽象的言说者之间功能性的相互调节，其中没有回应，"对话者"并不在场，在场的只是被模式化的话语。

② 68 革命中即使占领了法国广播总部（ORTF）也不能改变什么，这场革命不过是"散播"了一些颠覆性的"内容"——如果当时能够将其整个地关闭就好了，因为它整个的技术与结构反映了言说的垄断。

只是要么接受文本要么拒绝文本这一可怜的自由罢了——阅读仅仅是行使选择权。"①

今天,消费者的地位界定了这种放逐。一般化了的消费秩序不过成了这样一个领域:其中并不允许给予、补偿、交换,而只是试图去索取、利用(侵占,个体化的使用价值)。在这一意义上,消费物品同样也构建了一种大众媒介:它们回应了我们所描述的一般化的事物的状态。而它们的特殊功能变得不重要了:产品或者信息的消费是它们所构建的一种抽象的社会关系,禁止所有回应和交互性形式的产生。

由此,恩泽斯伯格所宣称的"在历史上第一次,媒介使得大众对社会进程的参与成为可能,并且参与的实践手段掌握在大众自己的手中",这一说法完全不正确。这就好像拥有一台电视机或者一个照相机就可以引发一种新的关系和交换的新的可能性一样。严格说来,拥有这些东西并不比拥有一台电冰箱或者面包机包含更多的意义。并不存在对于某种功能性的物的**回应**:它的功能已经在那里了,它自身已经是一个包含着回应的完整话语,没有给游戏留下空间,也没有给交互性留下空间(除非毁掉物,或者完全改变它的功能)。② 所以,功能化的物,如同被媒介功能化了的所有信

---

① 罗兰·巴特:《S/Z》,屠友祥译,上海人民出版社2000年版,第56页。
② 对此,多功能性并不能改变什么。在所有形式之中的多功能、多规则、多元价值都不过是那个迷恋中心、迷恋标准化(单一等价)体系的一种反映。它是体系自身的症状的反映,是对潜在逻辑的解释。

息，如同公共选举的操纵，控制着意义的断裂和显现，并监控着这一过程。在极端情形下，权威提供给每个公民一台电视机，却没有预先给予任何电视节目来侵占它（假定这一权威自身没有被内容所迷惑，确信媒介具有的"劝导"的意识形态的力量，并确信需要控制信息的传播）。惊讶于国家通过电视对人的监控管理（如恩泽斯伯格提到的奥威尔［Orwell］①，《1984》）是无用的：电视，从本质上仅就其存在而言，就包含着一种社会控制。没有必要将电视设想为监控每个人的私生活的望远镜，它的功能比这更有效：可以肯定的是，人们不再互相言说，人们被孤立了出来，面对着一个没有回应的言说。

在这一意义上，麦克卢汉，这个被恩泽斯伯格蔑视为一种腹语者（ventriloque）的人，更为接近于他所宣称的"媒介即信息"（le medium est le message）的理论（除非他完全无视在此所讨论的社会形式的存在，他才会高度评价媒介，以及它们以极为乐观的方式来传达的全球信息）。媒介即信息并不

---

① 乔治·奥威尔（George Orwell）是英国人，本名埃里克·亚瑟·布莱尔（Eric Arthur Blair）。1903 年生于印度，作家，常常与卡夫卡齐名，思想倾向于社会主义，其作品常常反映下层人们的生活疾苦。他为后人留下了大量作品，仅以《动物庄园》和《1984》而言，其影响已经十分深远。以至于为了指代某些奥威尔所描述过的社会现象，在英语中还专门形成了"奥威尔现象（Orwellian）"这一称呼，它特指那些受严酷统治而失去人性的社会。如果说，贯穿奥威尔一生的作品主要是反映"贫困"和"政治"这两个主题，那么激发他这样写作的主要动力就是良知和真诚。——译者

是一个批判性的命题。但在它矛盾的形式中，它具有分析的价值。① 然而恩泽斯伯格将"媒介的结构性特征"视为"没有力量能够将其潜能解放出来"，尽管它试图被解放，这本身就是一个神话。社会主义的媒介宿命与被权威所操控的暴力革命论的奥威尔式神话相左，但同时又相互补充。甚至上帝都会赞成社会主义：基督徒一直在说着它。

颠覆策略与"象征行动"

如果说媒介在法国68革命中自发参与了革命运动并扮演了重要角色可能会遭到反对的话，那么至少在某一个行动时刻，媒介确实与权力结构针锋相对了。正是在这种决裂中，在这种颠覆的可能性基础上，美国雅皮士（American Yippies）（例如霍夫曼［Hoffman］，鲁宾［Rubin］）的颠覆性策略得以建构，同时在世界革命运动中，"象征行动"理论亦由此得以详尽阐发：通过连锁反应的力量来凸显媒介。运用它们的力量将信息即时传递出去。由此似乎可以认为媒介的影响是颠覆性的，它是在阶级斗争中人们必须要学会适应的一

---

① 恩泽斯伯格将其做了这样的阐释："媒介即信息"是一个资本主义的命题。它指明了资产阶级没有剩下任何可说的东西。没有任何可以传递的信息了，因此媒介只能打出为了传递而传递的牌。——如果资产阶级没有什么可说的了，那么"社会主义"最好也要保持沉默。

种变化。但这种立场应该予以质疑，因为它很有可能成为另外一种策略性的幻觉。

68 革命就是一个很好的例子。所有的事情似乎都让我们确信在这一时期媒介发挥着颠覆性作用。偏远的电台与报纸将学生运动散播到每一个地方。如果学生是起爆器，那么媒介就是共鸣器。此外，统治者又公开指责媒介"正在玩革命的游戏"。但这些争论都缺乏一些分析。我持相反观点，认为媒介从来没有失去它的责任，即发挥一贯的社会控制功能，它们处于行动的风口浪尖之上。因为它们在混乱的秩序中保留了其形式，这种形式，不管具有怎样的内容，都不可避免地与权力体系相连接。通过一种抽象普遍的公众视点，媒介报道着事件，将一些突然的和非正常的发展强加到事件的运动之中；通过这种强制性和预测的夸大，它们剥夺了运动自身原初的节奏及其意义。一句话：它们让运动短路（court-circuité）了。

在传统政治（左翼或者右翼①）中，被神圣化的模式，以及某种类似教义般的言说被交换着，媒介能够在不歪曲意义的同时进行传播。它们与这种言说具有同构性，就如同它们

---

① 从媒介的角度来看，这种左与右的区分是毫无意义的。我们应该给予那些该被信任的东西以信任，并授予它们权力来做删改。这种区分与政治的超验性（transcendence）秩序相互关联，而与那些在各种形式之中，那些声称自身是政治的横断面（transversality）的存在毫无关系。在此：媒介只是消解了这种政治的超验性，为的是用自身从大众媒介的形式中抽象出来的超验性来替代它，而大众媒介的形式被完全地整合起来，甚至不再提供一种对抗性的结构（左一右）。大众媒介的超验性由此稀释了传统政治的超验性，同时可能是更新的政治横断面的一种稀释。

与商品的流通具有同构性一样。但逾越与颠覆如果没有被谨慎地否定的话，它们就不可能被媒介传播，被转变为一些模式，中性化为一些符号，被掏空意义。① 并不存在什么逾越的模式、原型以及系列。因此，媒介不是一种稍纵即逝的传播手段，而是一种稀释。最初，这一过程可能已经赋予个人一些"景观"的（spectaculaires）印象。实际上，它通过消耗它自身的能量来消解运动。这种分裂的行为被转化为与之相去甚远的官僚政治模式，就是媒介的日常劳作。②

所有这一切都可以从"象征性"术语的起源和歪曲中被解读出来。5 月 22 日在南特禾（Nanterre）的行动就是一个象征，因为它是越轨的：在一个既定时刻，一个既定地点，一个极端越轨的行为发生了，或者，采用以上所提出的分析方法，一种特定的回应在那里发生了，其中行政体制以及教育

---

① 这种所谓"发表"或者"宣传"的形式可以在科学或者艺术的领域中获得透彻的分析。被一般化了的再生产去除了工作的过程，消解了意义，最终除了被模式化的内容之外，并没有剩下什么。（参见 Raoul Ergmann，"破碎的镜子"［le miroir en miettes］，《对话》［Diogene］，1969 年第 68 期，Baudouin Jurdant，"科学的普及"［la vulgarization scientifique］，《交流》［Communications］，第 14 期）

② 需要指出的是，这一劳作总是伴随着某些群体对其的筛选和重新阐释（拉查斯斐尔德［Lazarsfeld］所提出的传播的两个步骤）。这一过程产生了媒介所蕴涵的独特内容以及可能激发的各种抵抗。（然而，我们应该追问我们自身这些抵抗的目标是否不是指向媒介自身的抽象性，而是指向它的内容：拉查斯斐尔德的双重阐发就可能引导出这样的结论，因为第二种阐发属于个人关系的网络，与媒介信息的一般化相对立）。在这"第二种"解读中，群体成员将其自身符码与传播者对立起来（参见我在本文的结尾处对艾格的讨论），由此，这种解读不能将对主导的意识形态的中立化和还原等同于一种批判性和颠覆性。主导性的意识形态内容（无选择的或者无回应的文化模式、价值体系；官僚体系）与大众媒介的一般形式（非交互性的、无责任的）具有同构性，并在复制中被整合入这个形式，也就是说，媒介对意识形态产生了巨大的、决定性的影响。它们"涵盖"（passent）了这些内容，而不是颠覆了它。但这并非问题的本质。更为重要的在于认识到对媒介逾越的形式"或多或少"并没有终结：它只是被大众媒介的形式激进地否定了。

体制的力量展现得淋漓尽致，发挥着阻止任何回应的功能。大众媒介的散播与渲染丝毫没有影响行为的象征性特质。然而，今天，正是大众媒介促使人们最终接受了这一事实（通过报道事实的影响），这种象征性行动才能够被界定。在极端情形下，颠覆性行动如果不是作为复制性功能而存在的话，它是不能产生的。[①] 不再有创造，行动的产生只是作为一种模式，如同一种姿态（gesture）。象征性已经从意义的生产秩序转向了再生产的秩序，而后者总是权力的秩序。象征性仅仅成了一种象征性系数（coefficient），越轨也转变成了一种交换价值。

理性主义批判的思想（例如，本雅明、布莱希特、恩泽斯伯格）将这一变化视为一种决定性的进步。媒介仅仅将那些"算不了什么的政治行为的本质显现"（恩泽斯伯格）现实化、强化。这显然与那些说教的革命概念相一致，进一步说与那些"进入意识中的辩证法"相一致，等等。这些理性的思想已经舍弃了资产阶级启蒙运动，它们已经继承了启蒙运动中播撒光明（传播）的民主的（在此为革命的）特质。在它说教的幻象中——让自身的政治力量依赖于媒介，等待着媒介力量的显现——它忽略了媒介自身也在不遗余力地追求着某种政治行为，即"去政治化"（depoliticize）的行为。一个有

216

----

① 由此，对于本雅明（参见《机械复制时代的艺术》）来说，被复制的作品越来越成为为了复制性而"设计"的作品。根据他的观点，艺术作品已经由一种仪式演变为一种"政治"、"展示性的价值"（valeur d'exhibition）从根本上变革了艺术作品及其功能。

趣的事实在此可以被用来作为证明：当下涌现出各种进入政治领域中的行为（集中体现在本雅明的观点中，即艺术品通过复制进入了政治阶段）。巴基斯坦的运动浪潮、美国的黑人运动、被酒吧老板射杀的年轻人，等等。这类事件，曾经是很微小的，并且是非政治的运动，现在却突然发现自身在媒介的传播力量中被赋予了社会的以及"历史性的"光环。新的政治行为凝结在这些被冲突化了的事件之中进入了编年史。毫无疑问，这些事件所具有的这种政治性意义是媒介赋予的。这些各类事件粗略地看来如同一种"象征性行为"，但它们参与到相同的政治意指关系中了。毫无疑问，对它们的接受是模糊而混乱的；如果说依赖于媒介，政治在"各类事件"（fait divers）的范畴下再现出来，那么同样依赖于媒介，"各类事件"的范畴整个地入侵到了政治之中。进一步说，这些事件在媒介影响的扩张下改变了：它们由一些平行的范畴（来源于年鉴或者大众的编年史）被卷入了一个富有神话性的阐释系统，一个封闭的意指关系的模式体系之中，没有任何事件可以逃脱这一体系。大众媒介化：这就是它的精髓所在。媒介不是一组传播信息的技术，而是模式化的强制。麦克卢汉的公式值得重新审视："媒介即信息"给作为一种技术结构的媒介自身带来了意义的变化。在此，我们又面对着技术的唯心主义。媒介（Medium）的本质就是模式（Modéle）。进入媒介的视野，并非指被报纸、电视或者广播所关注，而是指被一种符号/形式所重述，在一种模式中获得阐发，被一种符码所操控。这就如同商品并非被工业化生产出来,而是被抽象的交换价值体系所控制。因此,在媒介的符号之下,"各类事件"的范畴与政治,以及它们在传统意义上的分裂都具有形式上的优先性,它们被共同整合入了一般的符码之中。奇怪的是,没有人将这种**社会化**的策略作为一种社会控制的体系。对于这一点,再一次,历史上最为伟大的例子就是选举系统(le système électoral)的产生。历史上从来没有缺少过那些确信自己能够在这一体系中进行革命的人(过去是一些伟大的人物,今天则是一些小人物)。历经数代的起义、暴乱的神话都成了革命的范例。68 革命,通过媒介散播到了法国的每个角落,无疑将这类危机推上了顶点。实际上,在此危机被释放了,在扩张中被窒息了,因此也就归于失败了。确实,数百万工人开始罢工。但没有人知道如何应对这种被"媒介化了"的罢工,它被传播、被接受为一种行动的模式(不管是通过媒介,还是通过工会)。被抽象为单一的意义,罢工本身将那些局部的、越轨的、自发的行动形式中立化(尽管并非如此)。法国总工会无法违背这一趋势。他们将这一阶段视为政治行为的一般性,从而终结了革命行动的独特性。今天这种罢工成为工会对付那些非法罢工的有效手段(以适当控制罢工规模的方式)。

由此,选举系统与一般化了的罢工都是追随某种媒介模式。形式的社会化过程被拓展了,这些媒介成了最为细致也是最为隐蔽的筛选、消解和审视的体制。它们既不是特例,也不是奇迹。

在 68 年 5 月中，真正革命的媒介是那一面面墙以及墙上的宣言，印刷的和手写的标语，那一条条街道，成了这些宣言大行其道的地方——所有的事物都**在瞬间**被铭刻，给出与反馈、言说与回应在同样的时空中运动着，具有交互性和敌对性。在这一意义上，街道成了大众媒介选择和颠覆的形式。因为街道不同于媒介，后者可以传递那些无回应的信息，构建远距离的传播网络。它是一个言说的象征性交换，它是充满争论的空间，稍纵即逝，并非永恒：这种理想性的言说并不反映在媒介的理想性的屏幕之上。后者被再生产所规划，被媒介还原为一种景观，这种言说被消耗殆尽。

相信媒介具有颠覆性的批判能力是一个策略性的幻象。具有颠覆性的言说在今天只能通过对媒介的破坏，通过对它们的解构，从而成为一种非传播的体系才可能存在。这其中并不包含一种解散，也不包含一种批判性的激进话语，后者作为意指关系的现实化暗含了语言的否定性。但这其中确实包含了媒介的既存功能与技术结构的解体，亦即媒介操控形式的解体，而正是这被解体的一切反映出它们的整个社会形式。在极端情况下，媒介的概念要消失，并且必须要消失：可交换的言语、交互性的交换以及象征性交换都要消解媒介的观念和功能。可以存在一些技术的手段（声音、影像、波段、能量，等等），同时也还包括一些有形的东西（姿态、语言以及性）。但在此所有这些东西都不是作为媒介发挥作用，不是作为被符码操控的自发体系发挥作用的。交互性，就其本质来说，只有在媒介消失之后才能真正产生。"当人们看到邻居的房子着火的时候，他们必须在第一时间与他们的邻居碰面。"①

传播的理论模型 219

让我们概括一些不同的假设。

1. 麦克卢汉（为了记忆的目的）：媒介带来了革命，不依赖于它们的内容，仅仅凭借着它们的技术结构。在表现声音的文字体系以及印刷书籍之后产生了收音机和电影。在收音机之后，有了电视。现在我们生活在一个即时的、全球通讯的时代。

2. 媒介被权力所控制。强制性产生于权力的操控，颠覆性的内容在其中变成了一种景观显现出来。在此，媒介仅仅被想象为一种纯粹的信息。它们的形式从来没有被质疑（在麦克卢汉那里也是如此，他将媒介仅仅视为一种媒介）。

3. 恩泽斯伯格：媒介的当下形式可以引发某类社会关系（例如资本主义生产方式所同化的社会关系）。但媒介通过它的结构及其发展，包含了潜在的社会主义以及民主化的传

---

① 杰瑞·鲁宾（Jerry Rubin）：《有所作为》（*Do it*）（New York: Simon and Schuster），第 234 页。

播模式,潜在的信息的合理化以及普遍化。它有足够的能力来释放这些潜能。

我们所感兴趣的只是恩泽斯伯格的假设(由马克思主义所启发)与美国激进左派(景观主义的左翼)。(官方左派的实践,马克思主义或者其他学派,那些与资产阶级理论混淆起来的思想都不在考察范围之内。)我们将这两种立场都视为一些策略性的幻象。它们失败的原因在于它们都分有了某种主导性的意识形态,这种意识形态就暗含在同样的传播理论之中。这一理论被广泛接受了,并且被已有的证据与符号语言学的传播理论所构造的一种(高度科学化的)形式化所加强。这一理论一方面被结构主义符号学所支撑,另一方面被信息理论所支撑,同时它还被普遍性以及一般意义上的大众文化(大众媒介工作者是这一文化的推动者)所吞没。这一理论中所有的基础性概念与其实践都以意识形态的方式被连接起来,就如曾经是、现在仍旧是古典政治经济学的概念所具有的特质一样。它就是在传播领域中的古典政治经济学。我认为如果革命的实践在这一直面媒介的策略性幻象中陷入了困境的话,是因为批判性的分析太过表面了,从而没有指认出这一传播理论所包含的意识形态。

在罗曼·雅各布森(Roman Jakobsen)最为著名的形式化模型中,暗含着另外一套模型:

传递者——信息——接受者

(编码者——信息——解码者)

信息被符码所构造,被内容所决定。这些"概念"每一个都有一个特殊的功能与其相对应:指涉性的、诗性的、应酬寒暄,等等。[①] 每一个传播的过程由此都被归入了一个单一的意义之中,从传递者到接受者:后者可以反过来成为传递者,同样的过程被复制了。由此传播总是被还原为一个简单的整体,其中的两极相互排斥。这一结构成为客观的和科学的,因为追随着方法论的规则:将整个过程分解为一些要素。实际上,它满足于既定经验的形式化,一种源于现实性和活生生的经验中的抽象,也就是说:一些意识形态的范畴,表达了某种特定的社会关系。在其中,一方可以言说,而另一方则不能,一方有选择符码的权力,而另一方则只有默认和受限的自由。这一结构建筑于任意性基础之上,这种任意性就如同意指关系的任意性一样:关系中的两极由于被称为信息的客观化内容,人为地被分割并被重新整合起来。二者并不存在交互性关系,也不能相互依存而共同存在。[②] 因为每一个都在它与信息或者符码的关系中来确定自身,"中间物"分别存在于二者之中(符码在"每一个"中都存在),二者之间存在着一定距离,正是这一距离表征了信息所具有的完全的和自主性的"价值"(实际上,就是它的交换价值)。这种"科学

221

① 参见罗曼·杰克森(Roman Jakobsen):"封闭的陈述:语言学和诗学"("Closing Statement: Linguistics and Poetics"),载萨克(T. A. Sebeok),《语言中的风格》(*Style in Language*)(Cambridge, Mass: M. I. T. Press, 1960),第350—377页。

② 两者不能相互存在,以至于有必要创造一个范畴:"关联"(contact),它在理论上将其重新整合为一个整体。

第九章 媒介的挽歌

的"构造植根于传播的一种拟真模型（modéle de simulation）之中。它从一开始就去除了对话者之间的交互性与敌对性，以及它们交换的模糊性。真正围绕在其间的是信息，具有符号性的内涵，可以被读出，并只能有一种解释。符码的编制者保证了这一解释的唯一性，并且编码者与解码者的地位是相同的。就此看来，上面的公式通过一种形式上的一贯性保证了它作为传播唯一可能的图示。但一旦将不定性放置到关系之中，整个公式就被瓦解了。不存在一种不定性的符码；没有符码，更没有编码者与解码者：那些跑龙套的都退出了舞台。甚至信息本身也成为不可能的了，因为它也不得不仅被界定为一种"发送"和"接收"。似乎只有形式化仍存在着，避开了这场灾难。凭借的是它的"科学性"。而其后支撑它的则是符号的恐怖主义。在这种指导性的图示中，符码成了唯一的言说者，通过传播中两极的分裂以及对于信息阐释的唯一性（或者模糊性，或者多样性，都不太重要：通过一种非不定性）来实现符码的交换和再生产。（同样，在交换价值的体系中，并不是人在交换，而是交换价值体系通过他们再生产自身。）所以，这个公式给予我们的是一个稀释的模式，如此这般的一个社会交换的完美缩影，符码的抽象、强制的合理性与分裂控制着它。科学的客观性也对其发挥着同样的控制作用。

这种分裂与闭合的图示已经在语言学理论中，在符号的层面上得以运演了。每一个符号被分割为一个能指和一个所指，它们互相指认，却"分别"固守着自己的位置：符号被任意性隔离，而每一个符号都通过被称为语言的符码而与所有其他符号"沟通"着。甚至在这里，一种科学的强制性也已经被唤起了，它与那些符号之间可能存在的象征性的沟通相对立，这种沟通超越了能指—所指的区分，例如，在诗的语言之中。在这种沟通之中，如同象征交换一般，符号之间相互回应着，超越了符码。正是这种回应是我们在整篇文章中试图凸显出来的，作为最终对所有符码、所有控制以及权力的解构，而这些符码、控制和权力建筑于隔离与抽象之上。

由此，意指关系的理论充当着一种传播理论的核心模式，符号的任意性（意义的压抑的理论图示）在转变为传播和信息的理论图示的任意性过程之中，进入了政治和意识形态范围之中。正如我们已经看到的那样，所有这一切都不仅在社会实践（其特质包括传递者的垄断，接收者的无责任，交换双方的区分，以及符码的强制[diktat]）中有所反映，而且在媒介的革命性实践中也有所反映。例如，很显然，那些试图颠覆媒介内容的人最终只是强化了信息作为一种被隔离的概念的自主性，以及由此抽象的传播的单向性。

控制论的幻象

恩泽斯伯格对现存世界的非交互性的感知，使其确信媒介层面的革命可以缓解这一形势,而这一革命曾经使确定性的科学以及认识论中的主客对立发生了混乱,持续地进入了一个"辩证的"相互作用之中。媒介可能将所有相互作用的结果都考虑在内,由此来破除垄断,将每个人整合入一个开放的过程之中。"意识工业(industrie de la conscience)的程序中包含了它们自身所唤起的结果、反映以及相互关联……由此它们不是被视为一种消费方式,而是被视为一种生产方式。"①现在,这种充满诱惑的视角:

1. 使得被分割的符码和信息保持了完整性;

2. 它试图破除传播的两极差异,从而成为拥有交换和反馈的回转结构("可逆转的循环")。"在当下的形式中,诸如电视和电影的设备对于传播没有帮助,只是阻碍了它。它没有允许传递者与接收者之间的交互性行为;从技术角度来说,它将反馈降到了最低限度,以与体系相容。"②在此,我们没有能够超越接收者与传递者的概念,不管怎样通过"转让"让它们运动起来,情形都没有改变。可逆转性(réversibilité)与交互性(réciprocité)没有关系。正因如此,在今天,控制论体系仍然能够很好地理解如何让复杂的调控和反馈运转起来,同时却不影响过程的抽象性,不能在交换中让真正的"回应"(responsabilité)存在。这确实是体系最好的挡箭牌,因

---

① 恩泽斯伯格:"媒介理论的构成"("Constituents of a Theory of the Media"),《意识工业》(*The Consciousness Industry*)(New York: The Seabury Press, 1974)。第 119、127 页。

② 同上,第97页。

为它已经预先整合了所有回应的可能性。

正如恩泽斯伯格在他对奥威尔式神话的批判中所显现的那样,去设想一个被中心所控制的宏大体系(mégasystème)是毫无意义的(电话网络的控制系统已经在规模和复杂性上无数次地超越了这一点,因此,它被现实地排除了)。但认为媒介的扩张可以消解操控,这也是个多少有些天真的假设。从长远看来,宏大体系是不可能存在的,因为现存的体系将通过反馈以及自我调控的方式来整合那些无用的宏大体系的控制。它们知道怎样将那些否定它们的东西作为补充性的变数。它们的运作就是一种监控:不需要什么宏大体系。由此,它们一直都具有极权主义色彩:它们意识到了一种理想状态,这种理想状态可以被称为去中心化的极权主义。

在实践层面上,媒介非常清楚如何建构一些形式上"可逆转的"循环(读者来信、听众热线电话、民意调查,等等),在这一循环中并没有给予任何回应,或者在任何意义上都没有对任何人作区别对待。[①] 这一反馈具有社会的和政治的形式。由此恩泽斯伯格所谓传播的"辩证性"显然与控制论的规定相关联。最终,虽然以非常隐蔽的方式,他成了我们已

---

① 可再次参见恩泽斯伯格,尽管他与唯心主义相关联,但他仍分析并抨击了这些被控制了的循环:"自然而然(!)这种趋势与结构相对立,新的生产力并不允许,但确实需要这样一些翻转(!)"(恩泽斯伯格:"媒介理论的构成"["Constituents of a Theory of the Media"],《意识工业》[*The Consciousness Industry*][New York: The Seabury Press,1974],第 108 页。)反馈与相互作用都是控制论的逻辑要求。如果低估了体系对于自身革命性创新的整合能力,也就低估了资本主义发展生产力的能力。

经讨论过的意识形态的受害者。

在同样的视角下，恩泽斯伯格还打破了交流的单项特征，它们同时表现为专家、学者的垄断以及通过媒介宣称敌对思想的敌对阶级的单向性。恩泽斯伯格对此的变革途径在于让每个人成为操纵者，在这一意义上每个人都成了积极的操控者，成了生产者。简言之，从接收者变成生产者－发送者。这是对于操控这一意识形态概念的某种批判性颠覆。但由于这一"革命"最终保留了传递者的范畴，它满足于被分割出来，并将每个人转变为他自身的一个传递者，所以，这一革命并没有能够对大众媒介的体系给予质疑。我们知道诸如大众拥有一个对讲机，或者能够用摄像机拍摄自己的生活等现象的实质：它们不过就是一类个人的业余爱好，等同于星期天在家做些家务一样，处于体系的边缘地带。①

226　　　显然，这一切都并非恩泽斯伯格所能想到的。他认为出版物的编辑、发行以及运作都是由其读者来决定的（就如同地下出版物一般），而影像网络则在政治群体的操控之中，等等。

而这似乎成了唯一解脱困境的方法："在社会主义运动中，规律和自发性、中心主义和反中心主义、权威的领导和反权威的非整合力量长久以来陷入了矛盾的僵局，具有网络特

————————————

① 恩泽斯伯格指出的复印机普遍应用（为"出版自由"提供了可能性）与租用它的高额费用，由此导致了它的垄断。但即使每个人都拥有自己的复印机——或者甚至拥有属于自己的一个波段——问题仍然存在。真正的垄断从来不是技术手段的垄断，而是话语的垄断。

质的传播模式建立在循环的可逆性之上,因此可以为克服这一僵局提供途径。"①这一途径就是重建一种辩证法的实践。但问题还能被放置到辩证法的术语之中来加以讨论吗?难道辩证法本身不是已经陷入僵局了吗?

恩泽斯伯格所提出的例子让人感兴趣的地方就在于其超越了传递者与接收者的"辩证法"。实际上,被重新发现的是一种即时的传播过程,一种没有被统治官僚的模式所框定的传播,这将是一种原初的交换形式,在其中没有传递者,也没有接收者,只有人们之间的相互回应。自发性与组织的问题在此并没有被辩证地解决:只是在术语上实现了一种超越。

这里存在着本质的差异:其他的假设都允许二元对立范畴的存在。在第一个实例中(媒介进入到私人领域),传递者与接收者被简单地整合到一个个体之中:操纵被"内在化"(intériorisée)②。在另外一种实例中("循环的辩证法"),传递者与接收者同时存在于两边:操纵具有了交互性(两种性质的共同体)。体系在这两种情形下的运作如同在传统官僚模式中的运作一样容易。它可以发挥它所有可能的整合作用。其中的本质在于这两种意识形态范畴都被隐蔽了起来,

---

① 恩泽斯伯格:"媒介理论的构成"("Constituents of a Theory of the Media"),《意识的工业》(*The Consciousness Industry*)(New York: The Seabury Press,1974)。第 110 页。

② 这就是为什么个体的摄影爱好者仍然是大众媒介中被分割的抽象:通过内部的二元分立,整个符码和所有主导性的模式都介入其中,从背后控制着个体的行为。

第九章 媒介的挽歌

249

随之而来的是传播的政治经济学的基本结构。

再重复一遍，在象征交换的关系中，存在着一种共时的回应。在一个信息的两端不存在传递者，也不存在接收者，由此也不再存在任何"信息"，也不存在在某个符码的控制之下在唯一的解释路径中解码任何信息。象征性坚持打破"信息"的唯一阐释，恢复意义的不定性，同时也终结了对于符码的反抗。

所有这一切都有助于评估翁贝托·艾柯（Umberto Eco）的假设。① 概括他的立场：改变信息的内容是于事无补的；必须要改造阅读的符码，强加入其他解释性的符码。接收者（事实上并不是真正的接收者）在这一最本质的层面上介入了，他将自身的符码与传递者的符码对立起来，他逃脱了被控制的传播的陷阱，创造了一种真正的回应。但这种"颠覆性的"阅读究竟是什么呢？它还是一种阅读吗？它还是一种解码吗？是对单一阐释的逃脱吗？那个对立的符码究竟是什么？它是否是另类符码（minicode）（一种不含利益倾向的习惯用法）？或者，它是另外一种源自之前的控制图式的另外一种阐释的控制图式？但不管怎样，所有说明都不过是一种文本的变化。一个例子可以说明艾柯的视角：68 革命之后那些颠覆性的涂鸦广告。涂鸦是一种超越性的存在，并不是因为它代替了另外一个内容，另外一种话语，而仅仅因为

---

① 翁贝托·艾柯（Umbeto Eco）:《结构的缺失》（*La Struttura assente*）（Milan：Bompiani,1968）

它就是一种当时当地的回应，打破了被媒介所阐发的一种无回应的状态。它是否与另外一个符码相对立呢？我并不这样认为：它只是粉碎了符码。它并不试图引导自身作为一种文本的解码来与那些公共话语对抗；它将自身显现为一种超越。那些充满智慧的词汇（le mot d'esprit）本身就是一种超越性、颠覆性的话语；它并不是在另外一种符码之上产生的，而是对主导性的散漫的符码的一种即时解构。它消解了符码的范畴，消解了信息的范畴。

这就是问题的关键：那些试图保留传播的控制结构中任何分裂的存在的企图（甚至包括那些要求"辩证地超越"它们的企图），都排除了一些根本性变化的可能性，并求助于一种脆弱的操控实践，即那些"革命性策略"的危险尝试。而在这一意义上的所谓策略，最终都被主导的形式所挫败。

　　并不是所有的文化都生产物：这个概念是我们所特有的，它诞生于工业革命。然而甚至工业社会也只知道生产，而不知道物。物只有在它的形式被解放为一种符号功能的时候才真正存在。而这种解放只是工业社会转变为我们所谓的技术文化①的结果，也就是冶金技术（métallurgique）社会转变为符号技术（sémiurgique）社会的结果。换言之，物只有在它的意义的目的性，以及它作为信息和符号的存在状态（即它的意指关系的模式、传播以及符号交换）超越它作为一种产品或者商品的形式（即生产方式、流通以及经济交换）的时候才可能存在。这一转变在 19 世纪就已经出现了，但包豪斯（Bauhaus）②在理论上对它做出了巨大贡献，因此自包

----

　　①　反映在加尔布雷斯（Galbraith）的"技术－结构"之中。新资本主义、新工业主义、后工业：许多术语指认了这一从工业化的政治经济学向超－政治经济学（trans－political economy）（或者元－政治经济学[meta－political economy]）转变的过程。

　　②　包豪斯是 1919 年格罗皮乌斯（Walter Gropius, 1883－1969）创立于德国魏玛的综合造型学校，1933 年关闭，对于现代主义建筑有直接的影响，形成了包豪斯风格。——译者

豪斯开始，我们可以在逻辑上确认"物的革命"的开始。

　　很奇怪，这并不是一个随着工业的发展、产品领域的简单扩张和差异化所产生的结果。这是一种状态的改变。在包豪斯之前，确切地说，并不存在物：随后，根据不可逆的逻辑，每一个物都潜在地被加入到了物的范畴系列之中，并依此而被生产出来。这就是为什么经验上的分类（如亚伯拉罕·默尔斯[Abraham Moles]等）是十分可笑的。想知道一个房子或者一件衣服是不是一个物，它究竟从哪里开始，又从哪里结束，从而最终成为一个建筑，等等，所有这些类型学的描述都是无结果的。因为物不是一件东西，甚至也不是一个范畴：它是某种意义上的存在，它是一种形式。在逻辑上出现了物的形式之前，没有东西是物，甚至日常用具也是如此——那以后，所有的东西都是物，一座大楼、一把咖啡勺或者整个城市都是物。正是包豪斯学派建构了环境的普遍的语义学，在其中每一件东西都成了功能和意指关系的凝结物。整个的功能性，整个的符号性。与传统模式相比，这是一场"革命"，其中物（没有其他更好的词语）被捆在一起，不能解放，它们并没有属于自己的地位，也没有基于一个理性的目的（功能性）而在他们之中构建一个体系。

　　由包豪斯产生的功能性将自身界定为一个形式（不仅是工业化的形式，同时还是在一般意义上环境的与社会的形式）分析和理性综合的双重运动。这里的综合是形式和功能的综合，是"美丽和用途"的综合，是艺术和技术的综合。超越了"风格",以及"被风格化"的讽刺版本,例如 19 世纪商业化的粗陋工艺品以及现代主义风格(Modern Style),包豪斯第一次为环境的一种合理化概念奠定了基础。它超越了固有的那些类型(建筑、绘画、家具等),超越了"艺术",以及对其所进行的学术评估,包豪斯学派已经将其美学主张延伸到了日常生活之中,同样,它也是服务于日常生活的技术。"技术经验的普遍的符号化"[1]实际上产生于美丽与使用之间所存在的分裂的消解。或者从另一个角度来看,包豪斯试图将由工业革命所带来的社会的以及技术的基础设施与形式和意义的上层建筑融合起来。为了在意义的目的性(美学的)中来完满一种技术(技术性的),包豪斯完成了第二次革命,一种工业革命的完满,解决了后者所遗留下来的所有矛盾。

包豪斯既不是革命的,也不是乌托邦的。正如工业革命标志着政治经济学领域的诞生,标志着物质生产的体系化以及合理化理论的诞生,同样,包豪斯标志着政治经济学领域在理论上,以及交换价值体系在实践中拓展到了整个符号的、形式的以及物的领域之中。在意指关系模式的层面上和符号设计(design)的层面所发生的转变类似于发生在 16 世纪以来的物质生产方式以及在政治经济学控制下所发生的转变。包豪斯标志着真正的符号政治经济学的分界点。

---

① 夏皮罗(Jeremy J. Schapiro):《单一维度:一个普遍的符号学的技术逻辑经验》("One Dimensionality: The Universal Semiotic of Techno-logical Experience"),见布瑞尼斯(Paul Breines)所编辑的《批判性的中断》(*Critical Interruptions*)(New York: Herder&Herder,1970)。

相同的图式出现了：一方面，自然的、人类的劳动从它们古老的束缚中解脱出来，被解放为生产力，并作为生产中合理性的、可计算的物而存在；另一方面，整个环境变成了一种

能指、被客观化为意指关系的一个要素。它从所有传统内涵（宗教的、神秘的、象征性的）中解放出来，并被功能化，成了意指关系的合理性的、可计算的物。

符号的运作

在物与其功能之间存在的透明关系的背后，在以设计的名义加诸物之上的普遍的道德法则背后，在功能的等式背后，即拥有了美学价值的新的物的"经济学"背后，在一般的综合性（艺术－技术、形式－功能）的图式背后，一种抽象分割的重构产生了：

1. 每一个复杂的主－客体关系都被分割为一些简单的、合理性的、可分析的要素，这些要素能够被重新组合在一种功能性的系列之中，成为一种环境（environnement）。因为只有在这一基础之上，人才能够与他称之为环境的东西分割开来，并被赋予了控制它的责任。自 18 世纪以来，自然的概念就已经作为需要生产力加以控制的对象而存在。而环境只是接替了这一概念，并将其深化为一种对符号的掌控。

2. 在物的层面上一种一般化的劳动的分割。分析的方

式将物分割为十四或者九十七种功能,同样,分析还可以将多个功能重新组合在一个物之中,或者让多个物具有同一功能,等等——简言之,分析的方式可以使一个系列分裂或者聚合。

3. 更为根本的在于物的符号学意义上的(分裂)连接,而这一点所依凭的是符号的力量。当我们说它成了一种符号的时候,所依据的是最为严格的定义。物被分割为一个"能指"和一个"所指",它成了一个合理性的、客观化了的"所指"的能指,而这个能指就是它的功能。这一点与传统的象征性关系有很大差异,在象征性关系中,事物都有意义,但一种意义并不是来自一个客观化的"所指"所指认的"能指"。相反,这正是当代的符号-物(L'objet/signe)的存在状态,它遵循着语言学的图式:"被功能化",也就意味着"被结构化",也就是说,被分裂为两个要素。设计同时完成了物的观念的以及美学的策划。美学的价值并不是一种附加的东西,它表征了一种符号学的运作。

实际上,当代美学与美或丑的范畴没有任何关系。批评家、公众以及设计师都将"美"与"美学价值"无区别地混淆起来,但它们在逻辑上显然是不相容的(这种混淆是一种策略:它通过时尚,也就是通过符号/交换价值,保留了体系的主导性,这是一种前工业时代的价值,即所谓风格的主导性)。

对美以及风格的定义可能有成千上万。但有一件事是明确的,那就是:它们从来没有考虑过符号。这些定义在功

能美学的体系面前终结了，这就如同早期的经济交换模式
（物物交换、礼物交换）随着资本主义的诞生而消失一样，它
们在生产与教化的理性的、可计算的体制之下终结了。美学
的范畴胜过了美的范畴（消解后者），就如同符号学的秩序胜
过了象征性的秩序。曾经是美的形式，在当今则是美学，成
了被一般化了的能够包容多种符号的理论，一种符号内部的
和谐（能指—所指）的理论，以及符号之间句法关系的理论。
美学价值诠释了整体中内在的功能性，它体现了（永远处于
变动中的）一种符号体系的平衡。它仅仅说明了这样一个事
实，即：在体系中流通着的符号依据的是一种经济学的模式，
在最小限度地丢失信息的基础上进行最大限度的整合（以蓝
色为基调的内部和谐；或者"游戏"于蓝绿之间——居住整体
的晶体结构——"绿色空间"的"自然本色"，等等）。美学价
值不再是一种风格或者一种内容的价值，它不再指向任何东
西，而只是符号的传播与交换。它是被观念化了的符号学
（une sémiologie idéalisée），或者一种符号学的唯心主义
（idéalisme sémiologique）。①

在风格的象征性秩序中，永远存在的是一种无法消除的
不定性的游戏——但符号—美学的秩序则具有可操作性，是
一种有所指的相互作用，一种对非和谐的控制，并使其趋于
等同。一个"美学"的整体是一个没有过时、没有失误的机

① 早在 1902 年，克罗齐（Bernadetto Croce）就写出了《作为科学表达和一般语言学的美学》一书。

制,其中在要素的相互关联中,在过程的透明性之中,没有什么需要妥协和解:符号和信息非常显而易见,并绝对地易识别——符号的所有操控者,不管是控制论者,还是设计师,他们具有共同的理念。这个美学的秩序是一个冷冰冰的秩序。功能的完美实践着一种冷冰冰的诱惑,成了功能性满足的一种展现,一种算计。它与愉悦、美丽(或者恐怖)没有关系,然而正是这些情绪能够将我们从理性中拯救出来,让我们再一次回到童年(不是回到理想化的透明性之中,而是回到一种无法言明的不定性的欲望之中)。

这种符号的运作,这种将符号分解为能指—所指的二重性的分析性分解,总是陷入意识形态的图式之中,然而这一情形甚至在设计的关键范畴中仍能被发现。它存在于整个意指关系体系(媒介的、政治的)的根基之处,就像使用价值—交换价值的二元结构处于商品形式以及整个政治经济学的根基之处一样。① 物所包含的所有价值,所有的不定性,都不能被稀释为任何模式,却被设计稀释为两个合理性的组成部分,两个一般的模式:有用性以及审美性,它们被设计所割裂,人为地相互对立起来。强调意义所陷入的困境,强调有用性和审美性对物无条件的围困,是没有用处的。事实上,它们只是存在于同样的价值体系中同一合理性的两个分裂的形式。但这种人为的分裂允许它们作为一种理想性的

235

————————

① 然而,这一基本的形式的操控却从来没有在任何情形下被提及。

图式被重新整合起来。有用性从审美性中分裂出来，它们被命名为分割的两个方面（因为它们除了被命名为分裂的两个方面之外，没有任何的现实性），然后它们再作为一种理想被重新整合起来，所有的矛盾都在这个神奇的过程中被解决了。现在这两种性质都是任意的，它们的存在并没有带来任何的变化。真正的问题，真正的矛盾只是在形式的层面上，即符号/交换价值的问题和矛盾。而这正是符号的运作过程试图掩盖的东西。这就是设计的意识形态功能：运用"功能性美学"的概念，它打着普遍价值的幌子，提出了一种重新组合的模式，一种在形式上超越专业化（在物的层面上的劳动分工）的模式。由此它通过去除真实的结构，来构造一种社会的整合图式。将这两种抽象结合起来的功能性美学自身不过是一种超抽象（superabstraction），通过描画出那被符号政治经济学所隐藏的乌托邦来将符号/交换价值神圣化。符号的运作，符号的分裂都作为一种根基，作为一种深层的政治，作为一种劳动的分工而存在。包豪斯的理论，如同符号学，将这一运作现实化，并引发了意义的劳作的分裂，这就如同政治经济学将经济性的分裂神圣化，并由此导致了劳动的分工。

在此，需要指出设计（design）的所有语源学的范围。其中三重意义显现出来：描画（dessin）、筹划（dessein）与设计（design）。在所有这些意义中，人们可以发现合理化抽象的图式：为了描画而构图；为了筹划而自我反思（让客观在意识中显现);更为一般地,为了设计:转变为一种符号,符号/运作,稀释和理性化为符号的要素,转变为符号/功能。

　　从一开始,这种意指关系的构成就是成体系的:符号从来没有脱离一种符码和语言而存在过。由此,符号学革命(如同工业化革命一样)关注所有现实可能的实践。艺术和工艺、形式和技术,都是可被塑造的和可被绘制的(显然它们由于与设计有密切关联而占有主导地位,但设计却远非被塑造、被构筑的),这些实践在此之前都是独特和有区别的,但现在却按照同一模式而同时产生相同的构造。物、形式以及材料在此之前都只是言说它们自身的话语,来源于自身的特殊实践或者一种原初的"风格",现在则都在同一种语言中被设想、被勾勒,都是一种合理性的具有普适性的设计。[①] 一旦在功能的意义上被解放,物、形式以及材料就开始制造符号,在词语的双重意义上(以及文字游戏的意义上),也就是说,它们同时成为符号,并在自身内部交流。它们的整体不再是一种风格或者实践,而是一个体系。换言之,一旦物陷入了符号的结构合理性之中(被分裂为能指与所指),它就同时进入了一个功能性文法关系之中(如同词位[②]在语段中一

237

―――――――――――

　　① 运用马尔库塞的术语,夏皮罗(在已引用的书中)以他自己的方式,给出了同样的分析,但更强调机器与技术:"当代设计的演变成了单向度发展过程的必要组成部分……它源于机械形式,这一形式构造了一种整体的环境(极权主义),在其中技术的经验界定并封闭了经验性的和审美的世界。"整体化了的抽象,单向度的同构性,机械与技术,都不是这一过程的原因,也不是它原初的模式。技术的变革与符号―语言学的变革(转变为一种符码的抽象)是向结构―功能性合理化转变的同一过程的两个方面。

　　② Morphème,构成语言的最小单位。——译者

样），服从于同样的一般的符码（如同在一种语言中的一个语段）：物再次被整个语言学体系的合理性所操控。另一方面，如果我们谈到"结构"语言学以及设计的"功能主义"，必须看到的是：

1. 如果结构性（能指－所指、语言－言语）被加诸它所源自的语言学之上，并与之共存，仅仅成为纯粹的语言的功能（严格说来，被目的化为传播的方法），那么两者是同一回事。

2. 伴随着"设计"，物也同时成了一种功能性存在，并成为一种符号。这种受限的和合理化的目的性最终给了它们结构化的合理性。功能与结构：这是同一"革命"。这意味着功能性的"解放"不过就是服从于一种符码和一个体系。再一次，同构性立即在劳动的解放（或者休闲的解放、身体的解放等）中显现了出来，而它不过是服从于交换价值的体系。

238　　　让我们来概括一下符号政治经济学以及（物质生产的）政治经济学之间的同构性（即尽管它们在时间上顺次发生，但它们具有相同的逻辑过程）的本质特征——

1. 政治经济学：在有用性（需求、使用价值等，所有经济合理性的人类学指涉）的遮蔽之下，它构建了一个逻辑一贯的体系，一个可计算的生产力，其中所有的生产都被归结为一些简单的要素，所有的产品都在它们的抽象性中成为等价的。这就是商品的逻辑以及交换价值体系。

2. 符号政治经济学：在功能性（客观的目的性、与有用性同构）的遮蔽之下，它构建了某种意指关系的模式，其中所有围绕它的符号都在逻辑的可计算性之中充当一些简单的要素，在符号/交换价值体系的框架中互相指认。

在这两种情形之中，使用价值（有用性）与功能性，一个作为政治经济学的最终指涉物，一个作为设计的指涉物，成了同一抽象过程中"具体性"的化身。在最大限度地生产有用性的借口之下，政治经济学的过程被一般化为一种交换价值的体系。在让物的功能性（它们作为意义与信息，即最终它们作为符号的使用价值）发挥到最大限度的借口之下，设计以及包豪斯学派构建了符号/交换价值体系。

正如同产品的有用性，没有任何需要理论能够建构它，而这种有用性不过就是一种交换价值体系的有用性——所以物的功能性，并不是一种具体的价值，除了表征一个符号—物与其他的符号—物的内在一致性、表征它的可传播性以及由此它在功能性上与符号/交换价值体系相适应之外，并不能表征什么。在这种间接构造中，物（一个链条、一种形式）的功能性并不是一种有用性，或者一种平衡，而是一种间接性（或者相反是一种直接性）。正是体系的逻辑一贯性界定了要素的美学—功能性的价值，这种价值就其总是指向一种作为一般等价物的模式而言，它是一种交换价值（就如同在经济交换价值中所具有的相同的抽象性）。

如果说这种一致性甚至在伦理层面上都有所反映，这并非偶然。如同早在 16 世纪的资本主义革命所建构的"进取精神"一样（正是这种进取精神奠定了政治经济学的基础），包豪斯的革命具有清教徒的色彩。功能主义是禁欲的。这一点在它的模式中表现为拘谨的几何线条，表现为对装饰和人造的恐惧，简言之，表现在它简洁的话语中。但这只是一个被某些人称为基本原理的书写效果（几乎成了一种修辞方式）：其中在物的功能性的解放中所包含的合理性建构了一个物的伦理规范，这就如同劳动的解放作为一种生产力导致了一种工作伦理的建立一样。三个世纪以来[①]，同一种道德（以及同一种心理学）对应于同一种逻辑。在韦伯看来（《新教伦理与资本主义精神》）：经济性的合理化计算作为一种普遍的禁欲主义，只要加上必要的修改，就能整个对符号的合理化计算有效。

240

功能主义的危机

功能主义的危机是如何通过设计师的存在而在当今社会存在的？ 在分析这一问题之前，必须看到这一危机的要素已经存在。它源自功能主义的愿望，这一愿望试图将自身强加进一种秩序之中（如同在秩序中的政治经济学），作为一种主导的合理性，以此来思考所有的事物和过程。从一开始，

---

① 存在着一些逻辑的标记来表征连续的历史过程。然而，形式被理论化的时刻（包豪斯为符号政治经济学所构建的过程）总是在历史自身的发展过程中表明了一个关节点。

这种合理性就无视自身的任意性,产生了与其相反的"非合理的"或者"疯狂的"话语方式,并使其始终萦绕在媚俗的艺术(kitsch)与超现实主义(surréalisme)的两极之间。(一个是功能性同谋,一个则直接与其相反,但两者并非相互排斥:超现实主义嘲弄媚俗艺术,而媚俗艺术却常常采用超现实主义的价值倾向。)

超现实的物与功能性的物,伴随着前者对后者的嘲笑与超越而同时产生。尽管超现实的物都是公开的反-功能或者超-功能的,但这些幻影般的物——即使是在矛盾的意义上——却仍将功能性预设为物的普遍道德法则,把物本身的现身当作先决条件,这种物彼此分离、具有自主性,并与其功能保持一致。当一个人这样来思考的时候,就是将一个物还原为它的功能,这一事实是非现实的,并且几乎是超现实的①:这一事实已经足以将功能主义的原则推向极端,以显现其荒唐性。这一点体现在杰克·克莱曼(Jacques Carelman)所提出的诸如面包机、电熨斗,或者一些"未被发现的物"的分类之中。但人类的欲望在这一系列的物中迷茫了,并在劳特芒(Lautrémont)的列表中确证了缝纫机和雨伞存在的合理性。

物的诞生及其功能性(以及语义学的)算计拓展到了日常生活的整个领域之中,这催生了超现实主义的诞生。在这一意义上,包豪斯学派与超现实主义是不能分割的,如同物

241

---

① 同样,存在着如卡夫卡作品中噩梦般的情景,将物还原为它的(行政性的)功能。

的一些奇特的、非正常的批评性话语与物的合理性话语之间的对峙。（然而这种颠覆性话语逐渐地增长起来，迅速进入了人们的生活习惯之中，并作为一种不规则的变化而被普遍功能化。在其日常化版本中，它顺势进入了我们的环境之中。）

马格利特（Magritte）的鞋后跟（shoe－foot），他的穿着皮革衣服的女人（或者没穿衣服的女人）被悬挂在衣橱之中，成为抽屉的男子，或者人形的机器：在所有地方，超现实主义都嘲弄着功能主义所构建的物与其自身或者人与其身体之间的**距离**，嘲弄着任何东西与强加于其上的抽象目的性之间的距离，以及一种分裂，人和物突然发现自身被分裂为符号和一种超验的"所指"：功能。将胸部的皮肤与衣服的褶子，脚趾的皮肤与鞋子的皮革混为一谈：超现实主义的幻想通过否定的方式来嘲弄这些区分，但正是在拼贴画（collage）或者超印象主义（surimpression）的范围内将那些被分割的事物以分割的方式表现出来。也就是说，它没有恢复一种象征性关系，在象征性关系中没有分割概念存在的空间，因为关系被整合入交互性以及交换之中。在超现实主义那里，象征性关系除了作为主体－客体相互对应的幻想之外，不再显现出来。超现实主义的寓言将自身界定为一种妥协的形式，作为功能性秩序（在此对其进行超越，并使其变得可笑）与象征性秩序（被扭曲并进入幻想）之间存在的一种短路。它抓住了一个物仍固着于拟人的状态，并没有被转变为纯粹的功能的

242

那个时刻,即那个物正在将人吸纳到功能性的非现实之中,但还没有完成的时刻。当超现实主义对这个阶段的彰显达到了极点的时候,它也就揭示并抨击了主体与客体之间的裂缝。它是对一个新的物的现实性原则的反抗。在合理性的规划中,物在自身的功能中被"解放"了,它与超现实主义相反,后者将物从功能中解放出来,将其恢复到一种自由的结合之中,其中再次浮现的并不是一种象征性(其中主体与客体也不存在),而是主体性自身,在一种幻想中被"解放"。

充满着主体性的诗意,超现实主义的梦想是用一个原初的以及整合的过程来打破功能性的整合,由此它简略同时也充满矛盾地揭示出物的发展的危机,在功能性的物的符号之下,物仅仅是一个抽象的存在。随着绝望的主体性的没落,所有物的意义的片段(例如路易斯·卡洛尔[Lewis Carroll]的作品,他是超现实主义的先驱)以否定的方式通过反抗与讽刺来揭示一种不可逆转的建制,其中,诞生了意义的政治经济学,符号的形式和物的形式被结构化为一种商品形式。(在同时代,浪漫主义面对工业革命、政治经济学发展的最初阶段与超现实主义具有相同的反应。)

但超现实主义的超越自身还导致了符号政治经济学的**相对**扩张。它在隐喻的、形式化的物之中,在表征的内容与"所指"之中发挥作用。今天,当功能主义将孤立的物逐渐发展为体系的时候(如同卡夫卡及其他作品中的超合理性[hyper-rationality]),当包豪斯的工艺功能主义超越了控制

243

论以及数学对环境的设计的时候，超现实主义只能作为一个神话而存在。在这一时刻，我们超越了物及其功能。在当下关系的体系以及信息的体系中，超越性的主体对应于某个超越性的客体。超现实主义者试图融合的游戏，在客体与主体之间，在功能与欲望之间（它们在现实中都是被分割的，在超现实之中仍旧显现着它们连接的不可能性）获得了存在的合法性——那种功能主义的逻各斯与那些围绕着它的非整体的、片段的象征性逻辑（导致的不过是一种幻想般的非逻辑的表征）之间微妙的混淆在控制论的秩序中被消解了。并没有给达达主义以及超现实主义留下批判的、压抑－超越的话语。

合理化的秩序总是相应地推动体系化的过程，超现实主义之后，抽象进一步迸发了（梦幻主义［onirique］、几何主义或者表现主义——克利［klee］，康定斯基［Kadinski］，蒙德里安［Mondrian］，波洛克［Pollock］）——这是艺术的最后的批判性显现，今天的我们在哪里呢？当下的艺术将自身限制在动力学或者光能（lumino－dynamic）的操控之中，或者体现在慵懒的超现实主义的魔幻之中，简言之，在一种整合之中，成为一个真实体系的影像，发挥着美学的功能（在圣经中的范例如斯格夫［Schoeffer］的"新美学精神"），它与控制论没有什么太大的区别。超－真实（hyper-reality）的体系已经吸收了批判的超现实（surreality）的幻影。艺术已经成为或者正在整个地成为设计，元设计（METADESIGN）。

设计不共戴天的敌人就是媚俗艺术。它表面上虽然被包豪斯所摧毁，却总能够死灰复燃。这是因为在它之后存在着整个"经济学体系"，设计师们这样认为；他们只有他们的特质。所以，在 1967 年，亚伯拉罕·摩尔斯在《美学工业》(*Esthétique Industrielle*)①中指出功能主义的危机就在于通过非合理的消费物品的泛滥、设计的冷静的合理化得以扩张，并且它们对功能进行了严格的模仿。"消费者的态度绝对地被经济机制所控制"，在新媚俗艺术的混乱之中，功能主义的蓝图被淹没了。功能主义被这些矛盾所包围，逐渐死亡。

244

实际上，这个分析抹除了设计所包含的任何内在矛盾：这一缺陷存在于一种对"地位的痴迷"与"欲望的策略"之中。但摩尔斯(以及其他人)忘记了体系(以及它所蕴涵的整个消费过程)同样也是合理化的，并且也是无矛盾的。它能够迎合功能性的要求。正是通过被功能主义的理论所抨击的"无序的生产"才能够达到这一目的，保证其自身的生存与发展。在这里并不存在矛盾：合理性的模式最初并至今仍旧保持着根本的经济性——经济体系的功能性将这一点现实化了。并不存在艰辛并且纯粹的设计，因为合理化的算计是引发设计的灵感来源。从最初以来，设计就与经济体系一样基于同样的合理化抽象。毫无疑问，这种合理化可能很荒唐，但它

① 这一名称在 1952 年首次出版以来经过了数次修正，现在的名称是《设计工业》(*Design Industry*)——参见英译者注。英译本 195 页。

却共同作用于设计和消费两个领域之中。它们显现的矛盾源自它们潜在的共谋。所以，设计师怎么还能够抱怨不被理解，以及他们的理念被体系所曲解呢？所有的清教徒都是伪君子。

实际上，这一危机应在完全不同的层面上被分析，即一个符号学的层面，我们上文中已经对此有所讨论。概括说来，包豪斯的公式在于：每一个形式、每一个物都具有一个客观的、决定性的所指——它的功能。这就是语言学中被称为指称（denotation）的层面——除此之外的存在都被掩盖了起来，都陷入了涵意（connotation）的地狱：剩余、多余、有害之物、古怪之物、装饰物、无用之物。媚俗的艺术。被指称的（denoted）（功能的）部分是美丽的，被涵意所意指（connoted）（寄生于其上）的部分则是丑陋的。或者进一步说，被指称的部分是客观的，而被涵意所意指的部分则是一种谬误（意识形态的）。实际上，在客观性的概念背后，整个形而上学的真理以及道德的观点都岌岌可危。①

今天，这一指称的原则正在被打破。最终我们已经发现（在符号学意义上）这一原则是任意的，不仅是一种人为构造的方法，同时还是一个形而上学的神话。**并不存在物的真理，指称不过就是那些涵意中最为美丽的部分。这不仅仅是**

---

① 柏拉图与康德的功能主义遗产是显而易见的：真、善、美都被混杂在一种观念之中。功能是纯粹理性和实践理性的综合。或者进一步说：功能是美加上有用性。有用性同时是道德的和真的。在其中，我们发现了柏拉图神圣的三位一体。

一种理论：设计师、城市环境的工程师以及程序员们（如果都追问一些问题的话）每天都面对着客观性的消亡。形式与物的功能（性）在日常生活中变得不可理解、不能辨识、不可考量。今天，究竟什么是物的核心？是它的功能性吗？物的指示性功能（fonction directrice）是什么，物的寄生性功能（fonctions parasites）是什么？谁能说清楚，什么时候经济学、社会学以及心理学和元心理学不可避免地混淆在一起了呢？一个人能否超越这样一种疑问，即某个特定的"多余的"形式，一个给定的"非合理化的"特征，在无意识中，在一些更为微妙的平衡之中，都无法找到自身的对应，从而在某种意义上并没有一个功能的合法性①？在这一体系化的逻辑之中（因为功能性不过就是一个阐释体系），每一事物都具有潜在的功能性，实际上并非如此。乌托邦的设想反抗它自身。由此，我们不应惊奇，当事物逐渐失去了它们客观的目的性的时候，它将转变为一种体系，从而在它的再生产过程之中，根据自身的利益将剩余的部分都纳入其中。最终，体系只不过是活跃的功能性的载体，它将一些要素重新分配。它自身就是被"设计"出来的，它的目的就是要让自身成为类似于鸡蛋

246

---

① 在任何情形下，总有一些东西能够逃脱功能主义的算计：不定性，即任何肯定性的功能依据欲望的逻辑——其中单一的目的性从来没有存在过——都同时包含否定、分解与消解。它甚至超过了功能的复杂性。除非人们能够将诸多矛盾的功能都考虑在内，否则的话，这种不定性就永远不能消解，不能被还原。

的循环①。

如果并不存在物的绝对的有用性,那么同样也就没有什么冗余的存在,整个功能主义的理论大厦也就坍塌了。时尚就是这样一种存在,它只游戏于涵意之中,从不用那些客观的指称来说明自身(尽管它宣称有这种指称)。运用着它不稳定的、"非合理性的"修辞,并仅仅通过符号的"当下性"(actualité)评估自身,时尚掌控了整个体系。如果功能主义无法与时尚相抗衡,那是因为时尚彰显了整个体系的潜能,而功能主义,植根于整个指称的形而上学,表现的仅仅是一个特殊的情景,却将这一特例任意地拓展为一个普遍的伦理。一旦符号的原则被设定下来,那么没有什么能够与它的一般化相对抗。合理的或者非合理的都不再存在。包豪斯学派和设计都宣称通过对所指的把握掌控了整个过程(功能的"客观化"评定),但实际上它不过是推动过程向前发展的能指的游戏(即符号的交换价值的游戏)而已。而后者是无法限制的,它能够逃脱所有的控制(如在政治经济学之中的交换价值体系:它侵入了所有的领域,包括那些确信自身能够对其有所限定的那些自由的、虔诚的灵魂)。

这就是功能主义的危机。没有什么能够真正地与那些

---

① 众所周知,鸡蛋是设计的理想化趋势之一——一种形式的范例,对于"媚俗艺术"以及其他艺术类型来说都是如此。这意味着这个体系的目的不过是一个同义反复。但功能发展完成阶段就是一个同义反复——一个完善的多余的"所指"屈从于"能指"的恶性循环——一个鸡蛋。

进入到无限制的时尚的组合之中的形式相对立——时尚所具有的功能仅仅是它的符号功能。甚至那些被设计所构造的形式也不能逃脱。如果"风格化"（styling）——包豪斯学派认为它已经失去了存在的资格——它的痕迹通过设计从未能真正地去除，并在其简捷之中恢复了它自身的控制，再次出现，那是因为风格化所显现的方法论已经内在地包含在它自己的设计理念之中（即计划、方案）。尽管存在着包豪斯的革命，如果我们的时代仍以一种怀旧的方式恢复了19世纪所有的媚俗艺术，那是因为这些艺术形式早就已经属于它了。在缝纫机上以及地铁站入口处的花样图案都成了一种退让性的妥协，但通过今天的复兴，它已经具有了超现实主义的时尚价值，它是符合逻辑的：超现实主义或多或少不过是成为商业化的媚俗艺术的异类，以此来作为一种艺术性的反抗。今天，"纯粹"的设计拒绝了花样的图案，却带有了更深的"自然主义"的意识形态：有机体的结构成了整个城市的模型。在二者之间没有根本性的差异。自然，从这个概念产生以来，不管是作为一种装饰还是一种结构模式，它都是一种**社会**模式的方案。同时这个结构也总是资本主义的结构。 248

但如果设计沉迷于时尚之中，人们也不能抱怨，因为这是它胜利的标志。这表明了符号政治经济学为它所划定的范围，它首先由设计以及包豪斯学派予以合理化。所有事物在今天都试图成为边缘的、非合理化的、具有颠覆性的、"反艺术"的、反设计的，等等，从波普艺术到魔幻主义以及街头艺术——所有的事物都遵循着相同的符号经济学,不管它是否愿意。所有这一切都是设计。没有什么能够逃脱设计:这就是它们的命运。

在此,我们所讨论的超出了危机的范围。如亚伯拉罕·摩尔斯一般哀叹消费的宿命,并诉诸一种新功能主义,从而展开"幻象的拟真以及体系化想象"的游戏,这种分析并不得要领。这种新功能主义只能是一种再语意化(resémantisation)过程(能指的复活)①,由此也成了一种相同矛盾的再循环。更确切地说,新功能主义将成为新资本主义的镜像,也就是说更大强度的能指的游戏,一种符码的数学和控制论。"人道主义的"新功能主义在面对可操作性的元设计(metadesign)时没有生存的机会。功能的和所指的时代已经结束了,能指和符码的时代开始了。

环境和控制论:政治经济学的最高阶段

这场被包豪斯学派所引发的符号革命最终被其所预见,并被设计展现出来。在《批评》(1967 年 11 月)中,凡·鲁埃(Van Lier)清楚地指出:"这些新形式以及它们的运作……

---

① 将人的内涵加于其中,富有"社会性"的设计需要重新做,或者那些可以选择的游戏,充满趣味,"自由"组合,也需要被重新引介。但不要弄错的是:它仍旧是作为一种"游戏"来被思考的,作为一种特殊功能的游戏,一种相同符码下的自由一现代主义(libérale—moderniste)的变种。

逐渐发展成了体系"，由此功能性并不是有用性，而是"将事物转变为一种具有交互性的信息，让它们成为符号，产生意指关系"，同时他附带地说功能性就像是自明的，"是所有文化以及所有人性的食粮"。一个永恒的人本主义的隐喻：更多的符号存在，更多的消息和信息存在，就会有更多的沟通交流——也就会更好。这揭示了符号/价值的产生，以及这种价值基于合理化生产力基础之上的无限扩张。人本主义者毫不犹豫地发现了其中所包含的人性的进步。它与那些将工业化的兴起从长远看来或多或少能给所有人带来丰裕和幸福的观点类似。这是 19 世纪在物质生产视域下存在的幻象。在 20 世纪，它在符号的生产中以更为有力的方式显现了出来。现在在信息的发送、信息的神秘化，以及媒介的背后都隐藏着控制论的唯心主义。

不管怎样，其中都蕴涵着相同的基本错误，即：只有产品或符号的使用价值还被保留着，工业的（符号的）变化只能在无限的使用价值（作为信息的符号）的增值中被说明。物品的挥霍以及符号的挥霍，即消费的最大化以及信息的最大化。在此从来没有考虑到这一变化首先建构了一种价值交换的体系，一种被一般化了的抽象的社会形式，因此决不能充当"所有文化以及所有人性的食粮"。这种内容的唯心主义（生产的或者意指关系的唯心主义）从来没有将形式考虑在内。这种信息的唯心主义忘记了正是符码的霸权隐蔽于信息加速循环的背后。事实上，二者都忘记了政治经济学

250

及其策略性的、政治的社会维度，从而能够从一开始就在一个明确的价值领域中被构建。这一乐观主义可以被视为一个美好的信念，它呈现出了那些设计师所特有的温和气质，他为了其自身微小的部分，通过自身的创造力，努力地增长着信息量。或者它还呈现出了麦克卢汉所特有的预言家气质，正是他高度赞扬了"已经存在的"全球化的沟通与交流——在所有的地方，传播的意识形态都成了婢女，一个神话，其中控制论将自身装扮成一种新人道主义。在对类的想象之中，信息的泛滥在某种意义上代替了物品的泛滥（丰盛的神话）。

在每个地方，使用价值的意识形态都已经成了交换价值体系的共犯和随从。由此，在物质商品的秩序之中，消费通过盲目的需要的社会强制，而不是通过使用价值的神圣化，发挥着激活生产体系的功能。借助消费，体系不仅成功地依靠力量来剥削人们，而且成功地让他们参与到体系多样化的生存之中。这是一个显著的进步。但这种参与仅仅发生在符号的层面和幻象的范围内。正是在这里，"新资本251主义"的整个策略阐发了它的起源：它起源于一种语义学以及可操控的符号学，它不过是受控参与的一种发展了的形式。

从这一视角出发，在符号的生产中，交换价值体系的意义具有完全不同于在天真的使用价值乌托邦中的意义，设计和环境的规则可以被视为一种大众传播中的一个分支，一个巨大的属人的和社会的工程中的一个分支。从这一时刻开始,我们真正的环境就是传播的普遍化。① 在这一意义上,它与 19 世纪中"自然"和"环境"的概念极为不同。后者指向一种物理学的、生物学的(物质决定论、遗传学的以及物种的决定论)或者"社会－文化"("环境")的法则,而在此环境从一开始就是信息和符号的网络,它的法则就是传播的法则。

环境是整个实践和形式的普遍的自主化,从日常生活到建筑学,从言语(discursif)到行为与政治,成了一种操控和算计,成了信息的发送与接收,成了一个传播的时空。"设计"这一实践概念对应于环境这一理论概念——设计概念最终可以被视为一种传播的生产(从人到符号,在符号之间,在人之间)。必须要进行传播,也就是说必须要参与其中,并不是通过物质产品的购买,而是通过一种信息模式(le mode informatique),通过符号与信息的流通。这就是为什么环境如同一种市场(即其经济的等同物)成了一种普遍的概念。这是整个符号政治经济学具体化的概括。设计,是这一政治经济学的实践,并在政治经济学中被一般化。如果设计从一开始就应用到工业产品之中,那么今天它一定已经囊括了所有部门。没有什么比将设计固着于某种"人本主义的"限制更错误的做法了。实际上,每一事物都属于设计,每一事物都产生于设计,不管它是否这样认为:身体是被设计的,性别是

252

---

① 在此矛盾的是(同样,毫无疑问也是一种征兆),英国环境部(le ministère britannique de l'Environnement)几乎囊括了所有的部门,却唯独未囊括媒介。

被设计的,政治的、社会的、属人的关系是被设计的,需要以及期望也是被设计的,等等。这个"被设计"的普遍存在构成了环境。这就如同市场、环境在某种意义上仅仅是一种逻辑:(符号)交换价值的逻辑。设计是这种符号/交换价值被强加到所有模式以及可操作实践之中的结果。同时,它还是符号政治经济学在实践中的胜利,以及包豪斯学派在理论上的胜利。

如同公共关系,人与人的关系以及攀比心的心理一社会学,如同一种策划和参与,市场化和商品化最终要产生一种关系,恢复一种关系,这种关系曾因为社会关系的生产而遭到质疑。同样,在当下体系中设计的任务及其策略性的功能,就是要产生人与环境之间的交流,而环境除了作为一种外在的中介之外,还从未真正地存在过(这仍旧与市场类似)。如同许多其他意识形态概念,"环境"从反面指认了人被割裂的现实;它指认了一种亲缘关系(proche)的社会的终结。存在与事物都尽可能被拉大了距离。环境的神秘化与人及其自然之间存在的鸿沟相对应,体系每天都在不断地加深这道鸿沟,不管它是否喜欢。人与自然之间存在的这道鸿沟、这种根本的破裂以及在社会关系幻象中二者关系的分解都是设计存在的理由以及存在的地方。在此,设计倾尽所能通过大量的信息来恢复意义,恢复确定性,同时也通过大量消息来"理解"它。如果人们认真地思考它,设计的哲学将通过整个环境理论反映出来,最终成了一种延伸到所有自然之

253

中的参与以及公共关系的学说。自然（现在看来似乎成为一种敌对力量，通过污染来报复对它的挖掘开采）必须要参与进来。与自然共处以及与都市生活并存，都必须要通过大量的符号来重建交流（这就像通过媒体的力量以及策划的力量在雇主与雇员之间、在统治者与被统治者之间重建一种交流一样）。简言之，必须要提供一种工业化的契约：保护和安全——这一契约整合了它的自然能量，虽然这很危险，但能够使体系更好地被掌控。因为所有的目标都是要越来越好地与这种参与进来的自然整合（这种自然总是与其矛盾的，并通过睿智的设计才能够被再利用），这种整合所依据的基准就是一种合理化的超-生产力（hyperproductivity）。

　　这就是设计的政治意识形态，今天，它在环境的话语中蔓延到了整个世界。从格罗皮乌斯（Gropius）①到高校联合基金会（Universitas）②，发展到一种元设计、元政治经济学，经历了一个连续的阶段，而元政治经济学对应的是新资本主义，就如同自由经济学对应于资本主义一样。

　　如果人们谈论环境，那是因为它已经不再存在了。讨论生态学就是为了证明"自然"的死亡与抽象。在每个地方，（对于自然的、对于环境的）"权力"只是确证了它们的消失。

---

　　①　瓦尔特·格罗皮乌斯（Walter Gropius, 1883－1969）：德国建筑家，1919 年为魏玛创立了包豪斯设计学校。形成了包豪斯学派。——译者

　　②　由纽约现代艺术博物馆（Museum of Modern Art）发起的一项国际性的基金项目"为了后技术社会"。——原注。

　　Universitas 是一个由世界上若干所优秀研究型大学组成的国际高校联合体。这一联合体没有中文译名，仅以 Universitas 21 称之。——译者

这种自然(就如同那些不可或缺的、理想化的指涉物)的逐渐消亡与我们在当下的符号分析中所谓的所指的逐渐消亡密切相连。(客观性的所指、真实指涉物的所指、指称功能的所指、作为符号真实性保障的世界真理的所指——如同保证金或者黄金——黄金的所指一指涉物已经消失了;黄金交换的基准[Gold Exchange Standard]也已经消失了。符号不再转变为它的指涉物的价值,这就如同在当下的国际趋势中所表现出来的那样,只有漂浮的通货货币在自由地流通着。)宏大的所指、宏大的指涉物"自然"已经死亡了,它们被环境所代替,环境一边指认并设计了它们的死亡,一边又作为一种拟真的模式恢复了自然的存在(它的"重构"如同牛排,已经是被捣碎了之后的结果)。我们所谓的"自然"已经成了一种社会模式的显现,对于环境来说同样是无效的。从一个具有一般指涉物的客观性的"自然"概念过渡到"环境"的概念——这一概念中符号流通的体系(符号/交换价值)消解了所有的指涉物,或者甚至成了它自身的指涉物——这一过渡设计了(即描画了)两个不同的社会阶段。我们从一个仍然包含矛盾的、非和谐的、并没有被政治经济学所包围的社会中走来,我们从一个折射超验的模式、冲突与超越仍然存在的社会走来;其中人的本质虽然已经破碎了,但仍旧存在(可参见马克思主义中需要和自然都具有实体主义的人类学特质),其中仍存在历史,但它所蕴涵的革命理论带我们进入了控制论的社会(une société cybernétisée)。我们进入了一个整合的社会环境之中,其中整个抽象化了的交流以及大量的操控不再外在于体系。传统政治经济学终结了,社会的元政治经济学开始了,并成了社会纯粹的环境。"环境操控的成功,同时也就是对人的操控的成功,人自身成了操控的对象,也就是说,人仅仅成了环境。"(米氏增长模型)(Mitscherlich)

　　社会以环境保护的名义对空气、水等的控制鲜明地体现了人已经在更深层的意义上陷入社会的控制之中。自然、空气、水成了稀缺商品,在成为一种生产力之后,又进入了价值领域,这表明人在更深层的意义上陷入了政治经济学的领域中。这一发展的极限,在自然公园出现之后,可能会出现一个"国际人类基金会"(Fondation internationale de l'Homme),就如在巴西已经存在的"国家印第安人基金会":"国家印第安人基金会的宗旨就是要以最好的条件保护土人的人口数量,以及那些伴随他们数千年的动植物的生存。"(当然,这一制度粉饰并许可了种族灭绝以及大屠杀:同一主题被消解与重建。)人不再面对他自己的环境:人自身已经成了一种需要保护的环境。

第十一章　交换价值中欲望的实现

商品的神圣

胜利的匮乏与缺失

愉悦感的退化

价值的幻灭

许多年以前，美国的百货商场曾经遭遇了一次突然袭击。一群人突然占领并开放了商场，通过扬声器邀请群众来洗劫商店。一种象征性行为。结果：没有人能想出究竟要拿什么，或者他们只是拿了一些在他们日常购物中也能够偷到的一些微不足道的小东西。

如果你有五千万，你将怎样处置它？

——一片哗然。

面对着可以任意处置的自由时间，同样的恐惧也立刻向我们袭来。我们该怎样度过它？

我们可以进一步添加一些例子。例如在欧洲冠军联赛中参加了 400 米田径比赛的遥遥领先的法国选手,在接近终点一百米的时候,却突然失去了最后冲刺的力量,结果只拿到了第三名。赛后他说:"当我意识到我将要赢了的时候,在我内心中,某种东西突然崩溃了。"

257　　法国某网球选手在西班牙举行的比赛中,两局领先,并牢牢控制着比赛的过程,却在赛点一刻失误了,最终竟然输掉了比赛。或许某些人可以说,这是"难以避免的",但一般观众则十分惊讶。

　　更不用说博利多尔(Poulidor),这个永远的第二名,他似乎永远没有能力与胜利"相遇"。

　　当我们说某人"几乎"赢了,他却没有胜利,那么他究竟错过了什么呢? 这种种例子是否表明胜利对于他来说已经成了最坏的事情? 胜利已经变成了一种失败?

　　所有这些都是一些意愿以及诸如占有和满足、追求与成就的冲动,它们都是人类最深层的动机。弗洛伊德深入研究了人类的这种心理,并以这些微不足道的情绪作为出发点。但他所揭示出来的那些令人兴奋的东西却从来没有搅乱一般人类学、经济"科学"以及"人性"的平静。精神分析自身用深层次的心理学来界定这些非正常的东西("每个人都有他自身的无意识,这是仅属于他的一些东西")。但如同一个奇迹,我们发现这些东西在社会的或者政治的实践中并没有对等物,在这些领域中只有"永恒不衰"①(indéfectible)的合理性占据上风。正是这种普遍的"永恒不衰"预设了在经济、社会以及政治事务中的人,由此我们要质询那些匮乏(défaillance)。

那个百货商场的例子或多或少带有试验性以及限制性,它表明了一旦交换价值不再存在,那么与之相伴的使用价值也将消失。当需要总是对有用性与满足感的需要的时候,并且当这种需要总是能够被立即实现的时候,那么需要也将被消解掉。所有的动机、需要与合理性,作为人的本质的构成要素也就随之分散开来。当经济具有透明性的时候,其中每件事物都很清楚,因为它都足以"为了金钱而被制造出来",258而一旦超越了这种透明性,人们显然就不再知道自己究竟需要什么。

一些假设:

——物以及它所蕴涵的需求的存在就是为了消除因不知道自己需要什么而带来的苦闷。

——那些没有被交换价值的抽象所中介的东西都不能作为一种"自发的"与"具体的"价值而存在,例如有用性。交换价值与使用价值,这两个价值层面都同样抽象,并具有相同的意义。并不存在没有交换价值的使用价值。一旦交换价值在礼物的交换中,在馈赠、挥霍、花费中消失了的时候,使用价值自身也就成为难以理解的了。

---

① 英译本将其译为一种安全感(fail-safe)有一定道理,因为这里所谓的永恒不衰,更有一种藏其锋芒、以求安乐的心态。——译者

——这一观念同样适用于符号/交换价值。如果没有以对社会规则的理解、差异性符号的交换以及诸多模式为中介，那么就不存在价值。就符号而言，使用价值与交换价值之间的区分已经消失了。如果"符号/使用价值"已经被界定为一种差异性满足，一种通过选择、喜好以及符号学意义的算计而在质的层面上产生的剩余价值；如果符号/交换价值被界定为一种一般的形式（符号），用来协调诸多模式的相互作用；那么显然使用价值的产生在很大程度上直接依赖于符号的协调以及交换价值体系。这一过程在所谓的经济秩序中同样存在，即使用价值的抽象总是以交换价值体系为中介（作为商品形式），同时以模式与符码（作为符号形式）为中介。

由此，交换价值与符号/交换价值在今天不可避免地混淆在一起。[①] 一个完成的体系（作为政治经济学最终阶段的消费体系）依赖于自由，这种自由不仅要在生产层面上存在（自由买卖劳动力），而且要在消费层面上存在（自由选择）。符号/交换体系的抽象（在符号学视域中的模式及其内化）必须与生产以及经济交换（即资本、货币与交换价值）结合起来。

符号是商品发展的最高阶段。时尚和商品虽然各具特

---

① 凡勃伦效应（我购买它只是因为它更贵）是一个显著的例子，其中经济的（质性的）差异被转变为一种符号的差异。在此，人们可以从纯粹的交换价值的攀比中来把握"需要"概念（同样参见"作为价值转换场所的艺术拍卖"）。在符号领域中，凡勃伦效应成了绝对的规则：时尚知道这种纯粹性和如何不断地为其增添差异性。

色,却具有完全相同的形式。就是在符号/交换价值的形式中,商品的差异性才得以界定(而不是在利润的数量逻辑之中)。商品在将自身作为一种符码的时候获得了一种神秘性,即在诸多模式的循环中占有了一席之地,并由此作为某种文化的载体(不仅仅是经济的载体)。

交换价值在符号/交换中被发现。符号/交换价值和交换价值在使用价值中被发现。

这三项(交换价值、符号的交换价值与使用价值)勾勒了一个完整、一致的价值整体,其中人们通过其需要的最终满足来完满自身。在理性的视角中,人总是被认为要持续不断地提高价值生产的效率。在价值的生产中,从一个制高点到另一个制高点,人们总是试图在价值中超越自身、肯定自身:这一过程描画了一个价值的世界,多个世纪以来,这个世界总是与对人性的界定混淆在一起。

260

三种价值界定了一个整体的、肯定的世界,通过剩余符号,通过剩余价值的逻辑(与价值分割开来)获得了一种残酷的完整性。在这个世界中,人不能陷入短缺。所以,价值的展开过程等同于一种幽灵般的构造(une organization phantasmatique),其中欲望被满足,但并没有被消除;其中欲望被获得,并被实现;其中所有差异性的维度、所有象征性的维度都消失了。价值是一种极权主义。它驱逐不定性,驱逐任何不能在价值中界定人或者依据等价原则以及剩余价值法则来表征人的关系。但不定性游荡在价值领域的每个角落。

这就是在匮乏（défaillance）中获得的新生（尽管以十分隐蔽的方式）。

大众并没有对商品的绝对可利用性给予积极的回应（即一种自然而然的占有）；他们并没有遵循需要的绝对命令；他们甚至不知道他们需要的究竟是什么，而只是简单地接受被给予的东西。实际上，付小费的行为消解了供给与需要的经济学意义。因此需要最终只能基于一种价值的逻辑。在这个逻辑之外，人没有什么"需要"。我们所需要的就是我们所买卖的东西，就是我们所估价的和选择的东西。那些没有被买卖的，而只是给予和回馈的东西，没有人"需要"它。目光的交换，礼物的给予和接受，就如同人们将空气呼出与吸入一样。这是交换、浪费、节日的新陈代谢——同时也是破坏的新陈代谢（破坏使得在生产中所得到、被赋予价值的东西返回到无价值的存在之中）。在这些领域中，价值甚至不存在。在价值的幽灵中欲望并不能被满足。

261　　　在对消费物的无法掌控之中所显现的，如同在以上运动员失利的例子中所显现的那样，本来是一种官方的强制性，却似乎成了个人的需要（要赢的需要），这一需要被其他某种东西所替代了——确切地说，是被一些相反的强制所替代：输掉、误置、剥夺某人的财产或者放弃。这并非是对那种以获取价值、成就为目标的经济学所进行的自虐式的颠覆——而只是一种反面的、极端的**匮乏**（manque）所必需的。在价值领域中，每一次欲望的满足都转向了它的反面，因为伴随着满足的终结,主体对于自身欲望的追寻被保留了下来,这是不定性得以成立的基础。

获取(prendre)从来都不是产生享乐的充足条件。还需要能够接受、给予、回馈、破坏——如果可能的话,所有这一切最好能同时发生。价值实现的过程将所有这一切都消解在贫乏、单向度、肯定性的模式之中,剥夺了主体的象征性要求:

——要求拒斥欲望的满足:**匮乏**(MANQUE)。

——要求一种没有被价值逻辑体系所左右的关系:**大写的象征性交换**(L'ÉCHANGE SYMBOLIQUE)。

这种激进要求在价值中被崇高化了。因为价值是崇高的,而享乐则是激进的。在经济秩序中,商品是这种崇高化的具体表现。主体激进的需要在恢复了他对物的需要的肯定性中被崇高化了。但在这种价值的崇高的实现背后,还存在着另一些东西。这另一些东西言说着一些不可被稀释的东西,它们具有野蛮的破坏形式,却在赤字形式的遮蔽之下;它们具有匮乏的形式,并拒绝投入,拒斥满足与成就。将当代经济形式作为一个整体来看,所有这一切都开始成为一种趋势,我们可以称之为享乐程度的衰弱(la baisse tendancille du taux de jouissance)。依据反经济学中神秘的匮乏理论,正是那对于价值鲜活的、基本的否定,对于一致性与等同性的潜在的颠覆,超越于满足的摇摆不定,确保了主体之为主体的存在。这并不是一种元心理学。相反,正是对这种"元"心理学整体的否弃，才使得当下的人文科学与经济学能够在不考虑那些颠覆的基础上来维护它们所建构的合理性的理论大厦。①

　　在虚幻的享乐之中，在失利之中，是否存在着一种死亡冲动控制着我们呢？——是否在任何地方、任何时候都保存着一种激进的差异性，以对抗价值的幽灵呢？可能。但任何死亡冲动的话语方式都与主体的元心理学太过接近了，忘记了那些残留在主体的分裂之中的东西，伴随着对阉割的认知，主体没能满足自身的欲望，这是一种交换的潜在的象征性。缺乏总是意味着我们错失了他人，同样他人也错失了我们。在价值过程中（不管是商业性投资，还是幻想性投资），没有人错失任何人，没有东西是任何东西，因为每一事物都与某种东西等同，每一个人都确保具有某种等同关系，至少可以与他自身等同。只有价值被交换，也就是说，所有的个人与事物都要转变为价值才能被交换，这种交换所依据的是等价原则。由此人们可以说，那些使得交换的潜在性得以保

263

_____

　　① 从一种社会的、政治的视角之下，在这种无所不在的反经济学的视角下，电影《孤独的长跑者》就是一个很好的例子。故事的主人公是一个康复中心的青年，他故意放弃了在一次长跑比赛中的关键性的胜利，原因是他不想让胜利的光彩扩散到那些压榨他的人的头上。在失利中，他保存了自我的真实性：在此，失利等同于一种阶级的反抗。这种失利是故意的，但显然这种"偶然的"失误，那种滑倒就等同于否定和拒斥。上面所提到的那个400米跑步运动员，通过他自己的方式质疑了价值交换系统——这一体系的形式已经不再局限于对工薪阶层以及消费者的控制。在比赛中获得胜利，运动员就激活了这个完整的价值体系：由此他也换来了个人的名誉地位。这里存在的剥削与出卖劳动力一样严重。正是这种伪造的交换机制使得失利在无意识中迸发了。在这一意义上，每一个与那些"正常性"（这种正常性不过就是一种资本主义法则所构筑的氛围）相对立的"心理障碍"都可以进行政治性的解读。今天政治不再存在于某种特殊的"领域"，也没有任何定义。现在已经到了发现一些潜在的形式，转移与浓缩，简言之，政治的"运作"的时候了。

留，在个体中显现在差异性与匮乏之中，那些使得交互性得以保留的是爱洛斯（Eros）——死亡冲动，相反，在价值重复的循环中试图消解象征性。从这一视角看，被崇高化了的与循环往复的商品世界可以被视为死亡冲动获得实现的世界。

然而，将一些标签贴在某些例子上，这并不重要，重要的是要把握在价值的"客观"过程之中，它所言说的并非是一个矛盾（在辩证法的矛盾意义上）。不定性并不是一种对价值的辩证的否定：它是一股潜在的不断消解的力量，价值幻觉的毁灭。不定性、象征性与价值话语的对立，并不是采用了另一套对立的符码。象征性用它的激进性来与价值的肯定性的超越相对立。与崇高化以及一般化（抽象化）的逻辑相对立，存在着的是对欲望的非满足以及象征性交换。

现在还剩下对"超市"运作的革命性幻觉的分析。超市的假设是这样的："我们通过对交换价值的消解，而悬置了资本主义的游戏。我们将让商品返回到它纯粹的使用价值之中，由此来去除意识的神秘化，同时恢复人与他们的'真实'需要之间的直接关联。"革命，"当场并立即"（hic et nunc）被实现。这样一种观点来自纯粹马克思主义哲学的逻辑：首先是使用价值与交换价值之间的尖锐分裂（使用价值具有哲学的以及人道主义的光辉）；随后，对其中被神秘化的意识进行理性分析。他们的结论：如果人们不能自发地重新发现一个自由的使用价值，那么这是因为他们被拘束于一种自我压抑以及资本主义的规范之中，这是因为他们将交换价值的逻辑

264

完全内化于心，以至于当一件东西仅仅被提供给他们的时候，他们并不能对它产生欲望。

这一观点显然忽略了一个事实，欲望不是在"自由"中得以满足，而是在规则（règle/rule）中——不是在价值的透明中，而是在价值符码的不透明中。这是欲望的符码，这一欲望"需要"恢复游戏的规则（règle/rules）——它需要这些规则（règle/rules）——以满足自身。正是欲望所带来的规则（règle/rule），正是在欲望获得满足的视域下，社会秩序才得以建立。社会秩序为了能够再生产自身而不断地激发欲望。在此，幻象和制度结合在一起，即政治秩序的力量与被拜物教化了的颠覆秩序（欲望的满足）结合在一起。价值的幻象同时也就是秩序和法则（loi/law）的幻象。

在我们的社会中，上面所提到的"规则（règle/rule）"就是交换价值的法则（loi/law）。如果没有一套规则（règle/rules），那么游戏也就没什么意思了，甚至连偷盗也会被排除在外（这一实践所赖以存在的是与经济的游戏规则[règle/rules]相反的规则）。如果消费只有在规则中才是可能的，如果欲望只有在拜物教化的过程（fétichiquement）中才能被满足，那么悬置这些规则，代之以疯狂享乐扫清道路，结果只能是阻止了欲望的形成。物的价格由此成为决定性的，尽管并不是如在交换价值中仅仅具有一种数量的意义，也不是如在"凡勃伦效应"中仅仅具有差异性的意义，而是作为一种法则，一种被拜物教化了的形式（forme fétichisée）——商品经济以及心理学意义上经济价值的一个重要特质。物的价格成了一种心理学意义上的经济价值的保障。一个人可以就此为疯狂而放纵的消费找到一种平衡。但他也为这种享乐付出了额外代价，这种付出将随着满足感的上升而相应下降。

　　同样，那个难以阻止自身失败的运动员之所以有这样的命运，部分原因也在于要保留战斗的可能性，没有规则，田径赛根本就无法举行。[①] 再一次，自我保护的规则要比获得胜利的规则更为根本。每一个参与者都暗中遵循着这样的交换结构，这一共同的并且也是无意识的功能。[②]

　　所以这些例子清楚地表明了并不存在什么"神秘化的意识"，同时也并不存在之前所提到的那种革命，即将交换价值"自由地"悬置起来的革命。它们没有发现在交换价值与欲望的满足中并不存在矛盾——恰恰相反，这种矛盾只是让革命的思想更容易被掌握而已，但这也只是在价值视域下，特别是在使用价值的幻象掩盖之下才具有可能性。这一立场自己提出升华的问题是由于低估了价值规则的激进性以及超越性的激进性。这些改革者其实只是从表层向价值进行挑战。他们由于缺乏"大众"的回应而后退。他们将这一境遇归结为他们的行动太过激进，将他们的希望寄托在"民众意识"的成熟之中。他们从未意识到这种被动性可能是因为

266

---

　　① 体育运动的意识形态是这种潜在"规则"以及强者规则的混合物。

　　② 一个竞争者，一个田径运动员每一次都赢得了比赛——这样的例子严重违反了交换的法则，如同乱伦和亵渎一般，在其极端的情况下，集体就不得不对其进行抑制。另一种同样的情形就是已经完成了的收藏，没有任何东西再需要添加上去：这就是一种死亡。

他们的行动太过趋向于改良，由此他们的行动或许不能被解释为一种革命的被动，而最好解释为对于革命的抵制。

换言之，被解放的消费者所具有的消极反应并不能触及他们所服从的交换价值体系，而只是似乎对抵制使用价值更为有力一些，而后者最终只是交换价值的一个策略而已。在拒斥使用价值的游戏中，所有的事情都发生了，尽管公众对这个更为神秘化的游戏早已嗤之以鼻了。

在最终的分析中，使用价值摆脱交换价值直接呈现的结果将是什么？这一奉送从哪里产生出来，由谁给出？这一免费奉送的产品究竟是什么？它是否足够建立社会关系的透明性及其馈赠？所有这一切都不可能。单向度的礼物如同恩惠一般冰冷：接受并屈从，它同样存在于深层的体系逻辑之中，这一体系也正是象征性行为试图逃脱的，但在大众的购物热情中，这种逃离却总是难以奏效。由于无法直接显现使用价值，没有人能够取消商品形式，无偿馈赠并不能实现；由此更不能取消商品的神秘形式。瓦解交换价值逻辑的激进性需要重建使用价值的自主性及其无偿回馈（gratuité）；有必要恢复回馈的可能性，也就是说，改变社会关系的形式。

267　如果礼物交换以及交互性交换仍然是不可能的，那么我们就仍然被禁锢在权力与抽象的结构之中。① 这就是我们在下

---

① 单向度的礼物馈赠是礼物/交换的反面。后者以交互性为基础，而前者则只是一种优越性的体现。只有特权阶层，如封建主可以允许自身接受礼物而不回馈，由此打破礼物交换的规则，因为他们的地位保护了他们，使其免受挑战以及免于丧失名誉。

面的考察中所发现的情形。由于缺乏一种激进的分析,"解放者"保留了某个层面的价值(使用价值),并在这个层面加以实验,那么他们也就保留了某种权力和操控。一旦被赋予某种价值,那么不可避免地从其中必然要延伸出某种剩余,由此也就产生了某种控制。

这种赠予(octroyée)的慷慨所产生的否定性回应对应的是被设定关系的形式所产生的防御性回应,一种非交互性的情形。防御性反应中的人们"愿意通过付账,以保证不欠任何人"——一种阶级性的回应,它在礼物的单向度中,在它所蕴涵的内容中(自称解放了使用价值),以及它作为诸多体系的化身之一等诸多方面都显然比那些解放者们的回应表现得更为鲜明。

为了打破交换价值的循环,有必要恢复交换本身——而不是价值(甚至不是使用价值)。事实上,使用价值蕴涵着交换的破裂,就此而言,它与交换价值是相同的,即它暗含着将物作为一种价值,并将个人在他与这个价值的关系中被客观化。在象征性交换中,物或者其所有的价值都回归于无(就此可以考察一下拉丁语 res① 的不定性内涵)。正是某种东西,通过给予和回馈,在它的显现或者缺席中消解了或者表征了关系的解体。"物",这个 *res nulla*,根本没有使用价值,它对任何事物都没有益处。由此,只有通过持续的交互性交

---

① 拉丁文中的 res 与拉丁文中的 objectus 都是物的意思,但显然后者因为同时还具有客体、对立等含义,而更倾向于指涉与人相互关联的"物"。——译者

换来设定其意义才能逃离交换价值，而这种交互性交换只存在于礼物及其回馈之中，在开放的不定性关系之中，而不是在最终的价值关系之中。

在当下情景中，"否定性的反应"就等同于对于革命的激进要求，这一革命不是解放物及其价值，而是解放交换关系自身，在被价值的恐怖主义一统天下的今天恢复一种言说的交互性。

索 引

（索引页码为法文原书页码，查阅时可参考本中文版边码）

译 后 记

2007年3月6日，鲍德里亚病逝了，享年77岁，一时间大众传媒中充斥着这样一种哀叹：法国思想的黄金一代就此终结了。

然而鲍德里亚将不会同意这样一种说法。正如他那带有谶语色彩的最后一本书的名字一样，他所看到的总是"为何一切尚未消失"。作为后现代的牧师，鲍德里亚永远不会用"终结"或者"开始"这样的字眼来形容一个时代，他的言说方式必将是："当我谈论时间时，时间还未曾开始／当我谈论地点时，那地方已经消失／当我谈论一个人时，那人一去不返／当我谈论时间时，时光已飞逝。"（《为何一切尚未消失》）

鲍德里亚去世的那一天，我刚刚结束对《符号政治经济学批判》译稿的第三次修改。他的去世，还是多少让我感到有些遗憾，因为在我内心之中，隐隐约约地含着一种期望，就是希望能够在他离世之前让《符号政治经济学批判》这部鲍德里亚最为系统、最为重要的著作之一现身于汉语世界。然而，这一期望终究没能实现。但不管怎样，这部著作现在终于面世了。留有的遗憾变成了另一种期待，期待读者能够从这位刚刚离开我们的思想家那里获得一些东西，以慰藉那虽然已经逝去，但也许还未曾离开我们的灵魂。

2001年秋，一个偶然的机会，我阅读了刚刚出版的鲍德里亚的《消费社会》。对于鲍德里亚，对于消费社会，我如同当时的学界一样都相当的陌生，然而仅仅几天的时间，它所蕴含、所闪现的思想火花就深深地击中了我，使我不能自拔地迷恋其中，于是随即毫不犹豫地告诉我的导师，我要以鲍德里亚为研究对象来完成我的博士论文。

2004年夏，我的博士论文在历经磨难之后终于完成了。但此时鲍德里亚的著作依然只有《消费社会》这一个汉译本。所以博士论文中所涉及的有关材料我基本上只能借助外文本，为此，我在进一步强化英文的同时，还学习了法文。在与鲍德里亚朝夕相处的那一千个日日夜夜里，我深深"领教"了鲍德里亚那独特甚至不无怪异的表述方式，其间之甘苦也唯有自知了。但在饱受煎熬的同时，我脑中偶尔会跳出这样一个念头，即有朝一日，我也能够把它们译成汉语，以使更多的人能够更方便地阅读鲍德里亚，与我共同经历这番生命中可以承受的智慧之重。但在当时，这个念头仅仅不过是一个念头而已。

2006年初夏的一个下午，当我正在被拉克劳、墨菲所纠缠的时候，忽然接到张一兵教授的电话。一放下电话，我立刻明白了一件事情，就是当初那个随时而逝的念头将不再仅仅是一个念头。因为张老师在电话中将翻译《符号政治经济学批判》的任务交给了我。在接受这个任务的时候，我心中颇为惶恐。因为我深知这部著作之重要和翻译难度之大。

随后的翻译过程证明了我惶恐的正确性。在写作博士论文时，《符号政治经济学批判》就是我反复阅读的基本著作之一，并且为了写作的方便，我当时已经将该书的一些重要章节大致翻译了过来。为了这次的翻译，我将当初的译稿又找了出来，但不久就发现它们已经起不了多大作用了。因为，在为自己理解方便而进行的大致翻译和为重要著作出版而进行的严格意义上的精确翻译之间，距离是何其之大！所以，这次我全部推倒重来，逐字逐句地重译。如果说这还算在我的意料之中的话，那么随后遇到的事情却是大大出乎我的意料。

一开始，我是英法两种译本相互参照来译的，但不久就发现英文本存在相当程度的漏译现象，比如法文本中的第30页、第64页，第197页，分别有一段文字被英文本省略了，这不能不令人感到有所缺憾。此外，更加不容忽视的是，英译本中存在的过分的意译，甚至误译。比如将符号/价值、符号/交换价值等基本术语中的"/"省略，这就为正确理解鲍德里亚的基本思想额外设置了障碍。因为在鲍德里亚看来，符号/价值、符号/交换价值在本质上是非价值，鲍德里亚正是用"/"来表达这种组合的牵强。省略了"/"，读者会想当然地把符号/价值、符号/交换价值也当作一种价值，这无疑与鲍德里亚的基本思想背道而驰。这两个方面的原因使我对英译本的信任度越来越低。最终的结局只能使我转向法文本。

　　近年来，随着《生产之镜》《象征交换与死亡》在国内的相继出版，鲍德里亚早期几部重要的理论专著基本都有了中译本，但其中还有诸多术语没有能够统一，这无疑为鲍德里亚的相关研究设置了障碍。其中最富有争议的两个词 Simulacre 与 Simulation 一向有诸多不同的译法，相对混乱。在本书中也涉及了这两个概念。经过与张一兵教授的反复探讨，以及在 2008 年 8 月 18～19 日的"鲍德里亚与消费社会"研讨会上与与会代表的讨论，我采用了张一兵教授所提出的"拟像"与"拟真"的译法，以凸现这两个词所特有的无模拟对象的模拟之内涵。

　　本译稿的完成离不开许多人的帮助。首先要感谢的是张一兵教授。正是他的盛情相约才促成了这段因缘，使我得以了却一段心愿。在译稿的修改过程中，张老师在百忙之中挤出时间不断打来电话，就其中的一些关键词句与我反复讨论，并多次通过电子邮件详细列出了译稿中存在的问题及相应的解决方案。这种频繁的"督促"令我不敢有丝毫的马虎大意，也把很多问题及时扼杀在了摇篮里。中国社会科学院哲学研究所的崔唯航副研究员在译稿的修改过程中给予了我很多帮助，他对译文进行了两次逐字逐句的校阅，他的字斟句酌、反复推敲有时甚至达到了苛刻的地步，但这一过程却使译稿的面貌焕然一新。此外,中国社会科学院的孔明安副研究员以及北京大学的仰海峰副教授对本译稿中一些术语的运用提出了一些有益的意见和建议,在此一并表示我的感谢。

感谢该书出版以来来自各方面研究人员的关注和研究,许多研究者通过各种方式对于本书翻译中存在的一些问题提出了宝贵的意见,在 2020 年 5 月的第 2 版第 3 次印刷前,我与清华大学人文学院哲学系的潘沈阳硕士就出版后收集到的一些较为重要的争议,重新对照了法文本和英文本的相关段落,对译文重新做了修订。在此特别感谢潘沈阳同学在其中所付出的辛苦工作。

当然,由于本人的水平有限,我相信译文中一定存在着这样那样的问题,对此,我期待着学界同仁持续的批评与指正。

夏　莹

2008 年 9 月于南开大学哲学系

2020 年 5 月修订于双清苑

图书在版编目(CIP)数据

符号政治经济学批判/(法) 鲍德里亚(Baudrillard, J.)著;
夏莹译.—南京:南京大学出版社,2015.1(2022.2重印)
(当代激进思想家译丛/张一兵主编)
ISBN 978-7-305-14284-0

Ⅰ.①符… Ⅱ.①鲍…②夏… Ⅲ.①鲍德里亚,J.(1929～
2007)-政治经济学-研究 Ⅳ.①B565.59 ②F0

中国版本图书馆 CIP 数据核字(2014)第 265629 号

Jean Baudrillard
Pour une critique de l'économie politique du signe
Copyright ⓒ 1972 by Editions Gallimard
Simplified Chinese Edition Copyright ⓒ 2015 by NJUP
This Edition arranged with Editions Gallimard
All rights reserved
江苏省版权局著作权合同登记 图字:10-2004-121 号

出版发行 南京大学出版社
社   址 南京市汉口路 22 号   邮 编 210093
出 版 人 金鑫荣
丛 书 名 当代激进思想家译丛/张一兵主编
书   名 符号政治经济学批判
著   者 [法]让·鲍德里亚
译   者 夏 莹
责任编辑 沈清清 张 静
照   排 南京紫藤制版印务中心
印   刷 南京爱德印刷有限公司
开   本 635×965 1/16 印张 22.75 字数 198 千
版   次 2015 年 1 月第 2 版 2022 年 2 月第 4 次印刷
ISBN 978-7-305-14284-0
定   价 65.00 元

网   址:http://www.njupco.com
官方微博:http://weibo.com/njupco
官方微信:njupress
销售咨询:(025)83594756